再公営化という選択
世界の民営化の失敗から学ぶ

岸本聡子
オリビエ・プティジャン 編

Reclaiming Public Services:
How cities and citizens are turning back privatisation

www.tni.org/reclaiming-public-services
Edited by Satoko Kishimoto and Olivier Petitjean
Research coordination Lavinia Steinfort
Copy editing Madeleine Bélanger Dumontier and Ann Doherty
Design and infographics Karen Paalman

June 2017

Published by Transnational Institute (TNI), Multinationals Observatory,
Austrian Federal Chamber of Labour (AK), European Federation of
Public Service Unions (EPSU), Ingeniería Sin Fronteras Cataluña (ISF),
Public Services International (PSI), Public Services International
Research Unit (PSIRU), We Own It, Norwegian Union for Municipal and
General Employees (Fagforbundet), Municipal Services Project (MSP)
and Canadian Union of Public Employees (CUPE).

Amsterdam and Paris

ISBN 978-90-70563-58-5

Copyright: This publication and its separate chapters are licensed
under a Creative Commons Attribution-NonCommercial-NoDerivs 3.0
license. You may copy and distribute the document, in its entirety or
separate full chapters, as long as they are attributed to the authors and
the publishing organisations, cite the original source for the publica-
tion on your website, and use the contents for non-commercial,
educational, or public policy purposes.

謝辞

この本はすべての共同出版団体と各章を担当した執
筆者の多大な貢献なしにはあり得なかった。再公営
化の全世界的なリストの作成にはグリニッジ大学お
よびPSIRUのデヴィッド・ホール氏、ヴッパタール
研究所のオリバー・ワグナー氏、ケンブリッジ大学
のゴーバー・シェイリング氏、コネール大学のミル
ドレット・ワーナー氏に助言をいただいた。データ
の収集は以下のメンバーが行った。

Nina Aichberge, M'Lisa Colbert, Kristen Dalby,
Alexandra Griffin, Satoko Kishimoto, Benny
Kuruvilla, Emanuele Lobina, Georgi Medarov,
Matthijs Peters, Olivier Petitjean, Míriam Planas,
Lavinia Steinfort, Laurentius Terzic, Sol Trumbo
Vila and Sarah Vukelich.

また国際公務労連、ヨーロッパ公務労連の加盟労働
組合や市民団体が再公営化のリサーチに情報を提供
してくれたおかげで100の新しい再公営化の事例を
発掘することができた。

日本語版の発行については山本太郎参議院議員の提
案を受け、山本太郎事務所とトランスナショナル研
究所とのコラボレーションが実現した。山本太郎事
務所の中田安彦氏が調整を引き受けてくださりここ
に感謝する。

目次

5		目次
6		インフォグラフィックス　世界の公共サービスの（再）公営化
9	はじめに	語られていない話 岸本聡子＆オリヴィエ・プティジャン
20	第1章	フランスの再公営化—民間の失敗を経て、民主的で持続可能な公共サービスを地域で再構築する オリヴィエ・プティジャン
29	第2章	ラテンアメリカにおける再国有化の今日的な動機 エムリサ・コルバート
41	第3章	貿易投資協定に署名できない835の理由 ラビニア・ステインフォート
58	第4章	ノルウェー—社会サービスを自治体の手に取り戻す ビヨン・ペタセン＆ニナ・モンセン
68	第5章	ドイツ＆オーストリア—労働者にとっての再公営化 ラウレンシアス・テアジック
78	第6章	潮流に抗するインドの脱民営化 —すべての人に不可欠なサービスを ベニー・クルビラ
88	第7章	官民連携の危険な幻想を解明する マリア・ホセ・ロメロ＆マチュー・フェアフィンクト
99	第8章	私たちの送電網—ドイツにおけるエネルギーの再公営化動向 ソーレン・ベッカー
111	第9章	30年の民営化を経て—公的所有が政治課題となったイギリス デビット・ホール＆キャット・ホップス
124	第10章	スペイン、カタルーニャ地方 —民主的な公営水道を取り戻す市民運動の波 ミリアム・プラナス
134	まとめ	公共サービスの未来を創り始めた自治体と市民 オリヴィエ・プティジャン ＆ 岸本聡子
154	付録1	（再）公営化リスト
178	付録2	（再）国有化リスト
180	付録3	調査方法と参加型調査

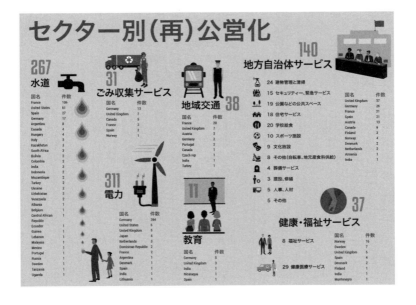

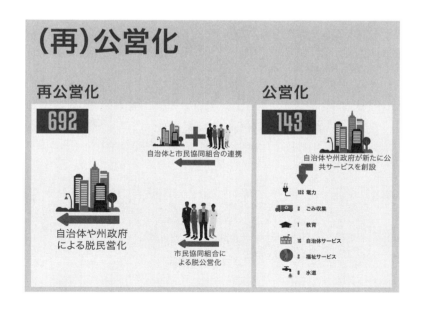

インフォグラフィックス 世界の公共サービスの(再)公営化

どのように脱民営化が起こったか

32
再公営化をする
決議、決定

445
民間契約の満
了(再更新なし)

136
民間契約を破棄

34
民間会社による株
の売却

12
民間会社の
撤退

サービス回復の行政レベル

市町村
493

(広域)自治体間
234

県、州レベル
96

脱民営化件数の年別推移

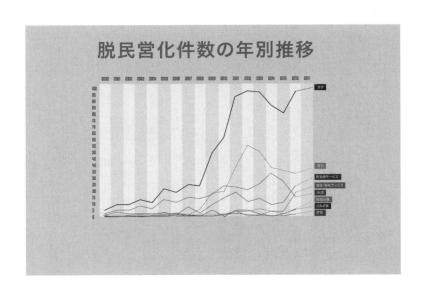

はじめに

語られていない話

岸本聡子&オリヴィエ・プティジャン

　今日、公共サービスとは概して金がかかり、効率が悪く、時代遅れで新しい課題に挑むのは難しいと思ってしまっても、無理もない話かもしれない。多くの政治家、メディア、また専門家と呼ばれる人々はそう言い続けている。劣化を辿る一方の公共サービスに対し払わなくてはならない料金は高くなる一方であり、就業者も劣悪な労働環境を受け入れるしかないという状況下、市民のあきらめムードは必然なのかもしれない。公共サービスの提供に企業が担う役割は必然的に大きくなりつつあるように見える。なぜなら何をするにも金はかかるし、政治家が大衆の益を顧みることはないし、市民は自分の都合だけを考えがちだからである。

　この本は、全く異なる立脚点に立つ。時に、儲け主義と財政緊縮ばかりが生活を支配しているように思えるが、現実にはレーダーに引っかからない部分で幾千という政治家、市職員、労働者と組合、社会運動は、生活に必要なものは何かを見極め、社会、環境、気候変動への課題に対応するため、公共サービスを市民の手に取り戻したり、より効率的な公共サービスを提供する試みが進められている。これは主に地方自治体レベルで行われている。私たちの調査は、近年世界各地で少なくとも835件の公共サービスの（再）公営化が実施されており、その中には複数の都市を巻き込んで行われるものもあることを明らかにした。（再）公営化は45カ国、1600以上の都市が関わって成功している。概して（再）公営化は運営コストやサービス料金を下げることに繋がり、職員の労働環境を改善、サービスの質を向上しつつ、説明責任の明確化などに貢献している。

　この（再）公営化[1]の波は特にヨーロッパで顕著なものの、その他各地で

はじめに　語られていない話　9

も勢力を増してきている。更に、ここに挙げた835例の多くは単なる所有権の変更だけではなく、長期的な社会経済上の、また環境上の変化をもたらしている。(再)公営化は様々な動機に端を発しており、それは民間セクターの運営の失敗や労働者権利の侵害、地元経済や資源のコントロールを取り戻すこと、あるいは市民に安価なサービスを提供することから、野心あふれるエネルギーシフトや環境戦略まで多岐に渡っている。(再)公営化は様々な公的所有モデルの形を取り、市民や労働者の関わり方もさまざまであるが、この多様性の中から共通の姿が浮かび上がってくる。トップダウンの民営化や財政緊縮政策が続く中、(再)公営化の動きは成長を続け、更に拡がりつつある。

　再公営化とは民間企業から公的事業へと公共サービスを取り戻すこと。より正確には、再公営化とは民間企業による資産、運営権所有やサービスのアウトソーシング、官民連携(PPP)といった様々な形で民営化された公共サービスを公的な所有、公的な管理、民主的なコントロールに戻す道すじのことである。この調査で注力したのは完全な公的サービスへの回帰であるが、100%の公的所有でない場合でも明白な公的価値が見出せ民主的な理由付けのある事例は調査の対象とした。

水道事業だけではない再公営化

　潤沢な資金のある調査団体、シンクタンク、国際開発金融機関などが再公営化に関する調査を全く行っていないので、私たちは再公営化のトレンドを調査し発信することは必要不可欠であると考えた。企業や経済のエキスパート、中央政府は再公営化を軽視しているようである。世間に知らしめたくないかのようにさえ見える。おそらく、民営化は不可避と考えているのであろう。2015年には、市民団体と労働組合との協働で水道事業の再公営化に関する調査を行った。私たちの調査によると、2000年以降37カ国で水道の再公営化事例が少なくとも235件確認され(2000年～2015年)、1億人以上の人口に影響を及ぼした[2]。水道事業の再公営化は、15年前までは稀な例だったが、劇的な増加が認められ、その傾向は更に強まりつつある。私たちは、電力、ごみ収集、交通、教育、健康・福祉サービスなど、他の部門での再公営化がどれほど進んでいるか関心を高めた。また、これらの

セクターでの再公営化が水道事業同様の動機により発案され、同様の結果をもたらしているのかにも着目した。

リサーチ方法

　この本が発表した（再）公営化のリストは、もちろん包括的なものではない。これは布石に過ぎない。新しい事例はその後も生まれているし、その都度追加されている。このリストは、多くの国々で行われている（再）公営化の事例をより多くの人々が学べるように、複数の市民団体、研究者、労働組合との協調により、まとめたものである。11の団体が協働して18か月に渡り、データを収集した。うち13名がデスクトップ・リサーチを担当した。国際的に知られていない事例を発掘するため、アンケート調査を実施した。アンケートは労働組合や市民団体を中心に配布。欧州公務労連（EPSU）は加盟組合に調査書を配布し、16カ国、19の労働組合から相当数の結果を得ることができた。これらの調査により、100件近い新しい事例が明らかになった。

　リサーチ方法に関する詳細は付録3に記載している。このリストには、一度再公営化されたものの再び民営化された例、民間企業から別の民間企業にシフトしただけの事例は含まれず、ここでの調査対象とならないことを明言しておく。

ダイナミックに加速するトレンド

　アンケートの回答と独自の調査により、世界各地の7つの公共サービスセクターにおける835の（再）公営化事例が明らかになった。小さな町から大都市まで、地方から都心部まで、様々な社会状況下で導入されている。電力（311事例）、水道（267事例）で（再）公営化が一番多く見られる。スイミングプール、学校給食、公的施設の維持管理、公営住宅、清掃、セキュリティなどの地方自治体の提供するサービスがカナダ、スペイン、英国やその他地域で再公営化されている（総計140事例）。

　約90％の電力（再）公営化事例は野心的な再生可能エネルギーへの転換政策「Energiewende」で知られるドイツ発である（284事例）。水道の再公営

化については、巨大グローバル水企業であるスエズとヴェオリアの本拠地であり民営化の歴史が最も長いフランスが先頭を切っている（106事例）。健康・福祉サービスについては半分以上がノルウェーなどのスカンジナビア諸国から報告されている（37事例）。

　（再）公営化に関する調査は2000年から2017年1月までの事例を対象とした。事例の17％が前半分（2000年〜2008年）までに実施され、83％が後半分（2009年〜2017年1月）までに実施されたことが明らかになった[3]。すなわち、調査期間の前半分の5倍が、後半分に実施されたことを意味する。ピークに達したのは2012年で97件、それ以降も高い件数を保っている。水道事業の再公営化は前半分と比べ、後半分では2.3倍の事例が確認されている。水道事業は再公営化の中でも長い歴史を誇り、近年他のセクターの再公営化の道しるべとなっている。

　調査期間中、2017年以降もこの再公営化のトレンドが続きそうな数々の事例が認められた。カタルーニャ地方のカブリルス市は公共スペースの管理と清掃サービスを再公営化し、また近年中にこれまでアウトソーシングされてきた労働力の90％を再公営化する計画である。スペインのカディス市ではビーチライフガードのアウトソーシングや公共ビルの清掃などを公的所有に戻したが、これらは地方自治体サービスの総合的な再編成を計画する同市の序章にすぎない。

脱民営化の様々な形

　ここで（再）公営化とカッコ付きで表記している理由は、地方自治体が自由化された市場において新たな公的企業を設立した事例も、調査対象に含んでいるためである。これを公営化として区別する。これは特に電力セクターで顕著である。地方自治体は、市民の基本的なニーズに応えるため、新しい公共サービスを創造することもできるのである。インドのタミル・ナードゥ州では、飢餓と栄養失調を防ぐため、超低コストによる食事を提供する食料供給施設を設立した（第6章参照）。この調査で、市民に公共サービスを提供するために地方自治体が設立した企業が143社に上ることが明らかになった。その多くは電力会社である（122社）。ドイツだけでも近年109社に及ぶ公営電力会社が設立されている。その他の事例としては、スペイ

ンとオーストリアの公営葬祭サービス企業の設立も挙げられる。これらは
葬儀という人生の尊厳における重要な瞬間を扱うサービスを非営利の低価
格で家族に提供する。

脱民営化が（再）国有化の形で現われることもある。地方政府による再
公営化と再国有化は、企業から公共の手にコントロールを取り戻すという
点で共通の特徴を備えるが、その動機は全く違うこともある。西欧の商業
銀行の多くは2008年の金融危機を受け、公的基金や国家予算により救済さ
れ、資本を再構成されることになった。福島県の大規模核災害の後、原子
炉の責任者である東京電力 (TEPCO) が国有化されたのもそうした流れだっ
た。市場準備が完成し次第、日本政府は同社の再民営化を画策している。
ハンガリーでは、現行の権威主義政権が中央集権化の目的で、主に金融や
エネルギー産業を含む200以上のサービスを再国有化した[4]。こうした事例
は失敗した民間経営を公的または市民による精査なしに国家が一時的に救
済するか、国家主義的なアプローチによる再国有化であり、この調査の対
象には含めなかった。一方で中南米では1990年代に広範囲に渡る公共サー
ビスの民営化が進んだ後、複数の政府が電力、ガス、水道、年金基金、郵
便、航空サービスなど、社会経済上重要なセクターを再国有化した。全人
口に公正で手頃な価格のサービスを拡張する動機や目的が確認できる事例
のみを再国有化のリストにまとめた (付録2)。このような事例は、主に中南
米で顕著である (詳細は第2章参照)。

この調査は、地方自治体の能力を高め、より効率的で民主的な公共サー
ビスの提供につながる行動に着目している。589事例の70%が市町村及び
州レベルで実施されたものであり、それ以外の多くは複数自治体間で協働
されたものもある。フランスの水道セクターの半数が、複数自治体間レベ
ルで実施された。ニース市の事例のように、公共サービスを取り戻した都
市の水道公社に、その都市圏の周辺自治体が恩恵を受けるなどの例もある。
自治体間の協働は電力 (148事例)、及び交通セクター (19事例) で一般的である。

いかに民営化に背を向けたか

この調査では脱民営化が再公営化事例 (公営化を除く662事例) でどのように実
施されたかも分析する。事例の67% (445件) で地方自治体が契約満了を機

に、民間企業との契約を再更新しない手法を取っている。民間企業との軋轢を避けるため、地方自治体が契約満了までその機を待つことは理解に難くない。民間セクターとの契約が満了するまでの数年間のうちに自治体が移行計画を立てるというのも戦略的に理にかなった方法といえる。20％の事例（134件）では、満了以前に自治体が民間契約を打ち切ったが、これは自治体にとって困難な方法であり、自治体と企業間の紛争の原因ともなりがちである。水道（35％）および交通セクター（26％）で比較的高く契約破棄が発生している。これは、違約金や中途解約による損益の補填を民間企業が求めるため、自治体にとって大きな出費となったとしても自治体が民間企業と対峙し、確固とした行動に出たことを意味する。こうした事例では、民営化により発生した問題が契約を履行するにはあまりにも大きかったことを示す。電力セクターでは、契約破棄は3事例しかない。これは、巨大電力会社が地方自治体の契約破棄に応じない姿勢を取っていることことに起因すると考えられる。いずれにせよ、契約が満了となった際には地方自治体にとって公共サービスを取り戻す絶好の機会と言える。残りの事例（46件）では、民間企業が株を売りに出したり、自ら撤退するなど、様々な理由で再公営化となっている。

任務は増えるのに財源は減る

　公共サービスは多面的な課題に直面している。ほとんどの国では、経済危機からの回復にもがき続けている状態である。新自由主義の政府は緊縮財政政策を深化させることに固執し、貿易投資自由化協定を推進することで競争を激化させ、社会福祉と環境保護の水準を押し下げている。水道や下水設備といった生活に不可欠なサービスの提供は、世界各地で大きな課題となっている。企業や大富豪による恥ずべき脱税行為が白日の下にさらされる中、政府はこの事態を黙認している。気候変動という大惨事を避けるためには、経済の抜本的な改革が必要である。

　地方自治体はより少ない資源でより多くの業務をこなすことを求められている。地球温暖化、国連の持続可能な開発目標（SDGs）、自然災害の対応、難民の受け入れなど、いくつもの挑戦を強いられる矢面に立っている。同時に、公共サービスとインフラの財政も、自治体にとって大きな問題で

ある。

　数十年に渡りアウトソーシング、民営化、官民連携 (PPP) や英国のPFI (プライベート・ファイナンス・イニシアティブ：民間資金を活用した社会資本整備) などは、地方自治体にとって少ない資源でより多くの責任を果たす唯一の方法と推し進められてきた。しかし、そうした政策は長期的には地方財政にとって必ずしも好ましくなく、杜撰なサービスや民主的な説明責任の欠如につながったという証拠は増え続けている。アウトソーシングや官民連携 (PPP)、その他の新自由主義的な政策から離れ、公共サービスを直接供給することで大きな節約になることは、以下に述べる。増え続ける再公営化が本書の注目するところであるが、これは破綻した民営化や官民連携 (PPP) を反映したものである。

脱民営化の即時的な利点

　2015年の水道事業の再公営化に関する私たちの調査で、脱民営化の主たる動機はコスト削減、サービスの質の向上、透明性の高い財政、運営の能力やコントロールの奪還などにあることがわかった。今回の拡大調査を続けるうち、水道以外の生活に不可欠なサービスも同様の動機が背景にあることが明らかになった。その他の原動力は、再利用可能エネルギーの推進、ゴミを減らすための包括的環境政策、あるいは公共交通機関の改善といった環境課題である。低所得者層に支払い可能な価格の公共サービスを提供することは、特に利潤を最大化する大企業の公共サービスが独占的であるスペインと英国において、重要な動機となっている。これらの国では電気貧困、水道貧困と呼ばれる電気や水道料金を払うことができない世帯が急増していることが背景にある。

　2015年の水道再公営化の調査の結果、大きなコスト削減と水道セクターへの投資増加が多くの事例において見られたこともわかった。包括的に（再）公営化の結果を評価するには、事例の多くが近年に実施されたものであるため、時期尚早かもしれない。それでも、自治体への即時的なコスト削減につながった再公営化の具体例が他のセクターでも相当数認められている。詳細はその他の章及び結論に言及するが、例えば高齢者介護センターの二つを公共の手に戻したベルゲン (ノルウェー) は100万ユーロの損失が見

込まれていたにも関わらず、約50万ユーロ（約6千600万円）の増益につながった（詳細は第4章）。ロンドンでは交通機関の官民連携を解消し、主に株主への配当や法的コストの削減、調達やメンテナンスの効率を上げることにより10億英ポンド（約1449億円）のコスト削減がもたらされた。スペインのチクラーナ市は3つのサービスのインソースによって200人の労働者を自治体直営に再雇用したが、同自治体では予算の16％〜21％の予算削減が見込まれている。

脱民営化を求めて立ち上がる市民たち

長年の市民運動が多くの再公営化事例の発端であることは驚きに当たらない。ドイツの電力再公営化の発起は自治体と市民グループによるものであり、英国民の大半は水道、電力、交通の公営化を望んでおり、公的予算のカットに対する大規模な草の根レベルの抗議運動がその後スペインで新しく革新的な地方政治を生んだ。また2,300を超えるヨーロッパ各国の自治体は欧米間自由貿易合意（大西洋横断貿易投資パートナーシップ協定、TTIP）を拒否を表明している。こうした動向は、拡張し続ける民営化、さらに深まる財政緊縮、悪化の一途を辿る公共サービスは必然ではなく、別の道—オルタナティブーがありそれを支持する強力な世論が存在することを物語る。

この調査の扱った事例の大半で、市民や労働者が程度の差はあれ脱民営化への取り組みに関与していることが分かる。北欧諸国では、民営化後に労働環境の悪化を経験した労働組合が健康・福祉サービスセクターの脱民営化を主導した。英国とカナダの地方自治体サービスでも、同じような例が認められる。労働者と市民が結束し、何年にも渡って水道の民営化に反対してきた国々では、政治的機会が巡ってきたときに市議会議員と協働で脱民営化に向けて活動するのである。ドイツのハンブルク市（詳細は第8章）や合衆国のボルダー市[5]、ベルリン市の水道の事例など、大規模な草の根レベルの運動による国民投票で脱民営化に成功した事例も多数ある[6]。市民は単なるユーザーではない。新規設立された自治体電力会社は、活動的な市民たちとコミュニティエネルギー運動に支えられているのである。ロンドン市民は現在、広範な市民参加をを伴う非営利の電力会社の設立を求めてキャンペーンを行っている[7]。市民の取り組みや運動は（再）公営化運動の

中核であり、不可欠のものである。

ハイブリッドモデルと民衆からの脱民営化

　ここでは敢えて「公」という言葉をより広範なイニシアティヴを捉えるため、広義にとらえている。例えば、市民協同組合が利益追求型の商業電力会社のサービス供給を取って代わった合衆国のミネソタ州やハワイ諸島のカウアイ島などの例があるが、これらの事例は調査対象とした。

　地方自治体と異なり、電力を組合員や居住者に供給する市民協同組合や住宅公団の責任範囲は組合員にのみ限定されている故に厳密には民間団体である。しかし、それらは非営利であり、公共の利益に資するという目的が明確である場合が多い。この調査で最も重要な視点は国家・自治体かそれ以外のアクターかとの区別ではなく、イニシアティヴの持つ目的意識や地元近接度である。言い換えれば、商業的で金融化された金儲け主義の所有形態と、公正さやユニヴァーサル・アクセス、持続可能性、民主性などの根本理念に基づきより広く公共の利益を追求する、地域の自治体を含む非営利組織による所有との峻別である。 Our Power（アワ・パワー）は2015年にスコットランドのグラスゴー市で35の住宅公団により設立されたが、これは自治体と住宅協同組合とのハイブリッドモデルである。スコットランド政府は、現在電気料金の支払いにも苦労している不遇な低所得者層を助けようとするOur Powerに250万英ポンド（約3億6000万円）を資金投入している。

国、セクター別の違いと横断的課題

　脱民営化の全体像を把握することは困難である。それはそれぞれの国で法律も違い、社会状況も違うからである。この困難を補うべく、続く10章が異なる国やセクターの特徴や事例を紹介する。うち8章はデータ収集を担当したリサーチャーによる執筆で、残る2章は私たちの分析を強化するため、外部の専門家にお願いした。国ごとの章では、それぞれの国でいかに再公営化が実行されたかを、フランス、インド、英国、ノルウェイの事例で紹介する。カタルーニャの水道セクター（10章）とドイツの電力セクター（8章）は、利潤を追求する資源搾取型モデルから離れ、持続可能な公共モデ

はじめに　語られていない話　　17

ルへセクターを変換することの戦略について述べる。中南米の章は、再国有化が公正で普遍的なサービスを人々にもたらすかを検証する。

すべてのセクターや国で共通の脱民営化の分野横断的な課題を、残る3章で見ていく。5章では再公営化が労働者にどのような影響を与えるか、再公営化が労働者に利益をもたらしうるのかについて検証する。3章は国際貿易や投資体制の脅威で、特に多くの貿易投資協定に含まれるISD条項（投資家対国家間の紛争解決条項）に関して言及する。この章ではISD条項が再公営化の妨げとなるだけでなく、サービス供給を取り戻すというといった地方自治体の政策決定能力を制限する恐れがあることを警告する。3つ目の分野横断の問題は、官民連携 (PPP) の問題、特にPPPは安くつくという意図的に作られた幻想を解明し、政策決定者や市民にPPPの隠れたコストや不確実な責任範囲のリスクを警告する。

調査で明らかになったことや将来への挑戦を各章から導き出したまとめの最終章では、最大利益追求型の商業モデルから袂を分かち、自治体や市民が日々の生活や地元資源の民主的なコントロールを取り戻す展望を示す。脱民営化と公共サービス再構築のためのネットワークをより強くより広げるための戦略をここに呈したい。また、この共同作業により、未来型の公的所有モデルはどうあるべきか、公共サービスをより民主的にかつ効率的に組織するための市民主導の戦略とは何かなどの討議の進展に貢献したい。

（再）公営化は地域コミュニティに積極的な変化をもたらし、多岐に渡る運動と参加者をつなげる戦略的な窓口であると我々は考えている。気候変動に対する正義や再生可能エネルギーの移行を推進する人々、ネオリベラルな貿易投資体制や民営化に対抗する人々、公正な税制を求める運動、労働運動や労働者の権利のために立ち上がる人々、近年急成長しているミュニシパリスト運動 (138ページ参照)、自治体間の同盟などをつなげる力がある。民主的な公共サービスを取り戻すための多様なグループの集合的な勢力は力を増しており、抵抗力と活気に満ちたコミュニティの再建が現実的な目標として見えくるのである。

岸本聡子
トランスナショナル研究所（TNI）のパブリック・オルタナティヴ・プロジェクトのコーディネーターである。

オリヴィエ・プティジャン
フランスの著述家兼リサーチャーで、フランスの多国籍企業監視団体とそのウェブサイトMultinationals Observatoryの編集長を務める。

Endnotes

1. We use 'remunicipalisation' to refer to the process of bringing previously private or privatised services under public control and management at the local level. We are aware that as a term it is not always entirely adequate, because in some cases the services that are reclaimed have always been in private hands, or did not exist. In these instances, 'municipalisation' would be a more adequate term. (Re)municipalisation covers both instances. There are also examples of public services that have been de-privatised at the national level. We treat 'renationalisations' separately in order to focus on local actions and because some forms of renationalisation (when they are about centralising power or temporarily rescuing failed private companies) do not fall under our research scope. Finally, there are numerous examples of citizens and users taking the lead in reclaiming essential services from commercial entities to run them on a non-profit basis for their communities. For us, these cases also fall under (re)municipalisation insofar as they are oriented toward public service values and non-commercial objectives. De-privatisation then serves as an overarching term for (re)municipalisation, renationalisation and citizen-led reclaiming of public services, which are all oriented toward fighting against the ills of privatisation.

2. Kishimoto, S., Petitjean, O., Lobina, E. (eds.) (2015) Our Public Water Future: Global Experiences with Remunicipalisation. Amsterdam: Transnational Institute. https://www.tni.org/en/publication/our-public-water-future

3. Five cases have no data on years.

4. Mihályi, P. (2016) Diszkriminatív, piac- és versenyellenes állami gazdaságpolitika Magyarországon, 2010–2015 (Discriminative Anti-Market and Anti-Competiton Policies in Hungary, 2010-2015). IEHAS Discussion Papers, MT-DP - 2016/7, Hungarian Academy of Sciences.

5. See the detailed case of Boulder on the Energy Democracy website: Buxton, N. (2016) Boulder's long fight for local power. http://www.energy-democracy.net/?p=364

6. See the detailed case of Berlin on the Remunicipalisation Tracker: http://www.remunicipalisation.org/#case_Berlin

7. See the detailed case of London on the Energy Democracy website (2016): http://www.energy-democracy.net/?p=355

第1章

フランスの再公営化
—— 民営化の失敗を経て、民主的で持続可能な公共サービスを地域で再構築する

オリヴィエ・プティジャン

フランス経済が公共セクターと国家介入に馴染みが深いことは、よく知られているところである。同時に、民営化の推進者でもある。水道や廃棄物セクターのヴェオリア社やスエズ社、エネルギー産業のEDF社、ヴェオリア社、エンジー社、公共交通機関ではケオリス社、ヴェオリア–トランスデヴ社、RATP社、配膳事業ではソーデクソウ社、インフラ産業のブイグ社とダヴィンチ社、アウトソーシングセクターではアトス社とステリア社など、枚挙に遑がない。逆説的に半国営であるものも多いこれら企業の全てがフランス国内外で積極的に民営化を推進し、民営化から様々な形で恩恵を受けている。

しかし、地方議員や市職員、社会運動などの結果、フランスでの状況は変わりはじめつつある。最も広く知られている（故に、最も政治問題化されている）ものが、昨今の水道事業の再公営化であろう。水道セクターの民営化はフランスで長年独占的であり、他の諸国ではあまり例を見ないものだった。今はパリ市を始めモンペリエ市、ニース市、レンヌ市、グルノーブル市などフランスの多くの都市が、水道や衛生システムを公の手に戻した。小中規模の都市でも、この傾向は強まりつつある。フランスの水道サービス事業数は膨大なため正確な数値を導き出すのは非常に困難であるが、過去15年間に水道の再公営化の事例はフランスで106件に上ることを私たちは突き止めた。契約満了を控えた今後数年の間にも、再公営化は更に進む見込みである。国内の統計によれば、実際の事例の数はこの2倍に及ぶものと考えられている。一方、過去20年間で水道事業を公営から民営に変えた都市は、フランスに1つもない。契約満了時に民営を継続すると決定した都

市の中には、民間契約に水道料金の大幅値下げや、水道品質の向上や投資など厳しい条件を加えることに成功しているものもある。悪名高いマルセイユ市の事例(ヴェオリア社との水道民間契約下で相次いだヴェオリア社への不当な利益配分が発覚し2013年に地裁により監査を受けたという事態[1])などの数例を除き、再公営化の波により、長年繰り返されてきた民間企業によるあからさまな不正を許さない社会的な圧力が高まったのである。

モンペリエ市の水道事業

モンペリエ市はフランスで一番最近水道事業を再公営化した大都市である(2016年)。この事例は特に、モンペリエ区域がヴェオリアとスエズ両社の研究機関が多数拠点を置いており、水道セクターの民営化を先導してきた場所であるという点において特筆に値する。モンペリエ市はグルノーブル市、パリ市、ニース市での経験を元に新しい公営水道供給会社を設立。再公営化後に水道インフラがひどい状態にあったにも関わら

ず、再公営化の結果、水道料金は10％ほど下がった。モンペリエ市では
パリ市の経験に習って、水道運営に市民が関与する「水オブサバトリー」
を設立した。新しい公営水道会社の理事会は3割が市民代表から成り
立っている。再公営化後、どのように公的な水道を運営するかをめぐっ
て、地方自治体や公営水道会社と市民運動との間に意見の違いがあるこ
とがしばしばなので、民主的な市民の参加が以前にも増して重要であ
る。モンペリエ市の場合、公営水道会社はローヌ川から水を引いて新し
い浄水場を建設する案を提示しているが、地元の活動家たちはこのよう
な新しいインフラは必要ないと考えている。

市民水オブサバトリー（観測所）

　　パリ市は市民、専門家がパリの水について討議するパリ水オブザバト
リー（観測所）を設置した。これは単に市民のフォーラムではない。パリ
水オブザバトリーは市民参加や利用者の関与を追及する恒久組織として
水道公社オー・ド・パリの企業ガバナンスに組み込まれている。その意
味は同社はパリ水オブザバトリーに対し、すべての財務、技術、政策情
報を公開しなければならず、経営陣と代表市議はパリ水オブザバトリー
の会合に参加する。利用者と公営水道事業社をつなぐチャンネルとして
機能している。さらにパリ水オブザバトリーから選出された代表者が
オー・ド・パリ社の意思決定機関である理事会の構成員でもある。参加
型統治ともいわれるこのモデルは再公営化したフランスのグルノーブル
市やモンペリエ市でも導入され、他の国々の公営水道運営にも影響を与
えている。

再公営化は単なる所有権の変更のみに留まらない

　　概して、フランスにおける再公営化の推進力は、特に財政面（高額な水道料
金、投資や維持管理の不備、親会社が請求する高額な料金など）民間企業による杜撰な経営
への反抗であると言える。しかし、同時に再公営化は最初期から環境的な
持続可能性、民主性、社会正義といった原動力により進められてきている
ことも事実である。すなわち、再公営化は公共事業の財政管理にのみなら
ず、公共事業の性質や目的そのものへの懸念に基づいているのである。言

うまでもなく、内情は様々である。公営の水道局と民間の水道事業で大差ないこともあれば、パリ市やグルノーブル市の事例のように、革新的なものもある。再公営化には通常少なくとも、水道料金の低減（社会正義）、水道網の保全と投資による漏水の低減（持続可能性）、議会への財政の透明性の向上（民主的な管理）などの要素が含まれる。

　多くの新公営水道事業はこれら最低限のステップのさらに先を行く。進化した民主的な運営（社会への透明性を高めることや、市民代表の理事、パリ市やモンペリエ市でも導入された市民主導型の水オブザバトリーなど）を導入したところもある。市民に水道利用量の軽減を推奨する政策など、水を商品としてより多く売ることが目的の民間企業では考えられない政策を実施したところも少なくない。パリ市は水源地の農家と協力して、有機農法への転換を奨励し水質の改善によって薬品処理の必要性を下げることに注力している。この政策の効果のほどは、水源に含まれる農薬の除去には何年もかかることから現段階では限定的であるが、水質の改善という長期的視野に立った投資であり、コストのかかる化学的な処理技術への投資の必要性を下げられるという可能性を意味する。民間企業は水質の基準が厳しくなるにつれ水道料金は値上げせざるを得ないと主張するが、この水源やエコシステムを守る代替モデルがより安価でコスト効率も高いと実証できるにちがいない。

再公営化のチャンピオンたち

　様々なセクターにおける再公営化に対する取り組みのうち、フランスの都市の中には、特に際立っているものがある。西暦2000年前半より水道の再公営化の分野で先端をいくグルノーブル市の事例である。現在、同市は電気料金の支払いができない世帯（エネルギー貧困）への解決策に挑み、温室効果ガスの低減に向け、暖房や街灯などをすべて地元のエネルギーサービスで賄うべく再公営化することを目指している。これには、地元の電力会社の一部を所有するエンジー社を買い戻すことが必要であるうえに、労働者移動の複雑な問題を乗り越えなくてはならない。

　ニース市はやや違った意味でチャンピオンである。保守的な市政を布いている同市は、公共交通機関、学校給食、カルチャー施設、ヴェオリア社に150年間アウトソーシングしてきた上下水道サービスなど、重要な公共サービスの再公営化を図っている。再公営化は、公共サービスの

政治上および財政上のコントロールを強めるために実施されることがほとんどである。加えて市内の学校給食を再公営化し、地産、有機の食材を導入することができた。地方政治が市民の健康や環境に及ぼした影響は少なくない。

他セクターにおける再公営化

　フランスにおける再公営化は上下水道セクターがその数において一番顕著であるが、その理由は同国の民間セクターによる支配が長期に渡っており、水道のマネジメントが常に政治的な課題だからだと考えられている。とはいえ他のセクターでも都市の大小を問わず再公営化の事例は多数ある。中でも学校給食や地域交通機関の件数が顕著で、やや少なくはなるが共同暖房システム、駐車場管理、ごみ収集や処理などの公共サービスでも再公営化が行われている。これらのセクターは民間優勢が水道ほど顕著ではなく、歴史も比較的浅いため水道セクターと趣が異なる。民営化の契約期間は概して短めであり、水道セクターと比べて奪還しやすい。地域交通機関を除きこれらのセクターに関して、「再公営化というトレンド」を語るには時期尚早かもしれない。交通業界のデータによると、過去15年から20年の間に少なくとも20の都市が民営契約に終止符を打ち、交通システムを公の手に戻している一方で、公営から民営への転換は一事例のみである。(これらの統計は水道セクターに比べると低く見えるかもしれないが、実際には大きな意味を持つものである。それは交通システムとは大都市にのみ存在するもののため、公共交通機関の数そのものが少ないためである。)

　フランスのエネルギー部門は独特の事情があり、大規模な再公営化の行われているドイツと大きく異なる。フランスにおける電力システムは国有であり、かつて国営であったEDF社(現在では84%が国有)とエンジー社(現在では33%のみ国有)による独占が続いているためである。1945年にエネルギー産業が国営化される前から存在していた、一部の地域公共配電ネットワーク(レジー-régies)を例外とし、前述の両社は電力供給ネットワークにおいて独占状態にある(最も親会社とは異なり、子会社は完全に公営であるが)。この贋公営ともいうべき状態により、自治体による再公営化の道は閉ざされている。事実、分散型の公営の電力供給会社の設立は、フランスでは法律で禁止されている。

近年フランスの環境擁護主義者たちはドイツのようなエネルギー転換を実現するためにこの法律の見直しを求めているが、その努力は今のところ徒労に終わっている。エネルギー供給が国営であるいうイメージに囚われたフランス国民からの支持も得られていない。

新しいモデルへの移行

　他のセクターにおける再公営化もやはり、価格やサービスの質に対する不満、過小投資や地方自治体によるコントロールの欠如といった共通する民営化の失敗に対する反発である。水道セクターと同様に、これらの公共サービスは少数の民間企業による「寡占」状態にある。

　水道セクターよりもむしろごみ収集、学校給食、交通セクターにおけるフランスでの再公営化の例の多くは、公共サービスの本質的な変化を求めより持続可能なパラダイムにシフトするという政治的な希求であることが多い。これはごみ収集や学校給食の各セクターで特に当てはまると言える。

　民間企業がごみ収集処理サービスを請け負うと、ごみを減らす、出ないようにする政策に消極的であると地方自治体は批判する。実際、スエズ社やヴェオリア社によるごみ処理として最適な方法としているのは焼却である。近年、両社ともエネルギー効率が悪く、大気汚染の原因となるごみの焼却を「再利用可能」なエネルギー源として再ブランド化しようと企てたこともある。大規模ごみ焼却場の建造は民間企業にとって儲けの多い収益事業であるが、地方自治体と市民にとっては高くつくことを意味する。ごみの焼却には大量のごみを必要とするため、民間企業はごみを減らすことを渋るのである。新規ごみ焼却施設の建設や、ごみの埋立地を作ることを地方自治体が決定した際、それが争議の的となることが多いのは、こうしたコストを削減し、ごみの能動的な削減や「ごみゼロ」政策を優先すべきという主張が環境的、財政的に理にかなっているからである。

　学校給食セクターの再公営化は、ソーデクソウ社やエリオール社などに代表される工場生産の標準化された食材供給に反し、地産地消の食材を子どもたちに提供するという、より広い目的を達成している。地元で採れた高品質の食材の使用は価格が不安定になる恐れがあるが、再公営化によって地方自治体はコントロールを増し変動を抑えられる。また民間企業がサー

ビスを担う場合でも、企業は自治体からのこうした要望を受け入れること
を迫られている。パリ市やグルノーブル市といった学校給食を常に公共の
管理の下に置いてきた都市では、100％有機食材使用を達成する運動のリー
ダーシップを取っている。学校給食再公営化のトレンドは大都市（ニース市、
ルーアン市、アミアン市、アヴィニョン市、ヴァランス市）や、小さい村でも認められる。
再地元の生産農家コミュニティとの協力関係が生まれ、学校給食の再公営
化はより広範囲な目的をもって持続可能な地域経済プロジェクトへと発展
している。さらには南仏の小都市ムアン＝サルトー市では市当局が農地を
買い取り、農夫を雇用することで学校給食を100％地元有機食材で提供し
ている。

　地域交通セクターでは、再公営化の原動力は交通サービスと都市開発政
策との連携の必要性にあると言える。これは市民の乗用車利用を減らし、
公共交通機関や、大気汚染の原因とならない交通手段を利用してもらうこ
とを推奨するためである。

　最後に、都市圏における共同暖房や街灯といった国有企業の範疇に入ら
ない電力サービスにおいて、サービスを再公営化し再生可能エネルギー源
へのシフト、エネルギー貧困への真剣な取り組みを模索する都市もある。
例えば、パリ郊外のシャンピニー市はエンジー社との暖房に関する契約を
解約、完全公営の地熱発電による安価な暖房サービスの開発を進めている。

公営農場とオーガニック学校給食

　もし子供たちの食べる学校給食を全てオーガニックにしたいけれど
も、民間の給食供給会社がそれを実現できないなら、自分たちでやって
しまおうじゃないか。2つのフランス小都市、ムアン＝サルトー市（南フ
ランス、人口1万500人）とウンゲルスアイム（アルザス地方、人口2000人）では
農地を買い取り、「市営農業サービス」（régie agricole municipale）が学
校給食へ有機食材を提供する先駆者となった。完全有機かつ旬の食材に
よる給食の提供をムアン＝サルトー市は2012年より、ウンゲルスアイ
ムは2009年より行っている。食材のほとんどは公営農場もしくはその
他の地元の生産家から調達されている。このシステムは、低コストでの
完全有機食材への転換を可能ににした。またこの公営の有機農場は、学
生や町の住民に有機農業について教育の機会を提供している。バル

ジャック市 (南フランス) は、少々違うアプローチとる。市が地産の有機農業協同組合の設立を支援し、共同組合は同市と学校給食サービス提供の長期的なパートナーシップを結ぶこととなった。

官民対決という議論が今でも必要な理由

水道セクターにおける再公営化のトレンドと民営化契約が厳しくなったことにより、問題はほぼ解決され、公共と民間の水道管理の違いはかつてほど重要でなくなってきていると民間企業自身を含む多くの専門家たちが指摘する。ところが現実には、民間企業による水道運営は厳しくなった契約下でも財政の透明性を含む数々の問題を抱えている。水道料金未払いを理由に水道を止めることは、フランスでは違法であるが (この法律は水へのアクセスの権利を擁護するものとして2013年に施行)、民営水道会社はこの法律の廃止を求めるだけでなく、法律の履行を拒否し続けており、水道を止められた家庭による多数の訴訟に敗訴した。

スエズ社とヴェオリア社は再公営化のあおりを受け、現在では新しいビジネスモデルを模索中である。公共水道サービスでの損失を補填するために電力セクターや工業セクターの新規顧客の開拓を求めている。浄水処理や汚染除去を含む技術、データベースによる管理テクノロジーを、自らが水道供給会社として使用するのみならず、公営水道会社へ売り込むことにも余念がない。こうした技術への依存や長期的なコストの発生は将来、水道の事実上の民営化を招くことになりかねないので注意が必要である。町村の小規模水道を統合し広域化することでスケールメリットは生まれ、水道事業の基盤が強化されるゆえに長期的な利益が上がると民間水道会社は主張するが、この主張を裏付ける証拠は乏しく、株主への安心材料程度でしかない。市民の手を離れた広域水道は何にせよ、民主的な説明責任の欠如を招くことは明らかである。

公共サービスを公的に管理するか民営化するかの論議の根本は、だれがサービスの支払いをするか、誰がその恩恵を受けるかに尽きる。それは財政面だけでなく、社会的、環境的な意味においてもそうである。同時に、公共サービスの何たるかや、その目的の根本に迫る議論でもある。水道やその他のセクターの再公営化の経験から、フランスでは公的管理が基本的

第1章　フランスの再公営化　　27

なニーズや社会正義を中心に据えた地域密着で民主的かつ持続可能な公共サービスを再構築する道を主導しているといえる。

オリヴィエ・プティジャン
フランスの著述家兼リサーチャーで、フランスの多国籍企業監視団体とそのウエブサイトMultinationals Observatoryの編集長を務める。

Endnotes

1 See: https://www.mediapart.fr/journal/france/290414/marseille-des-contrats-de-leau-trop-favorables-veolia-et-suez

第2章

ラテンアメリカにおける
再国有化の今日的な動機

エムリサ・コルバート

　自由化、民営化、緊縮政策によって公共セクターが根こそぎにされ、民衆の国とのつながりが薄れてから30年がたった今、ラテンアメリカ政府は必須サービスの再国有化に乗り出している。私たちがラテンアメリカ全域について実施した、2000年から2016年にかけて起きた水道、通信、金融、電力、ゴミ収集などの必須サービス・セクターの再国有化に関する調査によって、この移行が容易なものではなく、多くの場合に越えがたい障害があったことが明らかになった。再国有化の動機は、ほとんどの場合にワシントン・コンセンサスによって1990年代に実施された民営化の結果に対する不満に直結するものだった。

　本章では、現在ラテンアメリカで試みられている必須サービスの再国有化・民主化の背後にある動機について、今日的所見を提供する。はじめに国有化の背景となる周辺事情を簡潔にまとめ、ラテンアメリカにおける脱民営化の動機について分析する。本章の中核として、民主化と新たな公共の精神が重要視された再国有化の事例をとりあげる。各事例について、再国有化という移行がもたらした具体的メリットを強調しつつ、詳細を明らかにする。

　調査対象地域における諸サービスの脱民営化とその後の再国有化は、新たなコンセッションが地方自治体ではなく国家政府によるものであり、ほとんどの場合において新たな運営主体も国家政府であるという点で、厳密には「再公営化」の事例ではない。しかし、これらの事例は、自治体レベルを超えた国家レベルのものではあるが、ますます民営化の進む世界において公共の精神が改めて重要視されたという点で、その教訓は本書の主旨

に寄与するものである。

なぜ脱民営化するのか

ラテンアメリカでは、1990年代に世界銀行や国際通貨基金（IMF）などの国際機関の提言による構造調整プログラムの一環として水道、電気、通信、ゴミ回収などの必須サービスが民営化された。1980年代の債務危機の最中、民営化によって経済が安定化することが期待されたが、期待通りの結果は得られなかった。公営企業の売却によるキャッシュ・フローの増加は短期的に経済を安定化させたが[1]、大部分においては、経済成長の受益者は多国籍企業と大規模な経済組織であった。また、1980年代の輸入代替工業化（ISI）政策下での経済成長を超えるほどの成長が達成されることもなく、低税率・低ロイヤルティ、負債の利払い、利益最大化を優先するメンタリティなどにより、経済成長のもたらす恩恵の大部分は先進国へと持ち去られていた[2]。市場統治の強化によって、国家における腐敗、身びいき、非効率の影響は軽減され、経済は安定化するというのがワシントン・コンセンサスの前提であった。企業が完全に民営化されていない場合でさえ、「公営」企業の企業化が進められ、公平性や料金の手頃さなどの公的な価値ではなく効率や利益の最大化を重視したニュー・パブリック・マネジメントが導入されていった。それによって当初は腐敗のもたらす問題の一部が解決されたものの、企業のコントロールと責任説明は損なわれていった[3]。本調査のデータは、ほとんどの場合に、政府や市民社会が民間セクターの動向を監視することが困難になったため、民間企業が規制を回避し、透明性の確保を拒絶し、契約上の義務を軽視し、割り当てられた再投資を無視するといった新たな腐敗がおきる余地ができてしまったことを浮き彫りにした。

この移行の10年間に、不公平な開発が横行し、利益が人々よりも重視され、必須サービスの所有権とコントロールは、その使用者である人々から奪われていった。それによって深い不満が募り、民営化の負の影響はラテンアメリカにおいて広く人々の知るところとなった。2001年のラティノバロメトロ調査（チリのNPOプロビデンシアがラテンアメリア18カ国で毎年実施している世論調査）では、回答者の60％が社会福祉の改善策として民営化に「反対」あるいは「強く反対」した[4]。人々は、民営化がサービスへのアクセスを制限し、

料金の高騰につながり、意思決定に対する彼らのコントロールが削られ続けていることを認識していたのである。民営化により、国家機関の文化や政策の施行は経済自由化の追及によって規定されるようになり、民衆の国とのつながりは著しく制限され、これらのプロセスにおいて民衆の視点は重要ではないという見方が支持されるようになった[5]。

　21世紀の到来と共に、草の根からの社会財と市民権の再分配を求める社会運動による計り知れない政治圧力により右翼政党は衰退していった[6]。アルゼンチンのピケテーロ（社会・政治運動のデモで道路封鎖を行う人々）、ブラジルのMST（土地なし農民運動）、ボリビアのコカレロ（コカの生産者）、メキシコのサパティスタ、チリの社会運動協議会（Council of Social Movements）などの新たな社会運動が、2000年以降次々と左派政府が誕生していく重要な要因となったのである[7]。2010年から2015年までに、アルゼンチン、ボリビア、ブラジル、ドミニカ共和国、エクアドル、エル・サルバドル、ニカラグア、ウルグアイ、ヴェネズエラを含むラテンアメリカ諸国の半数において左派候補が当選し大統領を務めた。その多くで当選の決め手となったのは、民営化の失敗に関連した社会問題の是正を掲げ、再国有化をその手段のひとつとしたことだった[8]。

再国有化の動機は何だったのか

　本調査では、ヴェネズエラ、ボリビア、エクアドル、アルゼンチン、ベリーズ、ウルグアイ、ニカラグア、ドミニカ共和国における33件の再国有化の事例について、その動機を吟味した。各事例のデータを得るために法令、公共放送、大統領や政府高官の演説、メディアの報道を精査し、再国有化事例の文献調査を行った。対象事例としては、透明性、公平性、ユニバーサル・アクセス、料金の公正さ、環境面における持続可能性、サービスの質、市民参加および／または対象サービスにおける安定雇用と公正な賃金を重視するものを取り上げ、その目的と公共的価値に注目した。本調査は、徹底的かつ体系的に実施されたが、時間的制約およびリソース上の制約によりラテンアメリカにおける全ての再国有化を含むものではない。よって、当該地域における再国有化の最も顕著な動機に関する本調査の結論は、これらの制約に留意して解釈されたい。本調査の対象とされた33件

の事例の分析により10の異なる動機が特定された。これらの動機を全33件で集計し、各動機の割合を求めた。その結果を、割合の高い順から表1に示す。

表1：特定された動機とその割合

特定された動機	割合
民間セクターの管理不行き届き （腐敗、賄賂、契約違反、過剰配当、契約による制限を超える利益、など）	60%
公的所有権とコントロールの回復	54%
経済格差是正のための再分配	33%
再投資の優先化と増強	30%
国家の賃料収益全般の引き上げ	15%
基本的サービスの値下げ	15%
サービスへのアクセスの向上	15%
社会福祉プログラム	12%
社会主義的価値の導入	12%
中央集権化	12%

　表1は、全事例において最も多く示された動機が「民間セクターの管理不行き届き」であったことを如実に示している。これが、分析対象となった33件中20件(60%)において再国有化が決定された際の中心的な懸念事項だったのである。例えば、2004年にアルゼンチンのネストル・キルチネル政権がフランスの通信会社タレス・スペクトラム (ThalesSpectrumSA) 社に対して、投資の欠如、ロイヤルティの不払い、契約上限を超えた利益設定を理由に再国有化に踏み切っている。2010年、ボリビアのエボ・モラレス政権は、財務上の支払い能力の欠如(破産状態)、環境問題、発電所の管理不行き届きが有効発電容量に影響し同国のエネルギー安全保障を脅かしているとして、フランスの電力会社エレクトリシダ・コルナイ (ElectricidaCorani) 社を再国有化しENDE (EmpresaNacionaldeElectricidad) と改名している。エクアドルでは、2014年、補償対象の不平等性、不安定な収益、失業給付金の不払いなどの問題に直面したラファエル・コレア政権が民間年金基金制度を再国有化した。2017年、ヴェネズエラのウゴ・チャベス政権は、投資義務の不履行、過剰配当、経営上の管理不行き届きを理由に米国のCANTV社の大半を再国有化した。これらの事例から、公共サービスインフラの資金供給

手段として官民連携や自由化が効果的でないことは明白である。特に、このアプローチは、これらの国々の多くが示している経済的・政治的方針として自国の社会を改めて重視しようという意向に沿わないものだ。これは、平等な分配、対象サービスへの再投資、ユニバーサル・アクセスの達成、サービスコスト削減などの人々の利益を優先することが再国有化の動機として多くの場合に挙げられていたことからも明らかだ。次節では、これらの事例のいくつかに注目し、民主化と公共的価値を重視した取り組みから（調査手法上の制約はあるものの）必須サービスの公有化がもたらすメリットを明らかにする。

ラテンアメリカにおける再国有化の重要事例

ボリビア：2006年、石油・ガスセクター

2006年、民衆や多様な活動家団体の圧力を受け、モラレス大統領は公約に従い石油・ガスセクターの国有化を宣言した。モラレス政権は、1990年代に締結された民間契約が地上・地下資源の所有権とコントロールに関する国民の憲法上の権利を損なうものであるという違憲性を指摘し、大統領令により、石油・ガス法の付属書が起草された。民間契約は、採掘された鉱物を商品化・販売する権利を国から奪うものだった。大統領令は、市民団体が民間セクターによるボリビア国民の憲法上の権利の不当な侵害であると考えていた状況に終止符を打つこととなった。その後、モラレス大統領は、国内の全ての油田・ガス田を収用し、国営企業YPFB（Yacimientos Petrolíferos Fiscales Bolivianos）社の過半数株式と全所有権を掌握した。その一方で、多国籍企業は保有可能な株式を過半数未満に限定された新たな契約を結ぶことを強いられた。この新たな契約は、具体的には民間企業と国の利益配分を18%対82%とし、両者の関係を逆転させるものであった[9]。この国有化は、ボリビア経済の主軸を形成し、ボリビアの商品経済への帰還を象徴するものとなったという点において極めて重要である。石油・ガスセクターからの収益は、政府の富の分配や社会的包摂の取り組みの重要な基盤となった。さらに、石油・ガスセクターのコントロールが奪還され歳入が増加したことが、その後の電力、年金、通信セクターの国有化を促進することになったのである[10]。

メリット：2016年、モラレス大統領は、2006年の決定以前の10年間の歳入が35億米ドル（約3934億円）に過ぎなかったのに対して、2006年以降の歳入は総額315億米ドル（約3.5兆円）にもなったことを発表し、国有化10周年を祝した。国有化によって、2005年〜2015年にボリビアのGDPは3倍になり、この期間の最後の9年間で公共支出への投資は750％以上増加したのである[11]。さらに、他の石油・ガスセクターの再国有化事例に比べ、ボリビアは公的価値をより強く意識した取り組みをしていると思われる。ヴェネズエラでは、契約譲渡においてより多くの透明性や腐敗に関する問題が起きており、国の所有率を50％とする規定も実現されていない。一方、ボリビアでは2004年に国有化と1996年民営化法に対する民意をはかるために国民投票が実施された。その結果は、投票者の92％がボリビアの石油・ガスセクターの国有化を支持し、87％が1999年民営化法の廃止を支持するというものだった[12]。

　その他のメリットとして、国内投資がグローバル企業の投資に優先されるようになったことが挙げられる。ガス産業の契約交渉には、製造セクターの地域事業体が溶接工、管理者、技術者などにボリビア人労働者を雇用するという現地調達規定が組み込まれている。地域コミュニティとの協議プロセスも改善された。モラレス大統領は、石油・ガス法第3058号の施行と共に最高法令第3058号を発令し、開発地近隣の住人や先住民族との環境に関する協議を義務化したのだ。これによって市民参加が拡大されたものの、石油・ガス法には協議の結果合意が得られなかった場合国益に基づく決定がなされることが明記されており、市民参加の範囲や影響力については未だ改善の余地がある[13]。最後に、国有化がボリビアの国際的地位をより独立したものとする一助となったことを指摘する。石油・ガスセクターの収益が中央銀行へと向けられ、同国の輸入支出を支えるに足る米ドルが確保された（外貨準備の達成）。これにより、ボリビア政府は国際収支危機（通貨危機）を回避し、2006年に国有化が決定される以前のIMFの融資に依存しきった状態から脱したのである。

ボリビア：2006年、国民年金基金

　国有化が決定される以前は、ボリビアの年金基金は民間所有の個人拠出制年金基金（IFF）として運営され、民間セクターによる投資決定に基

づきスペインとスイスのコンソーシアムが資金運用をしていた。2010年、ボリビア政府はIFF年金制度から賦課方式の公的制度に移行することを発表し、レンタ・ディグニダ（RentaDignidad）という全ての60歳以上のボリビア国民に対する無拠出制の年金給付制度を構築した。新制度ではより多くの人々が受給権者となり、年間給付金額も1800ボリビアーノ（235米ドル：約26000円）から2400ボリビアーノ（314米ドル：約35000円）に引き上げられた。また、すでに他の老齢年金制度に拠出していたり、給付を受けている市民には通常のレンタ・ディグニダ給付金の75％が支払われるように給付金額が区別された[14]。この国有化の主な動機は、最低退職年齢の引き下げ、給付金分配の改善および資産運用のコントールを奪還することであった。この改革により、民間セクターによる資産運用を廃し単一の国営資産運用機関が設置され、1997年に構造調整プログラムの一環として導入された制度は覆された。モラレス政権が年金基金を運用するようになって以来、新たに国有化された石油・ガスセクターに対する特別直接税の一定割合が資金源とされた他、あらゆるレベルの自治体からの拠出金、近年国有化された電力や通信セクターの国営事業体からの配当金も年金制度に充当されている[15]。

　メリット：ボリビアの年金改革は国内外で非常に高く評価された。全体として、高齢者の生活水準が格段に改善され、極度の貧困が削減される一因となった。例えば、モラレス政権は年金受給開始年齢を60歳に定め、最低退職年齢を68歳から58歳に引き下げることで、男性の平均寿命が68歳、女性が73歳という実情に対してより現実的な退職年齢が設定された。社会保障給付を全く受けてない人々にはもれなく年間約340米ドル（約35000円）が給付され、そうでない場合はその75％が給付される。また、月々の分割給付を受けることもできるが、公的制度になり新たに年1回の一括給付も選べるようになった。この改革により、異なる社会集団に対してより公平な配分がされる形で月々の年金給付金額が大幅に引き上げられた。2010年に年金給付を受けた80万人の受益者のうち83％は、インフォーマルセクターで働いていたか長期間失業していたため、それまでは社会保障制度の対象となっていなかった。2008年に年金給付が開始されて以来、5億米ドル（約561億円）以上が民間セクターの利益からボリビアの人々へと再配分された。

アルゼンチン：2003年、郵便サービス

　アルゼンチンの郵便サービス、コラサ (CORASA) はキルチネル政権が最初に国有化した公共サービスであった。それ以前は、カルロス・メネム政権下の1997年に大統領令によってコラサは民営化されていた。アルゼンチンの投資会社マクリグループ (Grupo Macri) が郵便セクターのコントロールを掌握し、30年のコンセッション契約によりサービス提供者となっていた。契約約款によると、コンセッションの受託にあたりマクリグループは2年に一回契約料を支払い、コンセッション契約後180日以内に既存の雇用契約を改定しない限り、労働者を引き継ぎ雇用を継続することになっていた。その見返りとして、赤字になっても遠隔地へのサービスを提供せざるをえないマクリグループに対して、政府はアルゼンチン全土でサービスを継続するための地方サービス補助金を支払うことになっていた[17]。しかし、コンセッション契約の締結からわずか2年後の1999年、ロイヤルティの支払いは停止され、改善される見通しだったサービスの質は向上せず、地方経路には十分なサービスが提供されず、郵便料金は何度も値上げされるという事態に陥った。2003年、キルチネル政権は会計検査院長官の提言によりマクリグループとの契約を打ち切り郵便サービスを再国営化した。

　民営化により郵便サービスは深刻な赤字経営に陥っていたが、キルチネル政権はどうにか諸サービスを回復させ、マクリグループが放置していた地方経路へのサービスの拡充にも努めた。さらに、郵便料金を値下げし、信頼性や説明責任の面でも改善も成し遂げた。

　しかしながら、2017年2月時点で、アルゼンチンの郵便サービスは抗議の的になっている。国民の不満は、新大統領マウリシオ・マクリ（郵便コンセッション末期におけるマクリグループの所有者フランコ・マクリの息子）が、2015年に選挙に勝ってから数ヶ月後に父親の会社と交わした取引に関係していた。マクリグループは、郵便サービスコンセッションの受託者でありながら、2001年に破産申請をしており、アルゼンチン政府に対して1.28億米ドル（約144億円）の負債を抱えていた。キルチネル政権下では返済について合意に至ることはなかったが、最近になってマクリ大統領は同社の負債を1900万米ドル（約21億円）として再評価し7％の低金利で15年かけて返済することを承認した[18]。このため、マクリ氏の大統領とし

ての地位について利益相反や透明性の観点から懸念の声が上がっている。

アルゼンチン：2008年、航空輸送

　　ネストル・キルチネル（2003年〜2007年）およびクリスティーナ・キルチネル（2007年〜2015年）の政権下では、国家の結束、社会的包摂、公平性を中核とした経済・政治・社会的取り組みが展開された。2008年、クリスティーナ・キルチネル政権はアルゼンチン航空の再国有化を決定した。国有化以前は、アルゼンチン航空はスペインのコンソーシアムグルーポ・マルサンス（Group Marsans）社が所有していた。国有化の時点で、マルサンス社は経営不振、汚職、幹部への過剰配当により9億米ドル（約1017億円）もの巨額の負債を抱え込んでいた。国有化の決断に対して、マルサンス社は、航空会社の収用にあたり不公平な対応がなされたとして世界銀行傘下の投資紛争解決国際センター（ICSID）にアルゼンチン政府を提訴し、アルゼンチン政府に14億米ドル（約1572億円）の損害賠償を求めた。この訴訟の決着はついていないが、その後マルサンス社は破産へと傾いていった。この国有化の主な動機は、民間経営の下では採算性がないと判断されていた国内線を整備することで都市部と農村部の交通を充実させることであった。キルチネル政権による公的コントロールの奪還には、民間セクターによる長年の投資不足、過剰配当、杜撰な運用管理を改善するというねらいがあったである。アルゼンチン航空の利用者が増えれば、国内線のコスト削減や国内市場の掌握が可能になると考えたのだ。

　　国有化以後、アルゼンチン航空の財務状況は劇的に改善した。2013年の利用者は850万人に達し、2008年の再国有化時点から57％増となった。2013年の収益は、2008年の85％増しの20億米ドル（約2261億円）を記録した[19]。国内線は、港湾都市であるブエノスアイレス市とアルゼンチン南端のリオ・ガジェゴス市や北部のコルドバ市やサルタ市をつなぐものが新設された。現在、全国内線の80％がアルゼンチン航空によって提供されている。しかしながら、中道右派のマウリシオ・マクリが大統領となり、キルチネル政権によって国有化されたセクターの一部を再民営化しようとやっきになっている。マクリ政権の「開けた空」イニシアチブの調査の一環として、アルゼンチン航空の再民営化が検討されて

いる。2016年12月から民衆デモが継続しており、キルチネル政権が作り出した公的制度は再国有化以来格段の経済成長ももたらしてきたが、マクリ政権の市場優先の方針では、アルゼンチン航空は収益性を欠く企業とされている[20]。

まとめ

　本章の事例が示すように、ラテンアメリカにおける公共サービスの再国有化に障害がなかったわけではない。民営化に対する明らかな不満や変革への欲求がこれらの事例の中核となっていたが、民間セクターを完全に締め出すという強い欲求が全面的に叶えられることは稀であった。多くの政府が、社会福祉制度の資金調達のために評判の悪い新自由主義的経済戦略を維持しなければならなかった。あるいは、本来の要請のごく一部しか満たせない制度を打ち出す他なかった。その他の事例では、サービスの質を向上させようにも民営化によって負った負債が妨げになった。また、過去に新自由主義的制度を導入したがためにラテンアメリカ諸国が直面している問題によって、民営化の檻から逃れ完全な公営化を成し遂げることはますます困難になっているのは確かだ。そして、多くの事例において変革をもたらしたのが大統領令であり、社会的な合意形成のプロセスが欠如していることも懸念される。しかも、1950年代のトップダウン式（上意下達）の中央集権国家的なアプローチに後退し、短期的に経済を安定化させる商品経済が復活している国もあり、長期的には商品価格の増減によるにわか景気に翻弄されるリスクを負わざるを得ない状況となっている[21]。さらには、ラテンアメリカの重要な産業の多くが著名な伝統的資産家一族によって未だに支配されており、それによって国有化と共に民主化を達成するための試みが脅かされている。しかし、本章の事例は、必須サービスの所有権を公の下に奪還することがラテンアメリカにおける強い欲求であるだけでなく、有効なオルタナティブであることを明確に示している。ボリビアの人々は、再国有化によって民間企業の利益になったであろう5億米ドル（約561億円）の受益者となった。アルゼンチンでは、再国有化の結果、地方で暮らす人々が他の町・都市に出かけずとも定期的な郵便サービスを受けられるようになった。これらの再国有化の多くが2012年という最近の出来事であ

り、長期的な成果は未だ不確かである。再国有化は基本的サービスへの社会的要求を満たし劇的成功するかもしれないが、新自由主義的制約と最近の右傾化の圧力によって改革の努力は崩れ去るかもしれない。しかしながら、これらの変化は私たちを鼓舞するものだと言える。ラテンアメリカの事例から本調査が明らかにしたのは、進歩的政策オルタナティブが追究・導入され、議論や政治活動[22]が政治への関心がますます薄れている現状[23]の中から生まれ、ワシントン・コンセンサスによる支配を弱体化させるに至ったということである。つまり、決して容易ではないことが達成されたのである。

エムリサ・コルバート

クイーンズ大学（キングストン市、カナダ）の国際開発研究学部（Department of Global Development Studies）の修士課程に在籍中。修士論文では、中米における再生可能エネルギーへの移行と電力へのアクセスを改善するためにサービスを民主化する試みにおける力関係に焦点をあてている。また、公営サービスプロジェクト（Municipal Services Project）の助手も務めている。

Endnotes

1　Gwynne, R. N. and Kay, C. (2000) Views from the periphery: Futures of neoliberalism in Latin America. *Third World Quarterly*, 21(1): 141–156.

2　Cannon, B. (2009) *Hugo Chávez and the Bolivarian revolution: Populism and democracy in a globalised age*. London: Manchester University Press.

3　Chavez, D. (2012) 16 Alternatives in the Electricity Sector in Latin America. *Alternatives*, 453.

4　Latinobarómetro Corp. (n.d.) The privatization of state companies has been beneficial to the country. Latinobarómetro Database. http://www.latinobarometro.org/latOnline.jsp (accessed 10 February 2017).

5　Grugel, J. and Riggirozzi, P. (2012) Post-neoliberalism in Latin America: Rebuilding and reclaiming the state after crisis. *Development and Change*, 43(1): 1–21.

6   Dominguez, F., Lievesley, G. and Ludlam, S. (2011) *Right wing politics in the new Latin America: Reaction and Revolt*. London: Zed Books.

7   Prevost, G., Oliva Campos, C. and Vanden, H. (eds.) (2012) *Social movements and leftist governments in Latin America: Confrontation or co-optation*. London: Zed Books.

8   Berrios, R., Marak, A. and Morgenstern, S. (2011) Explaining hydrocarbon nationalization in Latin America: Economics and political ideology. *Review of International Political Economy*, 18(5): 673–97.

9   Kaup, B. Z. (2013) *Market justice: Political economic struggle in Bolivia*. New York: Cambridge University Press.

10   Flores-Macías, G. A. (2010) Statist vs. pro-market: Explaining leftist governements' economic policies in Latin America. *Comparative Politics*, 42 (4): 413–433.

11   *TeleSur* (2014) Ten Important Accomplishments Under Evo Morales. http://www.telesurtv.net/english/analysis/Ten-Important-Accomplishments-Under-Evo-Morales-20141009-0069.html (accessed 27 February 2017).

12   Kaup, B. Z. (2013) *Market justice: Political economic struggle in Bolivia*. New York: Cambridge University Press.

13   Villegas, P. (2010) Principales fallas y limitaciones del proceso de consulta previa en Bolivia. *Plataforma Energetica*, 3 November. http://plataformaenergetica.org/content/2375

14   Müller, K. (2009) Contested universalism: From Bonosol to Renta Dignidad in Bolivia. *International Journal of Social Welfare* 18(2): 163–72.

15   Open Democracy (2014) Lessons from Bolivia: Re-Nationalising the hydrocarbon industry. 19 November. http://www.opendemocracy.net/ourkingdom/stephan-lefebvre-jeanette-bonifaz/lessons-from-bolivia-renationalising-hydrocarbon-indust (accessed 27 February 2017).

16   UNDP (n.d.) The Dignity Pension (Renta Dignidad): A universal old-age pension scheme – Bolivia. In Volume 18: Sharing Innovative Experiences. http://165.65.7.68/GSSDAcademy/SIE/SIEV1CH2/SIEV1CH2P2.aspx# (accessed 26 February 2017).

17   Baer, W. and Montes-Rojas, G. (2008) From privatization to re-nationalization: What went wrong with privatizations in Argentina? *Oxford Development Studies*, 36(3): 323–37.

18   *Reuters* (2017) Argentine Prosecutor Asks to Investigate President over Postal Service Deal. 14 February. http://af.reuters.com/article/worldNews/idAFKBN15T2OY?feedType=RSS&feedName=worldNews&pageNumber=2&virtualBrandChannel=0 (accessed 27 February 2017).

19   Foco Económico (2012) Aerolíneas Argentinas post-nacionalización: ¿mejoró la gestión? 12 December. http://focoecono9mico.org/2012/12/12/aerolineas-argentinas-post-nacionalizacion-mejoro-la-gestion/ (accessed 27 February 2017).

20   *Agencia EFE* (2016) Argentine airline workers protest government's push for open skies. 27 December. http://www.efe.com/efe/english/business/argentine-airline-workers-protest-government-s-push-for-open-skies/50000265-3135009 (accessed 27 February 2017).

21   Flores-Macías, G. A. (2010) Statist vs. pro-market: Explaining leftist governements' economic policies in Latin America. *Comparative Politics*, 42 (4): 413–433.

22   Roberts, K. (2009) Beyond neoliberalism: Popular responses to social change in Latin America. In *Beyond Neoliberalism in Latin America?* (1–13). New York: Palgrave Macmillan.

23   Wilson, J. and Swyngedouw, E. (eds.) (2014) *The post-political and its discontents: Spaces of depoliticisation, spectres of radical politics*. Edinburgh: Edinburgh University Press.

第3章

貿易投資協定に署名できない 835の理由

ラビニア・ステインフォート

　国際投資協定が結ばれている場合、民営化された必須サービスをコントロールする、あるいはそれを公的管理下に取り戻すという民主的決定は投資家国家間紛争の火種になりかねない。リトアニアの事案は正にその一例である。首都ヴィリニュス市といくつかの自治体が地域暖房を再公営化するために民間契約を更新しないことを決めた結果、リトアニア政府はフランスの巨大電力会社ヴェオリア (Veolia) 社に提訴されたのである。

　2016年、多国籍企業ヴェオリア社は、フランス・リトアニア二国間投資協定 (BIT) を使い、いわゆる投資に対する「嫌がらせ」と「利益の収用」を理由に投資家と国家の間の紛争調停 (ISDS) を求めた[1]。ヴィリニュス市が、ヴェオリア社の子会社であるヴィリニュス・エネルギー (Vilniaus Energija) 社との15年契約が2017年に満期を迎えるにあたり、契約を更新しないことを決定したことがこのISDS訴訟の一因となった。さらに、ヴェオリア社は、リトアニア政府がガスの使用に対する補助金を廃止したことでヴィリニュス社は発電所を一つ閉鎖することを強いられたと主張した[2]。また、リトアニア政府のエネルギー規制局の長年に渡る調査の結果としてヴィリニュス・エネルギー社が暖房燃料費を偽り家庭用ガス料金を大幅に過剰請求することで2012年から2014年の間に2430万ユーロ (約31.9億円) の不正な利益を上げていたことが報告されていた[3]。その結果、高まる批判的世論、不正容疑、不透明な財務を理由に[4]、ヴィリニュス市はヴィリニュス・エネルギー社との契約更新を拒否した。しかし、これに対してヴェオリア社は1億ユーロ (約131億円) の損害賠償を求めたのである[5]。このようなISDS条項を使った攻撃にさらされ、ヴィリニュス市は結局は契約を更新してしまう

第3章　貿易投資協定に署名できない835の理由　　41

かに思われた。しかし、2017年、市当局は決定を覆すことなく地域暖房を公的管理下に取り戻したのである。

　本章では、このようなISDS訴訟がエネルギー・セクターだけでなく、水、交通、電気通信セクターにも影響することを明らかにする。結局のところ、ISDS条項は再公営化を不当に高コストな事業に仕立て上げ、政府に自国民に対する責任よりも海外投資家の利益を優先させようとするものなのだ。

必須サービスの公的コントロールを脅かす投資家保護

　2000年以降、少なくとも835の都市、地域、州・県が、民営化や官民パートナーシップのもたらす社会的・経済的問題に直面してきた。そして、それに対する自治体の答えが民営化されたサービスを公的管理下に取り戻すことだったのである。再公営化の波は、貿易投資協定への抵抗と共に広がっており、地方自治体が民主的コントロールを取り戻すために具体的できることがあることを示している。国にとっては、835の再公営化の事例ひとつひとつがカナダ・EU包括的経済貿易協定(CETA)またはそれに類するあらゆる貿易投資協定を批准しない理由になる。このような国際協定が海外の民間投資家の利益を守ることを目的としている限り、政府が公共サービスを提供し、組織し、規制する能力は制限されてしまうのだ。

　都市の自治体と市民の同盟は、これまでとは劇的に異なる、社会・環境の両面で公正な貿易体制の構築に寄与する。この貿易体制は、(地方)自治体、市民、労働者がコントロールする必須公営サービスを可能にするものだ。

　本章は、ほんと注目されてこなかった民営化のさらなるリスクに注目する。民営化に期待された低価格、必要な投資、あるいは効率化という結果は得られないと気づいた地方、地域または国家政府は、水道、電力、交通、電気通信などのサービスの再公営化を望むと思われる。しかし、その結果、政府は、国際投資協定に含まれるISDS条項を使って海外投資家に提訴され、何百万ドル、ともすれば何十億ドルという賠償金を請求されるリスクを負うことになる。世界中に存在する3400件の国際投資協定のほとんどにISDS条項が含まれており、万人のための良質なサービスを犠牲にして

ベルリンで行われたTTIPとCETAに反対し公正な国際貿易を求めるデモ。
写真：Naturfreunde Deutschlands, Flickr

不平等に海外投資家が優遇されている。

　新生代の貿易投資協定が現れ始めている。EU諸国の国会で承認が進められているCETAや交渉が一時停止されていると考えられている大西洋横断貿易投資パートナーシップ協定（TTIP）などである。これらの協定は再公営化のような進歩的な公共政策を著しく制限するものである。また、秘密交渉による強制力をともなう取り決めであり、さらなる自由化と規制緩和を可能にするものである。ISDS条項は、現在そして将来の協定の中核をなし、その執行をほのめかすだけで公共サービスの（再）公営化を阻むのに十分な脅威となるのだ。

　これに対して、300万人を優に超えるヨーロッパ人が反TTIP・CETA・ISDS条項の署名をした。また、ヨーロッパの2300以上の都市、町、地域がTTIP／CETAフリー・ゾーンを（TTIP／CETAに反対しそこから自由であると）宣言している。2015年と2016年には、ドイツで何十万という貿易協定に反対する人々がデモ行進した。2017年1月、オーストリアの反TTIP・CETAキャンペーンでは、わずか1週間で50万筆の署名が集められた。より多く

の市民や自治体が貿易投資協定やISDS条項に立ち向かっているのは、彼らが投資家を守ることが民主主義に反し、公益や持続可能な地域の発展にも寄与しないことを理解しているからだ。

·················· **アルゼンチン：国家の危機を狙う投資家たち**

アルゼンチン政府は、合計59件のISDS事案で提訴されており、これほど訴えられている国は他にはない。アルゼンチンは、ほとんどの公共サービスを民営化してから10年以上が経った2001年～2002年、経済危機を経験した。これに対して政府がとった対策には水道サービスへのアクセスを確保するための水道料金の凍結が含まれており、自治体によっては水道セクターが（再）公営化される場合もあった。料金の極端な高騰やサービスの質の低さが契約の打ち切りや水道サービスの（再）公営化の原因となったのである[6]。水道セクターをコントロールする、あるいは（再）公営化するための対策をとったことで、アルゼンチン政府は2000年から2007年の間に9件のISDS事案で提訴された。

例えば、2005年、市民の強い抗議をうけサンタ・フェ市は水道サービスを再公営化した。サービスの質の低さ、料金の高騰、給水停止が市民の不満の原因だった。サンタ・フェ市が再公営化を決定するのに先立って、民間企業アグアス・プロヴィンシアレス・デ・サンタ・フェ (Aguas Provinciales de Santa Fe) 社の大株主であるフランスのスエズ社とスペインのアグバー社がISDS訴訟をおこした[7]。

スエズ社とアグバー社は、サンタ・フェ・コンセッションの減益の原因が2001年～2002年の経済危機の際に料金の値上げが承認されなかったことにあるとして、アルゼンチン政府に2億4380万米ドル（約277億円）の損害賠償を求めた。両社とも、「利益の収用」とアルゼンチンがフランス、スペインそれぞれと締結した二国間投資協定 (BIT) における、いわゆる「公正衡平待遇 (FET)」条項の違反を根拠にアルゼンチン政府を提訴した。2015年に下された裁定は海外投資家の主張を認めるものだった。しかし、仲裁裁判所には賠償総額を開示する義務がないため、アルゼンチンの納税者がフランスとスペインの投資家に支払わされた金額は不明である。

44

投資家保護の台頭

　ISDS条項は決して新しい投資家保護制度でない。TTIPやCETAに組み込まれているだけでなく、現在存在する3400件中、実効されている2600件の国際投資協定のほとんどにおいて中核となっている[8]。こうした協定の大部分が二国間投資協定(BIT)である。ISDS条項は1959年頃から存在してきた。そして、過去10年間において、多国籍企業が非公開の国際裁判で低所得国家の政府を訴えるためにISDS条項が多用されてきたのである。あまり知られていないことであるが、ISDS条項は、南／東南アジア諸国16カ国が参加している東アジア地域包括的経済連携(RCEP)や世界56ヶ国が関わっているエネルギー憲章に関する条約(ECT)のようなメガ地域貿易協定にも組み込まれている。さらには、欧州委員会はミャンマー、ベトナム、フィリピンの他十数カ国の中・低所得国と投資保護協定の交渉中である[9]。国連貿易開発会議で報告された統計によると、現在767件のISDS訴訟が公表されており、そのうち495件は裁定が決している[10]。

ISDS条項は公益に反する

　国内外の投資家の投資は一般的にはホスト国の法制度によって手厚つく保護されている。地方または国家政府が民間契約を打ち切る場合、ホスト国の商業法によって政府当局が違約金や補償金を民間企業に支払わなければならないのはよくあることだ。つまり、海外投資家が不透明で中立性を欠く国際裁判を通してさらに優遇される必要などないのである。

　ISDS裁判は海外投資家だけが使うことができる一方通行道路のようなものだ。政府、資金力のない事業体、市民団体、一般人は手を出すことができない。ISDS条項を使って提訴されている国のほとんどが海外投資家の資産を保護するのに十分な効果的で中立な法制度をすでにもっている。ISDS条項は、国内投資家に対して不平等であり、EUの法／憲法の枠組みのおよばないものである[11]。また、強制力を伴う形で海外投資家を優遇する一方、それに見合う義務を課すことはない。つまり、雇用創出から環境基準や公共サービスへのユニバーサル・アクセスや労働者の権利の保護にいたるまで、海外投資家には何の義務も課せられないのである。一方、このような

協定に参加している政府は、自己の民主的権利や諸規制を担う義務に関わらずいかなる社会的コストを払ってでも協定の取り決めに従わなければならない。

再公営化と公益政策の代価

ISDS条項が良質な水道サービスのような公益を犠牲にするものであることに気づく人が増え始めている。2015年に発行された『Our Public Water Future: The global experience with remunicipalisation』では、ISDS条項がいかに水道の再公営を阻害してきたかを示したが、本章では、他の公共サービスにも注目する。ISDS条項に縛られた政府がエネルギー、交通、電気通信サービスにおける民間セクターの失敗を認め、これらのサービスを公的管理下に戻そうとする時、どのような力学が働いているのかを明らかにする。

エネルギー・セクター：ISDS条項 vs. 再公営化

人々がローカルで民主的にコントロールされた発送電を求める公正なエネルギー転換政策を支持する動きに対して海外投資家が異議を唱えている。2016年、エネルギー憲章に関する条約 (ECT) は、公表されているだけで少なくとも101件のISDS訴訟の根拠として最も頻繁に援用される条約となった。2012年、スウェーデンの巨大電力会社ヴァッテンフォール (Vattenfall) 社は、この条約の投資家保護条項を使い、ハンブルグ市が電力セクターのコントロールを奪還したことについてドイツ連邦政府を提訴した。同社は、ドイツのエネルギー転換政策 (Energiewende) を可能にした2つの原子力発電所を閉鎖するという決定について、47億ユーロ (約6083億円) の損害賠償を求めた。ハンブルグ市の電力セクターの部分的な脱民営化・再公営化は、住民の民主的で社会的に公正なエネルギー転換政策を求める声の高まりに応えるものだった。福島の原発事故以後のドイツ全土にわたる反原発の動きを受け、連邦政府は原子力発電の段階的な廃止を決定した。この決定は、12万人がデモに参加するという大きな市民の念願の結果である。このデモは、ブルンシュビュテルとクリュンメルの2つの原子力発電所の間に、ハンブルグ市を通って120キロにおよぶ人間の鎖を生み出した。その後の一連の

出来事を通して市民イニシアチブ「私たちのハンブルグ、私たちの送電網（Our Hamburg, Our Grid）」は、ヴァッテンフォール社の電力コンセッション契約が満期を迎えることに注目し、2013年には市の送電網の買い戻しを求める住民投票に持ち込むことに成功した。住民投票のねらいは「再生可能エネルギーによる、社会的に公正で気候変動に配慮した、民主的にコントロールされた電力供給」[12] であった。2016年、送電網は完全に市の管理下に戻された。送電網の買い戻しは、初年度だけで、市に3450万ユーロ（約44.7億円）の利益をもたらした。しかしながら、ハンブルグ市の事例は、貿易投資協定に加盟した政府が電力セクターを公的管理下に取り戻すにあたり、投資家からの高額な損害賠償請求から逃れられないこと示唆するものである。ハンブルグ市の事例の詳細については、本書のソーレン・ベッカーによる章を参照されたい。

　アルバニアが電力会社を民営化したのは、重要な国営事業のほとんど全てを民営化してから20年経った2009年のことだ。世界銀行の国際金融公社の提言に従い、アルバニア政府は公営電力会社OSHEE (Operatori i Shpërndarjes së Energjisë Elektrike) 社の76%をチェコのČEZ社に売却した。それから間もなくして、アルバニアの人々は値上げと劣悪なサービスの質や電力供給、そして正当な理由のない停電などの影響をこうむった。電気系統の故障によって火災がおき怪我人や家屋の破壊などの被害もでたが、ČEZ社はそれ対する責任を認めなかった[13]。また、財務状況が改善されなかったためČEZ社は投資を削減し、短期的なキャッシュ・フローを増やすために料金回収率の高い地域にサービスを集中しはじめた。その結果、アルバニア政府とČEZ社が苦情の応酬を繰り広げる事態となった[14]。最終的には、アルバニア政府はČEZ社のライセンスを停止し、電力サービスを再国営化に踏み切った。こうして、負債と送電損失率が軽減されたのである。しかし、2013年、ČEZ社はエネルギー憲章に関する条約 (ECT) を使いアルバニア政府を提訴し、1億9000万ユーロ（約246億円）の損害賠償を求めた。そして、2014年、アルバニア政府は仲裁裁定によりČEZ社への1億ユーロ（約130億円）の支払いを命じられた[15]。

交通セクター：ISDS条項 vs. 脱民営化

交通サービスも脱民営化が国際調停の原因となってきた公共サービスである。少なくとも3つのラテンアメリカ政府が、交通セクターの部分的な脱民営化を決定したことでISDS条項を使って提訴されている。2011年、ボリビア政府は、国内最大クラスの3つの空港を公的管理下に取り戻すことを決定した。スペインのアベルティス (Abertis-AE-NA) 社が一部所有するSABSA (Servicios de Aeropuertos Bolivianos) 社は初期投資計画を公表することなく空港から多大な利益を上げていた[16]。しかし、多国籍企業アベルティス社は、ボリビア・スペイン二国間投資協定に基づき、「公正衡平待遇 (FET)」条項の違反であるとしてボリビア政府を提訴し9000万米ドル (約102億円) の賠償金を請求した。この訴訟はいまだ係争中である。

グアテマラ政府が鉄道サービスを公的管理下に取り戻すことを決めたのは10年以上前のことである。1997年、グアテマラ政府は鉄道の運営と改修のために米国のレイルロード・デベロプメント・コーポレーション (DRC) 社の関連企業であるCODEFE (Compañía Desarrolladora Ferroviaria) 社と50年間のコンセッション契約を結んだ。同社が契約上の義務を果たさなかったことに対して、2006年、政府は鉄道セクターの脱民営化計画を公表した。その後間もなくして、DRC社は新たに締結された中米・ドミニカ共和国・米国間の自由貿易協定に基づきグアテマラ政府を提訴した。海外投資家は、世界銀行グループ傘下の組織である投資紛争解決国際センター (ICSID) において6400万米ドル (約72億円) の損害賠償を求めた。DRC社は、脱民営化が決定されたことでクレジット (信用) を得る機会を阻害されたとして、「公正衡平待遇 (FET)」および「利益の収用」に関する違反を根拠にグアテマラ政府を提訴した。ICSIDは、グアテマラ政府にDRC社への1400万米ドル (約16億円) の支払いを命じる裁定を下した[17]。この事例は、脱民営化の計画を発表しただけで数千万ドルの負債を負わされることが十分あり得ること示すものである。

アルゼンチン政府が2008年に2つの国営航空会社の脱民営化に踏み切ったのには複数の理由があった。2001年から2008年の間に、この2つの航空会社を所有していたスペインの多国籍企業グルーポ・マルサンス (Grupo Marsans) 社は、数千万ドルの負債を抱え込んでいたのである。その他にも、

同社には経営不振、投資の欠如、汚職容疑などの問題があった[18]。脱民営化に対して、マルサンス社はアルゼンチン・スペイン二国間投資協定を使い、当時航空会社の負債が9億米ドル (約1017億円) に達していたにもかかわらず、15億米ドル (約1695億円) の損害賠償を求めた[19]。マルサンス社が倒産に向かう中、法律事務所 (訴訟ファイナンス会社) バーフォード・キャピタル (Burford Capital) 社が期待される賠償金または和解金の一部と引き換えに訴訟費用を肩代わりしていたことが明らかになった。国際調停の不透明さにより、手続きが現在どの段階にあるのかは不明である。しかし、脱民営化後航空会社の財務状況が改善され、2008年に比べ歳入が85%増し20億米ドル (約2261億円) に達したのは確かな事実である。また、2013年までに航空機数は26機から63機に増え、利用客数は57%増加し合計850万人に達した。この再国営化事例がもたらしたメリットの詳細ついては、本書の2章を参照されたい。

電気通信セクター：ISDS条項 vs. 脱民営化

電気通信もISDS条項によって蝕まれてきた公共サービスのひとつである。政府が電気通信サービスの脱民営化を決定すると、国際調停のターゲットにされるのである。2017年、ボリビア政府はすべての人々にサービスを提供するためにインターネット・固定電話・携帯電話のサービスを公的管理下に取り戻すことを決定した。ボリビア政府は、1年かけてテレコム・イタリア (Telecom Italia) 社のオランダ子会社であるETI (European Telecom International) 社の保有する株の50%を買い取ろうとしたが、その後同社との契約を打ち切った。ボリビア政府は、ETI社が何百万ドルという利益を上げてきた一方で、サービスは良質とは言えず、確約されていた6.1億米ドル (約685億円) の投資も果たされなかったことを指摘した。これに対してETI社は投資紛争解決国際センター (ICSID) に不服を申し立て、7億米ドル (約785億円) の損害賠償を求めて同政府を提訴した。この訴訟はオランダ・ボリビア二国間協定 (BIT) を根拠としており、ETI社は、オランダでは実質的な事業活動を行なっていないペーパー・カンパニー (幽霊企業) であるにもかかわらず、この協定によって何億ドルもの賠償金を請求したのである。これに対して、オランダの15の市民団と59カ国からの863人の人々が世界銀行総

第3章　貿易投資協定に署名できない835の理由　**49**

裁とオランダ政府にボリビア政府を支持し、企業によるオランダ・ボリビア二国間協定 (BIT) の濫用を調査するよう要請した。この要請が芳しい成果を上げることはなかったが、再国営化によって、より手頃な料金設定とサービスエリアの大幅な拡大がなされ、利用者数は170万人から400万人に跳ね上がった。こうして脱民営化はボリビア国民に具体的なメリットをもたらしたが、ISDS訴訟ではオランダのペーパー・カンパニーが勝訴した。そして、3年の調停手続きを経て、ボリビア政府はETI社への1億米ドル (約112億円) の支払いを命じられた[20]。

2009年、2010年に、カナダ、イギリス、ベリーズの投資家たちが3件のISDS事案でベリーズ政府を提訴した[21]。これらの事案は、ベリーズ政府が電気通信プロバイダーベリーズ・テレメディア・リミテッド (Belize Telemedia Limited) 社の脱民営化を決定したことに起因する[22]。投資家たちは、総額5億1890万米ドル (約582億円) の損害賠償を請求した[23]。しかも、原告であるブリティッシュ・カリビアン・バンク (British Caribbean Bank, BCB) の主要株主には、米国での脱税にBCBを利用したとして告発されていたマイケル・アッシュクロフト卿が含まれていた[24]。2016年、ベリーズ政府は弁護士費用と1.90億米ドル (約213億円) の利払いを含む、総額約3.95億米ドル (約443億円) を海外投資家に支払うよう裁定が下ったことを公表した[25]。その3ヶ月後、ベリーズ政府は景気後退を宣言し、その後国際通貨基金 (IMF) は同国政府に対して増税を提言した。これによって最も影響を受けるのは中・低所得層であり、結果的に不況は悪化することになると思われる。

ISDS条項は違反の内容や背景事情にかかわらず民間企業を優遇する

最も頻繁に使われるISDS条項は「公正衡平待遇 (FET)」条項である。これは、企業やその弁護士が自社が得るべき利益について政府の政策が公正または衡平ではないと容易に主張できるという点で、多目的な条項だと言える。このことは、この条項が調停者によって広く解釈される傾向に如実に現れている。米国投資家が勝訴した事案の3/4はFET条項の違反を申立てたものである[26]。

上下水道料金の値上げを拒否したエストニア政府は、Tallinna Vesi社とその親会社であるユナイテッド・ユーティリティーズ・タリン (United Utilities Tallinn) 社によるISDS訴訟で、エストニア・オランダ二国間協定

(BIT) に基づき提訴された。両社は、エストニアの新たな法律が企業の利益を「正当」な水準を超えて制限する不公正なものであると主張し、FET条項違反を根拠に同国政府を提訴したのである。具体的には、2020年に契約が終了するまでの将来的利益を含めた潜在的被害の補償金として9000万ユーロ (約117億円) が請求されている。未だ係争中のこの事案は、公正な料金設定によりユニバーサル・アクセスを保障するような法律が社会的に公正で衡平であるということには、調停者は見向きもしないことを示している。調停者は海外投資家が確実に (潜在的) 利益を確保できるかということしか評価しないのである。

「利益の収用」も広く使われているISDS条項である。国家、地方、市当局が民営化された必須サービスを公的管理下に取り戻そうとする場合、海外投資家や調停者はそれを「利益の収用」だと考える。政府が法外な賠償金を支払う覚悟がないかぎり、民間サービス提供者が数々の契約違反を犯していたとしても、ISDS条項の影響下で公共サービスの脱民営化を果たすことはおよそ不可能に近い。頻繁な値上げ、効率の低下、劣悪なサービスの質、投資の欠如などがあったとしても、民間企業の行いは問題にされないのである。政府が国際投資家保護に加盟しているかぎり、何億ドルという損害賠償訴訟から逃れることはできない。しかも、利益を害する政策はすべて海外投資家に対する「利益の収用」と判断されかねない。例えば、健康、環境、労働に関する保護手段の多くが調停者によって「利益の収用」だと判断されてきた。

EUカナダ包括的経済貿易協定 (CETA) のように、公共福祉政策が例外事項として投資協定の付属書に記載されている場合であっても、政府は該当する政策が「正当」で「明らかに過剰」でないことを証明しなければならない。ISDS条項を使ったアルゼンチン政府に対する報復は、壊滅的経済危機でさえ水道セクターのコントロールを奪還する正当な理由にならなかったことを示している。

訴訟の脅威に抑え込まれる脱民営化

ISDS条項を伴う貿易投資協定が調印してしまうと、政府にとっては民営化された公営サービスを公的管理下に取り戻すというような特定の政策を

避ける十分な理由になる。この弊害を「萎縮効果（規制の萎縮）」という。ISDS条項は投資家が政府を提訴せずとも、提訴を示唆するだけで政府を萎縮させ、政策決定を事実上制限する効果を持つのである。

　驚くべきことに投資法と国際調停欧州連盟（EFILA; European Federation for Investment Law and Arbitration）のようなロビー団体が、萎縮効果を現実的リスクとして考える理由がないと主張している。しかしながら、一流紛争調停弁護士トビー・ランダウでさえ萎縮効果の存在を認めている。彼は「実際に、これまで何度も、特定の政策が国家投資家訴訟においてどのような意味をもち、結果をもたらし得るかアドバイスを求められてきた[27]」。つまり、政府は、特定の政策がISDS訴訟の対象になり得るかを知りたがっているということだ。そして、政府がリスクが高すぎると判断した場合、必須サービスの脱民営化は見送られるかもしれないのだ。

　萎縮効果は、投資家の提訴による国際訴訟に先立って政府を投資家に有利な政策上の妥協に追い込むことはもちろん、係争中にも効果を発揮しえるものだ。例えば、2009年のヴァッテンフォール社対ドイツ政府のISDS訴訟においてドイツ政府は政策変更し、スウェーデンの巨大電力会社の環境責任を免除している。

　ISDS訴訟の脅威は、ブルガリア政府に水道サービスの再公営化を断念させた。これに対して、首都ソフィア市の住民と市議が水道サービスの民営化を覆すべく立ち上がり、水道サービスの民間契約を評価するための住民投票を行えるだけの署名を集めた。それは、ヴェオリア社の子会社である民間企業Sofiyska Voda社が透明性の欠如、法外な役員報酬、財務損失で悪名高かったからである。その上、同社は1000世帯への給水を停止し、水道料金の不払いについて5000世帯を提訴することを求めていた。しかしながら、契約に秘密裏に加えられた条項により同社にはウィーン国際調停センター（VIAC）でブルガリア政府を提訴する可能性があったため、この条項が援用されることをおそれた地方政府は住民投票を許可しなかった[28]。上述の事例は、ISDS条項が公共サービスの脱民営化を阻み、地方自治体や国家の管理下に取り戻すことを阻害する十分な脅威になり得ることを示している。

見せかけのISDS条項改革

　ヨーロッパの多くの国々で増して行くISDS条項への批判的世論を受け、欧州委員会はISDS条項を再構築することを決め、投資裁判所制度 (ICS) を提案した。現行の貿易投資協定の利害関係者は、ICSがISDS条項からの劇的な転換であるかのように語るが、手続き上の変更点はあるものの、海外投資家を優遇するというISDS条項の構造はICSにそのまま引き継がれている。ICSでも企業は政府を提訴できる唯一の主体であるし、その逆が許されないのも以前のままだ。企業は、これまで同様、政府の政策が「明らかに恣意的」であると主張することで「公正衡平待遇 (FET)」条項を援用することができる。ICSには「正当な期待」という投資家からの申立てをさらに増加させる可能性のある概念が導入されており、「公正衡平待遇 (FET)」条項はむしろ拡張されている[29]。

　この新たに提案された制度は政府の規制する権利に言及しているが、立証責任はこれまでと変わらず政府が負うものとされている。政府は新制度の下でも規制は「必要」であり「非差別的」で「正当な」目的を達成するためのものであることを証明しなければならないのである。そして、新制度では調停者は「裁判官」と呼ばれる一方、営利セクターからの同じ代表者が調停パネルの構成員になることを防止するセーフガードは組み込まれていない。欧州の裁判官たちがICSは欧州・国際司法制度の最低基準を満たしていないという声明を発表したことは特筆に値する[30]。

迫り来る包括的ISDS条項の脅威

　昨年、欧州委員会は「近代的かつ効率的で透明性が高く中立な国際投資紛争解決システムとして「旧ISDS制度」を完全に刷新することになるであろう」常設国際投資裁判所の設置も発表している[31]。これは、いわゆる多国間投資裁判所であり、要するに多国間ISDS協定である。例えば、2つの調印国が紛争解決を必要とした場合に多国間制度が適用される。欧州員会の計画の詳細はほとんど不明なままである。しかし、明らかなことは、委員会提案の新制度の下でも政府を提訴する権利が与えられるのはやはり海外投資家だけであり、その逆が許されないということである[32]。投資家保

護の多国間化は投資家国家訴訟の透明性を向上させ利害の対立を低減すると言われているが、新制度案は現行の投資家保護システムの欠陥を根本的に是正するものではない。実際には、必要性を問われている投資家保護のための権利の恒久的かつ拡大し続ける拘束力は、ISDS制度の多国間化によってより強固なものになると思われる。その結果、公共サービスの再公営化のコストは政府が負担しきれないものになりかねない。

まとめ

　我々の調査によって、公共サービスの脱民営化という決断が少なくとも20件（水道セクター10件、エネルギー・セクター3件、交通セクター3件、電気通信セクター4件）の国際調停訴訟の原因になったことが明らかになった。様々な国が、民間企業が失敗した際に必須サービスを公益のためにコントロールしようとした結果提訴され、何百、何十億ドルという賠償金を請求されてきた。これが、投資家保護の実態である。

　海外投資家は、不法行為、契約違反、発生した損害の程度を問わず、多くの事例でISDS条項を通して数億ドルの賠償金を勝ち取っている。しかも、国はISDS訴訟の裁定に異議を申立てる可能性させ与えられておらず、対抗手段をもたない。投資家保護は、公的コントロールを奪還する計画を脅かし、必須サービスの脱民営化・再公営化の可能性を深刻に蝕むものである。政府が計画を曲げなかった場合、ISDS訴訟による損害賠償は公的予算の削減によって賄われる可能性があり、その結果公共サービスへのアクセスや必要とされる投資が犠牲になりかねない。ISDS条項は、法外かつ不正な値札を再公営化につけ、政府の責任よりも民間セクターの権益を優先させるものである。

　投資家保護の領域を拡大することは、政策立案者や議員の行動の幅をさらに制限するだけである。つまり、ISDS条項の組み込まれた現行・将来の貿易投資協定が、公共サービスへのアクセスとその質を保障しようとする政策の障害となることは間違いないのである。

　幸いにして、ISDS条項への市民の抵抗は強く、脱民営化・再公営化の事例は年々増えている。民営化が不公正で高コストかつ非効率であることは証明されているのだ。公収入の向上（ドイツ、ハンブルグ市）、負債と送電損失率

の軽減（アルバニア）、サービスエリアの拡大とより公正な価格設定（ボリビア）は、必須サービスを公的管理下に取り戻した結果各所で得られてきた成果である。しかし、ISDS条項さえなければ、市民はより大きな利益を得ていたに違いなのだ。

ラビニア・ステインフォート

トランスナショナル研究所（TNI）のスタッフであり、公共サービスの再公営化、エネルギーデモクラシー、貿易投資問題に取り組んでいる。本章におけるTNIの同僚セシリア・オリヴェットの貢献に感謝する。

Endnotes

1. Newsman, J. (2016) Veolia tells ICSID Lithuania owes $109M for 'harassment'. *Law 360*, 27 January. https://www.law360.com/articles/751339/veolia-tells-icsid-lithuania-owes-109m-for-harassment (accessed 25 April 2017)

2. Williams, D. (2016) Veolia takes Lithuania to court over regulatory changes. *Decentralized Energy*, 28 January. http://www.decentralized-energy.com/articles/2016/01/veolia-takes-lithuania-to-court-over-subsidy-scrappage-to-chp.html (accessed 25 April 2017)

3. *Verslo žinios* (2016) „Vilniaus energija" nepagrįstai į šilumos kainas įtraukė 24,3 mln. Eur. 22 September. http://www.vz.lt/sektoriai/energetika/2016/09/22/vilniaus-energija-nepagristai-i-silumos-kainas-itrauke-243-mln-eur (accessed 23 May 2017)

4. Savickas, E. (2017) Jie daug metų išrašinėjo sąskaitas vilniečiams: tai greitai nepasimirš. *Delfi Verslas*, 2 January. http://www.delfi.lt/verslas/energetika/jie-daug-metu-israsinejo-saskaitas-vilnieciams-tai-greitai-nepasimirs.d?id=73316836 (accessed 19 May 2017)

5. Salazar, R. (2016) The Flint water crisis will happen again. *The Huffington Post*, 10 August. http://www.huffingtonpost.com/rafael-salazar/the-flint-water-crisis-wi_b_11390450.html (accessed 25 April 2017)

6. Kishimoto, S. (2015) Trade agreements and investor protection: A global threat to public water. In S. Kishimoto, E. Lobina and O. Petitjean (eds.), *Our Public Water Future: The global experience with remunicipalisation* (p. 99). Amsterdam: Transnational Institute et al. https://www.tni.org/files/download/ourpublicwaterfuture-1.pdf (accessed 25 April 2017)

7. See more details on the Remunicipalisation Tracker: http://www.remunicipalisation.org/print/Santa+Fe+Province

8. UNCTAD (n.d.) Number of Bilateral Investment Treaties that are currently in force. Investment Policy Hub, database by the United Nations Conference on Trade and Development. http://investmentpolicyhub.unctad.org/IIA (accessed 25 April 2017)

9   European Commission (2017) Overview of FTA and other trade negotiations. April. http://trade.ec.
europa.eu/doclib/docs/2006/december/tradoc_118238.pdf (accessed 25 April 2017)

10   UNCTAD (n.d.) Number of known and concluded ISDS cases. Investment Policy Hub, database by the
United Nations Conference on Trade and Development. http://investmentpolicyhub.unctad.org/ISDS
(accessed 25 April 2017)

11   *ClientEarth* (2015) Legality of investor-state dispute settlement (ISDS) under EU law, p. 6. http://
documents.clientearth.org/wp-content/uploads/library/2015-10-15-legality-of-isds-under-eu-law-ce-en.pdf

12   *World Future Council* (2016) Energy Remunicipalisation: How Hamburg is buying back energy grids. 19
October. https://www.worldfuturecouncil.org/energy-remunicipalisation-hamburg-buys-back-
energy-grids/(accessed 25 April 2017)

13   *Independent Balkan News Agency* (2014) ÇEZ nationalized again, Albania pays to the Czech Republic 95
million Euros. 24 June. http://www.balkaneu.com/cez-nationalized-again-albania-pays-czech-
republic-95-million-euros/ (accessed 25 April 2017)

14   Popp, A. et al. (2015) Energy Law in Albania. In *European Energy Handbook: A survey of current issues in the
European energy sector*. London: Herbert Smith Freehills. https://www.pwc.com.cy/en/legal/assets/
european-energy-handbook-2015-web-cyprus.pdf (accessed 25 April 2017)

15   ČEZ v. The Republic of Albania (2013) Investment Policy Hub, database by the United Nations Conference
on Trade and Development. http://investmentpolicyhub.unctad.org/ISDS/Details/522 (accessed 25 April
2017)

16   Colitt, R. and Laya, P. (2013) Bolivia nationalizes Spain's Abertis Airport operations. *Bloomberg*, 18
February. https://www.bloomberg.com/news/articles/2013-02-18/bolivia-nationalizes-spain-s-abertis-
airport-operations-1- (accessed 25 April 2017)

17   *Global Arbitration Review* (2013) Rail investor moves to confirm ICSID award. 19 June. http://
globalarbitrationreview.com/article/1032422/rail-investor-moves-to-confirm-icsid-award (accessed 25 April
2017)

18   Sala de, P. (2014) Aerolineas Argentinas: A flying brick up high in the sky (Part II). Gurufocus, 19
September. http://www.gurufocus.com/news/279582/aerolineas-argentinas-a-flying-brick-up-high-in-the-
sky-part-ii (accessed 25 April 2017)

19   *Global Arbitration Review* (2013) Argentina claim gets lift off; but causes another split on MFN. 3 January.
http://globalarbitrationreview.com/article/1031840/argentina-claim-gets-lift-off-but-causes-another-split-
on-mfn (accessed 25 April 2017)

20   Perry, S. (2010) Telecom Italia wins payout from Bolivia. *Global Arbitration Review*, 12 November.
http://globalarbitrationreview.com/article/1029756/telecom-italia-wins-payout-from-bolivia (accessed 25
April 2017)

21   British Caribbean Bank Ltd., Dunkveld I and II v. The Government of Belize (2009-2010) Investment Policy
Hub, database by the United Nations Conference on Trade and Development.
http://investmentpolicyhub.unctad.org/ISDS/CountryCases/20?partyRole=2 (accessed 25 April 2017)

22   Debevoise & Plimpton LLP (2015) Debevoise advises investors as long-running litigation over nationalized
Belize telecoms and electricity companies is settled. 3 December. http://www.debevoise.com/insights/
news/2015/12/debevoise-advises-investors-as-long (accessed 25 April 2017)

23   The demanded amount of US$518.9 million is a total of the three cases. Dunkveld I demanded US$298.7
million, Dunkveld II demanded US$175 million and British Caribbean Bank Ltd. demanded US$45.2 million
from The Government of Belize.

24   *Tax Justice Network* (2015) Belize and the curious tale of the British lord. 5 October. http://
www.taxjustice.net/2015/10/05/belize-and-the-curious-tale-of-the-british-lord/ (accessed 25 April 2017)

25   *The San Pedro Sun* (2016) GOB to pay $388 Million – final settlement to Ashcroft group for Telemedia
shares. 30 June. http://www.sanpedrosun.com/government/2016/06/30/gob-to-pay-388-million-final-
settlement-to-ashcroft-group-for-telemedia-shares/ (accessed 25 April 2017)

26   Wallach, L. (2012) "Fair and Equitable Treatment" and investors' reasonable expectations. *Public Citizen*, 5 September. https://www.citizen.org/documents/MST-Memo.pdf (accessed 25 April 2017)

27   Schneiderman, R. et al. (2015) Reply to EFILA. *Investment State Dispute Settlement, comments and observations: Gus van Harten*. 6 July. https://gusvanharten.wordpress.com/2015/07/ (accessed 25 April 2017)

28   Refers to the details on the Remunicipalisation Tracker: http://remunicipalisation.org/#case_Sofia

29   Cingotti, N., Ebenhardt, P., Grotenveldt, N., Olivet, C. and Sinclair, S. (2016) Investment Court System put to the test. Amsterdam: Transnational Institute et al. https://www.tni.org/files/publication-downloads/investment_court_system_put_to_the_test.pdf (accessed 25 April 2017)

30   *European Association of Judges* (2015) Statement on the proposal from the European Commission on the new investment court system. 9 November. http://www.iaj-uim.org/iuw/wp-content/uploads/2015/11/EAJ-report-TIPP-Court-october.pdf (accessed 25 April 2017)

31   *European Commission* (2015) Press release: EU finalises proposal for investment protection and Court System for TTIP. 12 November: http://europa.eu/rapid/press-release_IP-15-6059_en.htm (accessed 25 April 2017)

32   *Seattle2Brussels* (2017) S2B position on the European Commission proposal for a multilateral ISDS mechanism. 19 February. http://www.s2bnetwork.org/wp-content/uploads/2017/02/S2b-ISDS-at-a-dangerous-crossroads.pdf (accessed 25 April 2017)

第4章

ノルウェー
社会サービスを自治体の手に取り戻す

ビヨン・ペタセン&ニナ・モンセン

　ノルウェー国内の各自治体は、一定以上の自治権を持ち、児童福祉や就学以前教育、基礎的な医療サービス、老人福祉サービス、水道、下水、ごみ処理や衛生など、広範囲な市民へのサービスの責任を負う。この調査の対象セクターの中で、ノルウェーでは水道、郵便、地方自治体サービスは公的所有となっている。しかも、80％以上のエネルギーセクターが公共の手にある。社会福祉、交通、ごみ処理などが、民営化の影響を被ったセクターである。これらのセクターのうち、幼稚園、バス、公共施設の清掃は

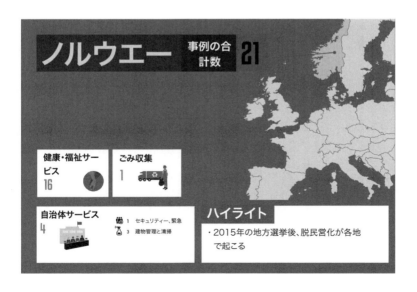

58

競争入札によることが多い。ノルウェーの幼稚園の半数が民間企業により運営されている。

近年、21のサービスが脱民営化され、地方自治体の手に戻されている。脱民営化の波は2015年の地方選挙の結果、多くの地方自治体の政権が変わったことに起因している。労働組合と地方自治体、地方議員間の協力は、こうした脱民営化のプロセスには不可欠なものである。2017年には、相当数の脱民営化があった。2月に、ノルウェー首都のオスロ市で議会が民営化したごみ収集サービスを取り戻したことにより、それまで民間企業の従業員であったごみ収集作業員170名が地方公務員扱いとなった。

ごみ収集サービスを市行政下に戻したオスロ市

2017年、オスロ市議会は20年に及ぶ競争入札に終止符を打ち、ごみ収集事業を市行政下に戻した。最後の民間サービス提供企業であるヴェイレノ社は、ノルウェー首都のごみ回収サービスの入札を2016年10月に勝ち取ったが、これは競争入札により起こりうる最悪の事態を象徴する好例となった。2017年2月、オスロ市はごみ収集サービスを再公営化し、ヴェイレノ社の資産と170人の労働者を引き継いだ。パート勤務だったヴェイレノ社の従業員を、自治体の規定給与と年金支払い義務の生じる正式雇用として引き継ぐにはコストがかかることが予測された[1]。

2016年10月から2017年2月までの間に、市当局はごみが全く回収されていないという、数多くの苦情を市民から受けた。その後、ノルウェー労働監査局の調べによって、ヴェイレノ社が週90時間労働を一部の就労者に強いていたことが明らかになった。

従業員の一人は、オスロ市と同社の契約開始時に週7日勤務を何週間もさせられた。従業員の多くは、平日の労働時間が午前6時から午後10時で、週70時間以上の労働を強いられた。ヴェイレノ社の低価格入札は、労働者の犠牲があって初めて可能であったのだ。オスロ市のごみ収集担当はこのような長時間労働とシフト間の休憩もほとんどない状況で大型の清掃車を運転するなど、自分や市民の命をリスクにさらしていた。

ヴェイレノ社は例外ではない。ごみ収集の競争入札は従業員にとって好ましいものではなく、市民にとって高くつくものである。サービスがアウトソーシングされていたにも関わらず、自治体が民間企業の失態を

カバーせざるを得ない。もし、オスロ市がヴェイレノ社の担当していたサービスと従業員を引き継いでいなかったら、同社は破産申告し、自己の被雇用者への支払い義務を含むすべての責任を放棄することになったので、2017年1月以降従業員に給与が払われていないところだった。

ノルウェーの再公営化

地方自治体レベルでの新しい政治的リーダーシップにより、再公営化の布石が敷かれることになった。オスロ市、ベルゲン市、トロムソ市といった主要な都市を含む17の自治体がサービスを公の手に戻し始めた。オスロ市では、18年ぶりに自治体が中道右派から左派へとシフトした。現在の自治体の政権は労働党、社会党、緑の党の連立である。ノルウェー西部のベルゲン市でも、同様の道を辿った。ノルウェー第2の都市であるベルゲン市は、15年ぶりに中道右派の政党支配から中道左派へと変換した。アウトソーシングされた2つの高齢者介護センターの再公営化は、新しい市政リーダーシップの努力の賜物である。ベルゲン市議会は、現在自治体の管理下にあるすべての高齢者介護施設の公営を続けること、アウトソーシングする場合には非営利団体のみとする決議をした。

オスロ市のごみ回収
2017年初頭にごみ回収が市政の手に戻り、オスロ市政の常勤となったエミル・ガスパロヴィッチ（右）と同僚。
写真：Simen Aker Grimsrud/ Fagbladet

·············· 高齢者介護センターの再公営化

　二つの高齢者介護施設を再公営化する過程で、ベルゲン市議会は赤字を覚悟していた。実際には、反対のことが起きた。2016年5月に二つの高齢者介護施設は自治体の手に戻された。右派の政党は再公営化に抗議しており、ノルウェーサービス産業同盟 (Confederation of Norwegian Service Industries) は再公営化のコストはNOK1100万 (約1億3千万円) に上ると主張した[2]。

　一年しないうちに、明白な数値が出てきた。一つの介護センターは予算を相殺し、もう一つのセンターはNOK500万 (約6千600万円) という黒字を出した。ノルウェー地方公務員・一般職員労働組合 (Fagforbundet) 支部のクリスティアン・マヌッセン氏は、再公営化に先んじて労働者の懸念はすべて話し合われ、労働者は自治体に再雇用されることに異存はないとしているとFagbladet誌で報告した。再公営化により、労働者のほぼ全員が給与増となり、年金計画も改善した[3]。労働党所属、ベルゲン市議会委員長であるハラルド・シェルデリュプ氏は、再公営化は政治的な理由のみならず、雇用形態の上でも重要であるとFagbladet誌に述べた。健康・福祉セクターにおける労働者の常勤正社員雇用化、労働条件の改善といった責任ある雇用によって、サービスの信頼度の向上を目指している。

　ノルウェー北部のボードー市は、2015年の選挙で自治体に大きな変化の起こった、比較的大規模な自治体の一つである。ノルウェー労働組合評議会とFagforbundetは選挙戦で民営化に反対し、その他の労働者にとっての重要課題に取り組む政党を支持した。選挙の結果、現在の自治体は労働党とその他4つの中道左派政党による連立となった。議席獲得後「野心的な民主化プロジェクト」という政治協力プラットフォームの設置に合意した[4]。このプラットフォームを通じて、自治体は労働組合と労働者と協力して自治体の政策を協議することを決めたのだ。この政治プラットフォームは、自治体サービスが将来にわたって競争入札にさらされないことを合意した。

　ノルウェー西部の小都市ストード市では2015年に地方自治体が政権交代して以来、清掃サービスを自治体の元に戻した。市営のビルの市民ホール、幼稚園、学校、スポーツ施設などがサービスの対象である。労働党は選挙

戦中、清掃サービスを脱民営化することを公約していた。ストード市議会は市議、行政官、労働組合の三者協力（161ページを参照）を自治体の政策開発のツールとすることに合意した。三者が正式に協力することにより、適切な決断に基づいて、質が高く効率のよいサービスを提供し、職場でのより良いリーダーシップが期待できると、ストード市長は述べている。

　サンドネス市は、児童福祉サービスの強化するために、この分野で民間企業を追い出した南ノルウェーの自治体である。2010年まで、サンドネス市は児童福祉サービスの大部分を民間企業に任せていた。民間企業にアウトソーシングされていた典型的なサービスは家族支援、自宅への支援派遣、児童の学校外活動プログラムなどである。2010年、地方自治体がこういったサービスを自らで提供することを決断した。その理由は、財政面と技術面の両方によるものだった。そのようなサービス提供を民間企業にアウトソースするのは、自治体にとってコストのかかるものだった。同時に、市はこのような自治体サービス提供の能力やノウハウを蓄積することができなくなった。2016年までに、サンドネス市は民間へのアウトソースを最小限に留め、公共の高い質の児童福祉サービスを提供する能力を回復した。自治体内のノウハウや能力が向上し、サービスの質の管理や必要な場合には仲裁も早期のうちに対応することが可能となった。児童福祉サービスを自治体の手の元に戻したことで、人的、財政資源の優先順位をより的確に決断できるようになった。その結果、サンドネス市は地方と全国レベルで質の高いサービスの表彰を受けた。児童福祉サービスを利用する家族も監査当局も、この新しい自治体の手による公共サービスに満足している。

就学以前の児童福祉と医療

　ノルウェーでは、1歳児は全て居住区域の幼稚園に入園する権利が与えられている。ノルウェーの就学前の児童（1歳から5歳）の9割が幼稚園に通園する。幼稚園は伝統的に主に非営利団体によって運営されてきた。しかし民営化の波が到来して以降、営利企業が市場に参入し始め、シェアを広げていった。非営団体による幼稚園運営の数は減っていった。

　現在はおよそ半分の幼稚園が自治体による運営であり、残り半分が民間企業による運営である。企業による幼稚園の資金調達や財政管理システム

は複雑である。その他の競争入札によるサービスとも異なり、契約期間も定まったものではない。私立の幼稚園は十分な利益が上がらない(例えば子供の数が減った場合)と判断すればいつでもサービスを停止できる。

この状態で、幼稚園を公的な手に取り戻すのは困難である。市場シェアの奪還を図るため、オスロ市とノルウェー中央部のトロンハイム市の各自治体は将来新設する幼稚園は自治体もしくは非営団体の運営のみとする決議を採択した。この決議により、これ以降については、民間企業が就学以前の教育サービスに参入する余地はなくなった。

ノルウェーの医療機関は全て国有だが、病院でのサービスの一部はアウトソーシングされている。国有の地方保健機関により管理されている3つの病院は、競争入札によりアウトソースされたサービスの奪還に取り組んでいる。しかし、医療サービスの付加価値税の増加が予定されており、清掃、IT、経理といったいくつかの病院内医療サービスをアウトソースする圧力は高まると思われる。

北欧モデル

デンマーク、フィンランド、ノルウェー、アイスランド、スェーデンの政治社会政策で共通する、すべての人が享受できる福祉サービスと高い水準の公共サービスの維持は「北欧モデル」の要である。各国間で違いはあるにせよ、多くの共通項がある。自由市場資本主義下で包括的な社会福祉国家を実現し、国家レベルで労働組合が団体交渉権を行使できるという特徴を共有している。北欧各国は、比較的小規模の経済ながら高度に編成された労働市場のある高度福祉国家である。それぞれの北欧諸国にそれぞれの社会経済モデルがあるように、「ノルウェー・モデル」も存在する[5]。ノルウェー・モデルは経済統治、公共福祉、組織された労働市場の三つの柱から成り立っている。ノルウェー政治の中心的な機能は、社会対話※と三者協力にある[6]。(※訳注:政府、使用者、労働者の代表が経済・社会政策に関わる共通の関心事項に関して行うあらゆる種類の交渉、協議、あるいは情報交換のこと。)

自治体レベルの三者協力

自治体レベルの三者協力とは、市議会議員と自治体の行政官と労働組

合との建設的な協力のことを指す。三者が（対立ではなく）協力する文化を創り出し、自治体が直面している問題への最良の解決策を共同で見つけることを目的とする。普段、自治体の管理職にサービスの最前線で働く労働者の声が体系的に届くことはないがその文化を抜本的に変えて、労働者からのアイディアや共有するためのフォーラムを作り体系的な解決策へと発展させていく取り組みである。自治体三者協力は正式な政治的決断を下すことを目的にしているのではなく、解決を共同で見つけるプロセスである。管理職からは見えない別の視点や観点が考慮されることで、トップダウンではないより良い解決策につながるという考えを根拠としている。

　ノルウェーは労働組合の組織率が高く、全国でおよそ5割の労働者が動労組合に加入している。公共セクターでは5人中4人が組合員であり、民間セクターでは5人中2人の加入率となっている。他の北欧諸国ではこの数値はさらに高く、どちらも6割以上となっている。しかし、ノルウェーでも他の多くのヨーロッパ諸国と同様、労働組合に属する人の数は減少傾向にある。

　ノルウェー地方公務員・一般職員労働組合はFagforbundetと呼ばれており、ノルウェー最大の労働組合である。36万人の組合員は主に公共セクター、公的所有の団体や企業、介看護セクターで働いている。組合員の8割近くが女性であるが、組合が組織する職業におけるジェンダーの不均衡を反映している。

　経済学者は北欧モデルを批判している。公共セクターは大き過ぎる上、強い労働組合の団体交渉権で労働市場は硬直化し、所得税率も高過ぎる、というものである。伝統的な経済学理論では、そのような国内経済は持続可能性が低いとされる。北欧モデルはクマバチに比喩される。体の重さの割には羽が小さ過ぎて、理論上飛べるはずがない、というものだ。だが、実際には飛べるのである。同様に、北欧モデルは概して、成功例であることが多い[7]。

　ノルウェー・モデルの基礎は、新自由主義かつ保守的な現政権による労働法の改悪、民営化、税率の低下といった政策により圧力にさらされている。政府への対抗勢力はまだ飛べるというが、前ほど上手には飛べなくなっ

ているのは事実だ。それに、そう長くは飛べない。新しい政治的リーダーシップが当選しない限りは。

Fagforbundetによる、戦略的なアプローチ

1990年代後半、Fagforbundetとその他の労働組合は公共セクターにおいて深刻な苦境に陥った。「ニュー・パブリック・マネジメント（新公共管理）※」がノルウェーの市区町村レベルで急速に広がり、民営化、自由化、競争入札が公共セクターの直面するすべての困難への答えであるかのような風潮が高まった。（※訳注：民間企業における経営手法などを公共部門に適用し、そのマネジメント能力を高め、効率化・活性化を図るという考え方。）

Fagforbundetは民営化の誘惑をはねのけ、介護ケアサービスにおける競争入札は、給与や労働条件の底辺への競争となり著しい低下をもたすばかりだと主張した。Fagforbundetは常に公共サービスは公共の手のもとに、という主義を貫いてきた。1999年から、民営化せずに生産性やサービスレベルを上げることを目的としたプロジェクトを始めた。民営化を促す政治的な圧力に具体的な成果を持って対抗する必要があった。自治体の様々な部署の管理職、労働組合代表、労働組合地域支部、地方議員を巻き込んだこのプロジェクトは成果を上げ、公共サービスの質は向上し、民営化への政治的な圧力は軽減した。Fagforbundetはその後も社会対話と自治体レベルでの三者協力による努力で地方自治体の公共サービスの向上に努めている。

社会対話と三者協力

三者対話と協力の北欧モデルには長い伝統があり、成功が立証されている。過去10年に渡り、自治省はノルウェー自治体協会と四大労働組合との協力し、自治体三者協力プログラムを支援してきた。

Fagforbundetはこれらのプログラムで中心的役割を果たしてきた。このプログラムへの参加するためには、自治体は地方議員、行政官、労働組合支部代表の三者協力に基づいたプロジェクトであることを証明しなくてはならない。ノルウェー国内の426自治体がこのプログラムに参加しており、病気休職を減らすこと、正式雇用、熟練労働者、コミュニケーション、イ

ノベーションなどの課題を扱っている。このプログラムの外部、内部の監査結果はともに良好である。ノルウェー都心地域研究所は過去の三者協力プログラムを評価し、健全な結果と報告した。

協力の価値は十分にあり

オスロ・エコノミクス研究所[8]は「共により良い自治体を作る」というプログラム下で、全ての課題において顕著な改善が認められたことを報告した。病気休職の分野においては、参加している自治体全体でプログラムの運営コストなどを差し引いた上で3800万ユーロ（約50億円）のコスト削減を実現した。これは、労働条件を改善したことでストレスレや疾病が低減し、病気休暇が顕著に減ったためである。

Fagforbundetは自治体レベルでの三者協力が功を奏してきていることに喜びを感じている。2015年には労働組合の情報センターである「デ・ファクト」が地方自治体の三者協力のインパクトの経済的評価し、「協力は十分に経済的な価値あり」というレポートで報告した。そのレポートによると、対象の自治体サービス運営コストは三者協力により労働条件を向上させてなお、2％から3.5％削減された。また三者協力により、3つの地方自治体で民営化を食い止めることができた[9]。

政治的な協力

前述の2015年地方選挙では、多くの地域で保守党が敗北し、労働党と緑の党が躍進した。政治コメンテーターの中には、投票結果をしてノルウェーの地図が「赤く染められた」と結論付ける者もいた。

伝統的に、労働組合運動は労働党の支持母体として捉えられてきた。この選挙後、自治体の運営のためにFagforbundetと労働党が協力する新しい政治の形が見え始めてきた。脱民主化を目指すだけでなくより包括的なアプローチとなりうる。労働組合Fagforbundetと各地の労働党が200の自治体で公式な協力をする合意に署名した。地域の政治協力は主に労働党とだが、その他の政党との提携も可能である。

まとめると、ノルウェーにおける再公営化と脱民営化の風が吹き始め私

たちは将来に希望を見ている。労働組合と政党間の積極的な対話を軸とする地方自治体レベルでの三者協力という民主的かつ戦略的なアプローチは、具体的な成果を出し、経済的な利点を証明している。私たちは、自治体レベルの協力モデルこそが地域で雇用を創出し、適切な労働環境の確保する最適な方法であると信じている。そしてこれは民営化への対抗モデルである。自治体サービスを本質的な意味での公的管理、高い質の公共サービスを市民に提供するために私たちはこの協力の道を進むべきだと信じている。

ビヨン・ペタセン

Fagforbundet（ノルウェー地方公務員・一般職員労働組合）の再構築部顧問として勤務、公共セクター開発プログラム運営の長い経験を有する。

ニナ・モンセン

北欧協力モデル、開発援助、途上国における民間資金投資問題の専門家としてFagforbundetの再構築部のアドバイザーを務める。

Endnotes

1 Tømmerås, Ola (2017) Veireno politianmeldt igjen. *Fagbladet*, 14 February.

2 *Norwegian Broadcasting Corporation* (2017) Sjukeheimen gjekk i pluss sjølv om kommunen tok over. 1 February. https://www.nrk.no/hordaland/sjukeheim-i-pluss-etter-at-kommunen-tok-over-1.13351394

3 Fagbladet (2016) 22 September. http://fagbladet.no/nyheter/trives-som-kommuneansatt-6.91.409748.9e3d1babb3

4 Bodø Municipality website (n.d.) The democracy project. http://politikk.bodo.kommune.no/demokratiprosjektet/category10097.html (accessed 16 June 2016)

5 Dølvik, Jon Erik, Tone Fløtten, Jon M. Hippe and Bård Jordfald (2015) The Nordic model towards 2030. A new chapter? NordMod2030. Fafo-report 2015:07. Oslo: Fafo Institute for Labour and Science Research.

6 Støstad, Jan-Erik (2016) The Nordic model for dummies – All you need to know in 6 minutes. Oslo: SAMAK (Co-operation Committee of the Nordic Social Democratic Parties and Confederations of Trade Unions).

7 NordMod2030 (2014) Summaries of project reports. Oslo: Fafo. http://fafoarkiv.no/pub/rapp/953/953.pdf (accessed 11 May 2017)

8 Oslo Economics (2016) Evaluation of the programme together for a better Municipality. March.

9 DeFacto (2015) 'Cooperation pays off' an evaluation of local tripartite cooperation in three Norwegian municipalities. Report.

第5章

ドイツ&オーストリア
——労働者にとっての再公営化

ラウレンティアス・テアツィク

　過去16年の間に、ドイツでは347件の（再）公営化が確認されている。その多くはエネルギー産業だが、水道サービス、ごみ収集、その他のセクターでも起こっている。オーストラリアの自治体は公共サービスの管理において長い伝統を誇る。オーストリアの事例の半分以上が公営化で、これは住宅をはじめとする新たな市民のニーズに応えるために自治体がサービスを新設していることを意味する。再公営化となった場合、労働者にどのような変化がもたらされるのか。一般的に労働組合の多くは公共管理への帰還を支持するが、これは賃金の向上への希望や社会全般の福祉の増進という公共セクターの基本的な価値に基づいている。一方で労働組合の中にも再民営化に警句を呈する批評家もいる。労働組合はどのような立場を取るべきなのか？

労働者にとっての民営化

　1980年代以降、民営化の母国ともいえる英国ではマーガレット・サッチャー首相が労働組合の力を弱め、賃金を低く抑えることを目標をして掲げた。ドイツとオーストリアでは民営化導入は英国ほど激しいものではなく、民間によるサービスの提供によりコスト削減や効率アップを期待する、というものだった。それでも、民営化はドイツとオーストリアの公営企業の労働者に、深刻な結末を招いている[1]。ハンス・ベックラー財団による計算によれば、公共サービスの民営化により1989年から2007年までに失われた仕事は、ドイツだけでも60万職に及ぶ[2]。民営化で仕事を失わずに済

んだ労働者にとっても、民営化は仕事の激化や給与減、労働条件の悪化といった影響を受けた[3]。従来の労働者よりも悪い条件の契約で新規採用を行うことは民営化された状況下ではよくあることである。不確かな雇用や一時雇用が著しく増加した。このような不安定雇用はごみ収集処理やビル清掃サービスで特に顕著で問題が大きい。労働者の多くは収入だけで生活していくことは難しく、政府は生活補助を支給しなければならなくなった[4]。

再公営化議論における労働組合の役割

過去10年ほど、ドイツとオーストリアの労働組合は公共サービスの防御に主要な役割を演じてきた。例えば、両国の組合は「Right2Water（水道の権利）」欧州市民イニシアティブで精力的に運動を展開し、初の欧州市民イニシアティブの成功に貢献するだけでなく、市民団体─労働組合の協力を強化した。欧州全体で190万以上の市民がこの「Right2Water」に署名し、ヨーロッパ委員会が人権としての水を認め、EU内の市民に水道と衛生の普遍的なアクセスの保証、水道事業を貿易投資協定の自由化圧

力から除外することを要請した。別のキャンペーン「公的セクターは不可欠─Public is essential」は公共サービスを公共セクターが提供することを求める。ドイツ最大の労働組合Ver.di（ベルディー）により設立されたこのキャンペーンは積極的な福祉国家と尊厳ある仕事、労働環境を呼びかけている。

「なるべく多くを民間に、国家は小さければ小さいほどよい」という新自由主義の信条に基づき、誰もが民営化を賛美したいた時から、労働組合はこの考えを否定していた。近年、民営化への懐疑は高まるばかりである。ドイツでは、ドイツ労働組合連合（DGB）とサービスセクターを横断的に組織するVer.di（ベルディー）は「市民の要望がない民営化はありえない」という要求で一致している[5]。オーストリアでは労働組合連盟（ÖGB）と連邦労働会議所（AK）は定期的に民営化に対抗し、公共サービスの防御に努めている。近年ではEUカナダ包括的経済貿易協定（CETA）の討議で重要な役割を渡した[6]。オーストリアでは、CETAをはじめとする大型貿易投資協定の是非を問う国民投票を求める署名運動で2017年1月に56万3千の署名を集めたが、その中で労働組合が果たした役割は非常に大きかった。

公営企業の民営化は労働者にとって不利益が多くその体験から、再公営化によって状況を改善させていというのが労働組合の望みである。公共セクターは、今でも比較的良好な労働環境と安定した雇用を提供する機能的なシステムである。自治体がサービスのコントロールを奪取すると、すぐに不安定雇用に終止符を打ち、社会保険が保証されている正規雇用に切り替えることができる。また、ごみ収集処理の事例で証明されているとおり、公共セクターでの団体交渉権は民間企業に比べて高い[7]。再公営化は、都市、地方を問わず労働市場に有益になりうる。自治体の公共入札力をもって、地元での雇用を創出し、地域経済を強化することが可能だからである[8]。労働者の労働環境の改善だけが、労働組合が公共セクターの確固たる役割を擁護する理由ではない。ベルディーは、公共サービスにおける「収益の確保」や「政治的な柔軟性」の回復を再公営化の利点だと考える。更に、「民間企業の利益最大化と公共財の運営の間で必然的に起きる衝突」を解決できると考える[9]。

再公営化による労働者への影響

労働者にもたらされた再公営化の影響を測る包括的なデータはないが、事例の中には再公営化によりどのような変化が生まれたかを示せるものがある。この研究プロジェクトの射程において、ドイツとオーストリアの20の事例について、公開されている情報とインタビューから得られた情報をもとに考察する。

世界各国で、民営化に起因する急速なサービスの質の著しい低下やインフラの劣化が再公営化のきっかけとなった事例が数多く見受けられた。この例の一つが、英国における鉄道網の買い戻しである。民間の鉄道会社は数年に渡り相当な増益を上げながら、一方で鉄道網の状態は悪化した。深刻な事故が数件続き、国が巨額を投じて後始末するほかなかった。ドイツとオーストリアではそのような凄まじい運営上の失態はなかったが、清掃事業などの規模の小さな事例の中に興味深いものがあった。同時に、再公営化により労働者の業績向上や労働条件の改善も可能であることも分かった。

……………… 清掃サービス

　ヴィルヘルムスハーフェン市は、民間企業による都市清掃業務が満足のいくものではなかったため、再公営化をした。これによって正規雇用が実現し、公共セクターの労使協約に基づいて給与が労働者に支払われることとなった。清掃業務に対する満足度も改善された[10]。類似した再公営化の事例はフライブルク市とドルトムント市のビル清掃業務がある。どちらの例でも、再公営化後にフロアや家具のメンテナンスも清掃業務の一環として含めるより包括的な契約となり、これによって長期的なコスト削減が可能となった[11]。

　再公営化は政治経済上の戦略的な動機によることもしばしばある。自治体が民営化により失った政治的なコントロールを奪還したい場合である。公営企業は雇用政策のみならず、都市計画やエネルギー政策にも積極的な役割を果たす能力を持ち得る。自然エネルギーの分野では市民発の地産自然エネルギー運動や協同組合も役割を果たしている。共通の動機は市民の手に公共サービスを奪還し、地域の資源が大企業の利潤となって外に流出することを止めることである。エネルギー分野では、持続可能なエネルギーへのシフトの早期実現への欲求が背景にある。労働者への賃金面や労働条件の改善が再公営化の目的として明記されることは少ないとはいえ、一般的な雇用政策の記述は多く見受けられる。

　ハインズベアク市では、2012年に救急サービスが再公営化された。決断は社会民主党、保守党、緑の党、自由党の合同で行われた。命に係わるファーストレスポンダーの労働条件の改善が目標として宣言された。労働者は、今では「長期的な雇用に加え、制服と適切な報酬」が確保された[12]。

　ボーフム市のビル清掃施設は1990年代に再公営化され、第二段階が2013年にも行われた。それ以来、社会保障が伴った雇用が660人分創出された。これによって労働市場で仕事を見つけることが困難だった人々の雇用機会となった。労使協約に基づいた支払いのみならず、労働条件の改善も行われた。さらに民間企業の時は守られていなかった、規定労働時間と職場の安全水準が遵守されるようになった[13]。

　一方で、労働者の待遇が全く変わらなかった事例も多数報告されている。ウイーン市内の芸術鑑賞劇場運営の再公営化がその一つだ。それらの劇場

は、長年にわたって同じ監督により作品が制作されており、観客の興味も薄れていっていた。ここでの再公営化は、若手の舞台監督に劇場をリフォームする機会を与え、アーティスティックな改革を目標とした。若手が創造的で新しい作品を世に出す機会としても重要である。再公営化は市によって設立された協会によって実行された。この件で、管理部以外の労働者の待遇が以前と変わることはなかった[14]。

ドイツとオーストリアでは、詳細はそれぞれ異なるとはいえ、財政的な理由が、再公営化への動機として最たるものである。例えばごみ処理セクターでは入札を行っても民間数社しか入札しなかったり、民間の入札価格があまりにも高いことがしばしばだ。それならば、自治体内でこの仕事を行ったほうが理にかなっているという結論に至る。それに、ドイツでは地方公営企業に財政優遇があり、ごみ収集セクターの再公営化は自治体にとって利点の多い選択肢である。電力やガス供給分野においては、収益を出すことが可能である。収益が地域外に流出する民間企業のモデルに反して、地方公営企業ならばその収益が地域に還元される。

人口2万1千人のエルブタラウエ市では、2013年に電力の送電網が再公営化された。内部相互補助（組織内である分野の収益を収益が上がらない分野に充てる機能）により自治体の財政を強化することが主要な動機だった。送電網の運営により得られた利潤は赤字経営の市営スイミングプールの運営費用の一部に充てることができた。そして、再公営化は当該の地域に雇用を創出し、公共入札で地域の物やサービスを積極的に購入することで地域内のバリュー・チェーンを強化することも可能にした[15]。

ライン＝フンスリュック地区では、ごみ処理システムを再公営化したのはごみ処理費用の削減によって自治体の財政に貢献することが主な理由だった。結果、労働者の労働条件の改善も達成できた。労働者は、今では労使協約の定めた待遇を享受している。残業の習慣を取り除いたことにより、5人分の新しい雇用の創出にもつながった[16]。

上記のような前向きな例がある一方で、再公営化後に低賃金が公的セクターの賃金レベルに引き上げられなかった例もある。リューナブアク市では、ごみ処理の再公営化の動機は純粋なコスト削減であった。労働者の給与スケールを公的セクターのレベルまで上げることを避けるため、同市は下請け会社を設立した。ここでは、労使協約は「民間のごみ処理産業の規

約に則る」ことが適用される。それ以来、新規採用者は下請け会社に雇用されるのみとなった。市はこの決定を「欧州の競争入札の原則に従い、民間企業の競争を維持、発展させるため」と説明している[17]。

エネルギー産業と労働組合

主に社会と労働者にとっての再公営化の利点を見てきたが、ドイツでは労働組合が再公営化に強く反対するという事例もある。エネルギー分野では特に、民間の労働者代表と公共セクター労働組合との間で意見の相違の衝突も起きている[18]。

労働者の再公営化の反対は主にエネルギー分野の雇用政策が理由である[19]。多国籍エネルギー企業E.ONの労働組合ティース・ハンゼン氏とペーター・グラウ氏が指摘するところ、再公営化の支持者たちはエネルギー市場の条件、制約、規則、および送電網の運営の経済的なリスクを見落としがちであるという。これらの条件下ではエネルギー分野の再公営化は労働者にとって好ましくない結果を招くと主張する[20]。再生可能エネルギーへのシフトは、送電網の近代化に多額の投資が必要である。送電網の所有者が増えネットワークは断片化され、投資コストが高くなるという懸念もある。財政難にあえぐ自治体は、送電網の運営に必要な投資を捻出できないかもしれない[21]。自治体が送電線の所有者になった場合、財政的な負担が圧力となり、そのしわ寄せが労働者の条件の悪化となる可能性もある。

ハンゼン氏とグラウ氏によると、別の問題はエネルギー産業の「インセンティブ規則」にある。2009年以来、電力事業者は全国レベルで行われる効率比較に基づく、利益の上限に従う。インセンティブ規則により、電力事業者は毎年効率化を図ることが義務付けられている。過度なコスト効率向上の圧力が電力事業者に課せられており、労働者の労働条件を締め付けることになりやすいと同氏は主張する。インセンティブ規則の問題点は、送電網が再公営化によって新しい所有者に譲渡された際に激化する恐れがある。「送電網の購入価格が収益の上限の計算に含まれてはならない。すなわち、利子を含めた送電網買収の支払いは、新規の購入者のインセンティブ規則の要件に追加して行われる必要がある。」[22]

地方自治体の財政面に不安がある一方で、競争主義的なエネルギー政策

第5章　ドイツ＆オーストリア　　73

の枠組みが存在する。このような条件下で電力事業の再公営化を行えば、労働者の失職、年金制度の改悪、職場の安全性の低下、収入の低下など労働者の状況を圧迫する可能性があり、これが労働組合がエネルギー部門の再公営化に懐疑的になりがちな理由であると思われる[23]。

ハンブルクのエネルギー事業

　労働組合により最も強く批判された再公営化の一つが、ハンブルク市の送電網の買い戻しだ。当時送電網は74.9％がVattenfall（ヴッテンフォール）とE.ON（イーオン）という欧州最大手のエネルギー2社に所有されていた。50以上のハンブルクの市民団体が集結し、市による送電網の買い戻しのための運動を開始した。市民団体による運動は、ハンブルクの送電網を最公営化する住民投票を2013年に成功させた。労働者評議会は再公営化による労働者の収入減や労働水準の低下、失職を懸念した。エネルギー民間企業における労働者の賃金や満足度は高く、現存の労働条件、賃金を維持したいという自然な欲求でもあった。また、労働者を犠牲にすることで送電網を公共の手に戻すのではないかという不安が掲げられることもあった[24]。労働組合の一部からの抵抗があったが、ハンブルク市民は住民投票で送電網の買い戻しに賛成した。こうして2015年に、送電網は買い戻された。ガスネットワークの再公営化は2018年〜19年にかけて行われる予定である[25]。

　再公営化後に、労働者評議会の不安は現実のものとなったのだろうか。そうはならなかった。労使協約を守る公約は無期限ではないとはいえ、労働条件も悪化しなければ、賃金も下がっていない。むしろ公営化によって仕事に関して言えば、肯定的な変化があった。送電網が公営会社にから買い戻されて、新しい仕事が創出され雇用機会が増えたのだ[26]。

結論

　調査した事例のほとんどで、再公営化後に予想された労働条件の悪化という不安は、現実のものとはならなかった。労働者が低賃金、劣悪な労働条件や不安定雇用にさらされたごみ回収などセクターでは、改善こそ最も広く認められた事実である。とはいえ、再公営化が労働者に与えた影響が

肯定的なものであったのか、否定的なものであったのかを一概に結論することは現段階では難しくさらなる調査が望まれる。

再公営化が公共セクターの労働条件を取り戻すという視点を含めて行われたとき、ほとんどのセクターでは大きく労働条件が向上した。いくつかの巨大な企業の市場独占状態ゆえに利益率が非常に高く、比較的良い労働条件を労働者に提供するエネルギー産業はむしろ例外的である[27]。しかし、そのエネルギー産業でさえ労働組合が掲げた労働にまつわる不安や条件の悪化が起きたという記録は現在のところない。逆に再公営化後、賃金や労働条件などは民間所有の時と変わっていないという記録は多くある。

また、再公営化への動機が重要なポイントである。公共財やサービスを広く社会全体の利益のために運営、活用するという目的を欠き、コスト削減や効率の改善が独占的な目的となると注意が必要になる。このような狭義的な目的は、民営であれ公営であれ労働者の環境を犠牲にして達成される傾向が強いからである。

公共サービスの再公営化による公的な責任の強化を熱望するだけでなく、政治社会的な目標を忘れないことが重要である。都市社会学者のアンドレイ・ホルム氏はこう警告する。「もし公共機関の評価を経済的な指標のみで行った場合、我々はすでに新自由主義的な行動の論理に囚われているのだ。再公営化さえすればすべての問題の解決になるわけではまったくない。再公営化が狭いビジネス管理の論理を必ずしも終焉させるわけでないからだ。」[28] 従って、再公営化にまつわる論争は法や所有という形でのみ完結するべきではなく、社会的な影響とその過程を観察しなければならない。

ラウレンティアス・テアツィク
オーストリア連邦労働会議所ウィーン本部のEU、国際環境、交通部門のリサーチアシスタントとして従事。また、ウィーン工科大学で都市計画について就学中。

Endnotes

1   cf. Hermann, C. and Flecker, J. (2012) *Privatisation of Public Services. Impacts for Employment, Working Conditions, and Service Quality in Europe*. New York, p. 1.

2   Brandt, T. and Schulten, T. (2008) Privatisierungen in Deutschland – eine Bilanz. http://www.boeckler.de/pdf/v_2008_11_27_brandt_schulten.pdf (accessed 2 February 2017).

3   cf. Matecki, C. and Schulten, T. (2013) Zwischen Privatisierung und Rekommunalisierung. In . In C. Matecki and T. Schulten (eds.), Zurück zur öffentlichen Hand? Chancen und Erfahrungen der Rekommunalisierung. Hamburg, p. 14.

4   cf. Halmer, S. and Hauenschild, B. (2014) Rekommunalisierungen öffentlicher Dienstleistungen in der EU. Vienna, pp. 26-27.

5   DGB (ed.) (2011) Keine Privatisierung gegen Bürgerwillen. http://www.dgb.de/themen/++co++3f2b2c46-7710-11e0-70fa-00188b4dc422 (accessed 2 February 2017).

6   cf. BAK (ed.) (2016) Kaske: „Wir bleiben CETA-kritisch". https://www.arbeiterkammer.at/service/presse/Wir_bleiben_CETA-kritisch.html (accessed 2 February 2017).

7   Falk, C. and Schulten, T. (2014) Rekommunalisierung und Gewerkschaften – ein spannungsgeladenes Verhältnis. In O. Prausmüller and A. Wagner (ed.), *Reclaim Public Services. Bilanz und Alternativen zur neoliberalen Privatisierungspolitik*. Hamburg, pp. 218–219, 230.

8   cf. Halmer, S. and Hauenschild, B. (2014) Rekommunalisierungen öffentlicher Dienstleistungen in der EU. Vienna, p. 31.

9   Sternatz, R. (n.d.) Rekommunalisierung stärkt die kommunale Selbstverwaltung. https://gemeinden.verdi.de/themen/rekommunalisierung/++co++d72f28ac-ceed-11e3-b956-525400248a66 (accessed 2 February 2017).

10   cf. ver.di (ed.) (n.d.) Geputzt wird wieder kommunal. https://gemeinden.verdi.de/themen/rekommunalisierung/++co++5644e93e-ceed-11e3-a2cb-525400248a66 (accessed 2 February 2017).

11   Duttine, A. (2016) E-mail 9 December.

12   Stumpf and Kossendey (ed.) (2010) Heinsberg für Rekommunalisierung. http://www.skverlag.de/rettungsdienst/meldung/newsartikel/heinsberg-fuer-rekommunalisierung.html (accessed 2 February 2017).

13   cf. Wolf, H. (2013) Warum die Stadt Bochum wieder eigene Putzkräfte hat. https://www.derwesten.de/region/rhein-und-ruhr/warum-die-stadt-bochum-wieder-eigene-putzkraefte-hat-id8727386.html (accessed 2 February 2017).

14   Pronay, C. and Stöphl, T. (2016) Interview 5 December 2016.

15   Horchelhahn, K. (2012) Rekommunalisierung in der Samtgemeinde Elbtalaue. In Verband kommunaler Unternehmen (ed.), Konzessionsverträge. Handlungsoptionen für Kommunen und Stadtwerke. Berlin, p. 56.

16   Halmer, S. and Hauenschild, B. (2014) Rekommunalisierungen öffentlicher Dienstleistungen in der EU. Vienna, p. 141-142.

17   Candeias, M., Rilling, R. and Weise, K. (2008) Krise der Privatisierung – Rückkehr des Öffentlichen. In Hans-Böckler-Stiftung (ed.), *WSI Mitteilungen 10/2008*. Düsseldorf, p. 566.

18   cf. Falk, Claudia and Schulten, T. (2014) Rekommunalisierung und Gewerkschaften – ein spannungsgeladenes Verhältnis. In O. Prausmüller and A. Wagner (eds.), *Reclaim Public Services. Bilanz und Alternativen zur neoliberalen Privatisierungspolitik*. Hamburg, p. 220.

19   *Ibid.*, pp. 221–222.

20 Hansen, T. and Grau, P. (2013) Ein kritischer Blick auf Rekommunalisierungsprojekte in der Energiewirtschaft. In C. Matecki and T. Schulten (eds.), *Zurück zur öffentlichen Hand? Chancen und Erfahrungen der Rekommunalisierung*. Hamburg, p. 141.

21 *Ibid*., p. 142.

22 *Ibid*., p. 144.

23 cf. *Ibid*., p. 147.

24 Hansen, T. and Grau, P. (2013) Ein kritischer Blick auf Rekommunalisierungsprojekte in der Energiewirtschaft. In C. Matecki and T. Schulten (eds.), *Zurück zur öffentlichen Hand? Chancen und Erfahrungen der Rekommunalisierung*. Hamburg, p. 147.

25 cf. Freie und Hansestadt Hamburg (n.d.) Rückkauf der Energienetze. Umsetzung Schritt für Schritt. http://www.hamburg.de/energiewende/4110666/ergebnis-volksentscheid/ (accessed 2 February 2017).

26 Hansen, T. (2016) E-mail 22 December.

27 Falk, C. and Schulten, T. (2014) Rekommunalisierung und Gewerkschaften – ein spannungsgeladenes Verhältnis. In O. Prausmüller and A. Wagner (eds.), *Reclaim Public Services. Bilanz und Alternativen zur neoliberalen Privatisierungspolitik*. Hamburg, pp. 226-227.

28 Holm, A. (2008) Trendwende statt weiterer Privatisierung. http://www.bmgev.de/mieterecho/327/09-rekommunalisierung-ah.html (accessed 2 February 2017).

第 **6** 章

潮流に抗するインドの脱民営化
――すべての人に不可欠なサービスを

ベニー・クルビラ

　インドでは、中央政府の政治体制を問わず新自由主義的政策の導入が進み、過去25年間で不可欠なサービスにおける公的供給力を削ぎ、民間セクターを優遇する体制が確立された。民間企業が良質で効率的な安価でになるサービスを全ての社会集団に提供することに失敗したという証拠が次々と提示されているにもかかわらず、この潮流はとどまるところがないかのように見える。現在、インドの医療制度は世界で最も民営化されたものの一例となっており、外来患者の80％、入院患者の60％を民間医療サービスが担っている[1]。公共セクターによる絶望的な無関心は、企業主導の病院に依存した医療制度の急速な成長を促し、無規制に近く、非倫理的で高価な医療制度を生み出してしまった。

　オリッサ州とデリー連邦直轄地における電力供給の民営化は、民間企業が損失の削減、腐敗への対処、効率とサービスの向上を達成できず失敗に終わった。オリッサ州における全電力供給は、リライアンス・インフラストラクチャー (Reliance Infrastructure) 社の契約解除をもってすでに公営化されている[2]。活発な市民主導のキャンペーンによってデリー連邦直轄地 (2005年) とムンバイ市 (2007年) の水道サービスの民営化が失速した一方、マハーラーシュトラ州ナーグプル市では公務員組合と市民が水道事業の官民連携 (PPP) の破棄を求めていた[3]。

　民間セクターを優先する中央政府のアプローチにもかかわらず、連邦制の活発な意思決定プロセスにより、インドの州政府は市民優先の政策を施行できる少なからぬ自由度を確保している。本章は、州レベルの新たな公的事業体の設立につながった、デリー連邦直轄地とタミル・ナードゥ州に

おけるコミュニティー医療サービスや食料安全保障の分野における近年の前向きな事例を捉えようとするものである。また、ケララ州の初等教育と官民連携（PPPモデル）での運営が失敗した後に民営化されたデリー・エアポートメトロの2件の再公営化の事例にも触れる。

デリーのコミュニティー・クリニック

2015年2月、選挙政治に新たに参画した庶民党（Aam Aadmi Party）がデリー州議会選挙で躍進し、70議席中67席を勝ち取った。2015年7月には、庶民党政府は、選挙キャンペーン中に掲げた主な公約のひとつである公正な価格での基礎的保健医療サービスを実現すべく、デリー中に1000のコミュニティー・クリニックを設置することに着手した[4]。コミュニティー・クリニックは、新政府が提言した3層の医療システムの第1の層をなす極めて重要なものだ。また、コミュニティー・クリニックは複数の専門診療部門をもつ複数科クリニックであるのに対し、第2、第3層は専門病院によって構成されている。

2017年2月の時点で、（目標の1000よりもかなり少ないが）デリーの最も貧しい地域で110ほどのクリニックが開設されていた。これらのクリニックは、1クリニックにつき約200万ルピー（3万米ドル：約339万円）かけて公共事業局によって設置されものだ[5]。小型の組み立て式移動型キャビンを活用した、事実上どこにでも容易に設置できるコミュニティー・クリニックは、設置に約45万米ドル（約5076万円）かかる政府の医局に比べると安価であった。2015年11月、庶民党政府は計画されている1000のクリニックについて20.9億ルピー（3140万米ドル：約35億円）の予算を発表した[6]。2016年12月の時点ではそのほとんどが手付かずであった。その後、2017年3月8日に公表された2017年〜2108年予算では、保健医療セクターの総予算は573億ルピー（8.6億米ドル：約970億円）とされた[7]。この予算の追加は、政府が本気で残りの890のクリニックの設置を完遂しようとしていることの表れだと考えられた。

各クリニックは、医師、看護師、薬剤師、臨床検査技師によって構成され、医療相談、薬、臨床検査が、患者の経済状況を問わず完全に無料で提供される。医師の大多数が民間開業医であるが、州保健局所属の医師も含まれている。民間医師への報酬は、患者一人当たり30ルピー（0.45米ドル：約

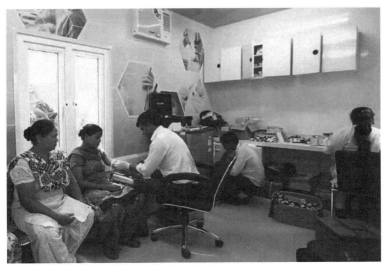

デリー連邦直轄地の医療クリニック
ニューデリー市のコミュニティー・クリニックで診察を受ける患者。

51円)である。臨床検査技師は、検査200回分以上のサンプルを採取できるだけの資材を提供されている。デリー政府によると、2015年の後半にクリニックが設置されて以来、260万人以上の最貧層の住民が良質な無料医療サービスの提供を受けている[8]。

　比較的新しい取り組みであるため、新医療制度の効果を示す詳細な調査結果はまだ出ていない。しかし、コミュニティー・クリニックによる医療サービスモデルには公衆衛生の観点から深刻な欠点がある。まず、政府派遣の医師の増強なしに民間医師を多用することで民間セクターへの依存が過度なものになりかねないこと。サンプルの検査の多くが民間の検査施設に委託されていることも、民間セクターに傾倒した現状を示している。また、医療スタッフの報酬は、対処した患者の人数によって決定されるべきではない。

　すでに財務局に対して過剰請求をするクリニックがあることが報告されている[9]。医学雑誌ランセットに最近掲載された記事には、庶民党の医療政策の深刻な欠点の一つとして、対処療法に偏っており予防や健康増進が軽

視されていることが指摘されていた[10]。この指摘は、社会・環境面の側面に注意をはらうことでデリーの最貧層の人々への医療サービスを改善しえることを示唆するものである。

このような欠点はあるものの、これまでは高価な民間クリニックや偽医者にさえ頼らざるを得なかったデリーの最貧層の人々はコミュニティー・クリニックを大歓迎している[11]。

多くの人々がクリニックを訪れているという事実は、庶民党政府にとっては、すべてのデリー市民に基礎的保健医療サービスを無料提供するという公約の実現への前進を意味している。コミュニティー・クリニックによる医療サービスモデルは、国内外の医療政策関係者から注目されている。現在の官民連携 (PPP) に依存したアプローチを避けるさらなる改善がなされれば、それをきっかけとして危険かつ高価な民間セクターへの依存から脱却できる可能性があり、また、ユニバーサル・ヘルス・ケアを達成する最も適切な方法が公的財源による公的な基礎的保健医療制度であることを証明することにもなると思われる。

タミル・ナードゥ州における食料安全保障と安価な「アンマ(Amma)」食堂

タミル・ナードゥ州はインドにおける社会的取り組みの先駆者である。世界最大の給食プログラムである、インド全土の生徒約1.2億人に栄養ある昼食を無料提供する取り組みはこの州で1920年代にはすでに始まっていのだ[12]。貧しく周辺化された人々の救いとなってきた膨大な数の革新的政策の中で、アンマ食堂は最も新しい取り組みのひとつだ。

「アンマ (母)」として親しまれたジャヤラリタ元タミル・ナードゥ州首相が食堂プログラムを設置したのは2017年2月のことだ。まず、チェンナイ市公社 (ChennaiMunicipal Corporation) が市全域200地区で食堂を試行した。その結果大反響を受け、数ヶ月後にはチェンナイ市内のアンマ食堂は300軒以上に増えていた。この取り組みは2016年には州内の他の自治体にも広がっており、最新の推定ではタミル・ナードゥ州の9区で営業されている食堂数は657軒に達している。

すべての食堂は、公有施設を利用して各自治体の市公社によって運営さ

れている。州政府は、657軒の食堂運営に対して総額30億ルピー（4500万米ドル：約51億円）の補助金を関連自治体に支給している[13]。さらに、コメと豆類の購入について、タミル・ナードゥ州民需補給公社（Civil Supplies Corporation）から関連自治体への補助金が支給されている。こうした支援はあるものの、極めて安価な食事の価格（下記表参照）を考慮すると、約50%の運営コストは自治体当局が負担しているのが現状であり、利益を上げている食堂は一軒としてない。

アンマ食堂は朝7時に開店し夜9時まで営業しており、朝食・昼食・夕食の3食を提供している。メニューと食事の価格を以下の表に示す[14]。

アンマ食堂は100%女性による事業であり、通常は13人、州病院に設置されている大きな店舗では最大25人の従業員によって運営されている。自治体は、食堂で働く貧困層の女性たちに対して月9000ルピー（135米ドル：約15000円）の給与を支払っている。食堂の利用者は1日約500人と推定されており、これは州全土で32万8500食の栄養ある食事が提供されていることを意味する[15]。政府の計算よると、2017年までに朝食で提供されるイドゥリの総数は、チェンナイ市内のアンマ食堂300軒だけで5億食に達すると予測されている[16]。

地方の農業危機はインド全土で都市部への大移住を引き起こした[17]。その一方で、都市での適正な職の欠如により移住者の間では飢餓と栄養失調が蔓延っていた。タミル・ナードゥ州のアンマ食堂は、過去4年間に、貧

表：アンマ食堂のメニュー

食事	内容	価格
朝食	イドゥリ（米粉の蒸しパンケーキ）とサンバール（レンズ豆のカレー）	1ルピー（0.01米ドル：約1.1円）
	ポンガル（コメ、豆、ココナッツ、牛乳、ヤシ糖を使った料理）	5ルピー（0.07米ドル：約7.9円）
昼食	レモンライス	5ルピー（0.07米ドル：約7.9円）
	サンバールライス	5ルピー（0.07米ドル：約7.9円）
	カレーリーフライス	5ルピー（0.07米ドル：約7.9円）
	カードライス	3ルピー（0.04米ドル：約4.5円）
夕食	チャバティ（麦パン）2切れとダール（レンズ豆のカレー）または野菜カレー	3ルピー（0.04米ドル：約4.5円）

タミル・ナードゥ州のアンマ食堂
タミル・ナードゥ州のアンマ食堂で1日の食事を用意する女性たち。

困な移住者だけでなく日雇い労働者などの周辺化されたコミュニティーの人々がわずか20ルピー (0.30米ドル：約34円) で1日3食を確実に得られる場として重要な役割を果たしてきた。アンマ食堂が異例の成功をおさめ、何千人もの女性に持続的な職を提供し、タミル・ナードゥ州都市部全域の何百万人もの貧しい人々への確実な栄養供給と食料安全保障に寄与してきたことは明らかである。今や、同州の都市郊外や小さな町にもこの仕組みを拡張するよう求める声が上がっている。また、この事例がきっかけとなり、オリッサ州、デリー連邦直轄地、ラージャスターン州、ウッタラーカンド州、アーンドラ・プラデーシュ州などの他の州政府も同様の格安食堂の取り組みを始めている。

ケラーラ州：州政府へと引き継がれた赤字私立学校

2016年5月、左翼政党の連合である左翼民主戦線 (Left Democratic Front: LDF) がケラーラ州州議会選挙で勝利した。新政権樹立後2ヶ月を待たずに赤字経営を理由に閉校された私立小学校の引き継ぎ政策が施行された。州による支援にも関わらず私立学校1000校が閉校の危機に直

面していたことが報告されている。これらの学校は、州から補助金を受け取ったにも関わらず、学生数が少なすぎて十分な利益が上がらないと説いた。

ケーラーラ州北部、マラバランバ市に位置し創立130年を誇るある支援私立後期小学校 (小学校高学年相当) の経営陣は2014年に閉校に踏み切ろうとした。校舎の一部を取り壊し、敷地の不動産事業への転換を図ったのである。しかし、生徒組織、保護者、一般市民から構成される学校保全委員会がこれに抗議した。彼らは、取り壊しを一時停止に追い込み、地域コミュニティーからわずか2ヶ月で校舎の復旧資金を集めた。この学校を守ろうという勇敢な試みにもかかわらず、2016年5月、ケーラーラ州高等裁判所は民間管理者を支持する判決を下し、2016年6月までに学校を閉校することを命じた[18]。その後教師と生徒は仮施設で授業を継続することとなった。

LDF政府は、その後も継続された学校保全委員会のキャンペーンに応え、2016年11月に閉校された学校を再公営した[19]。文部大臣は、生徒たちの前で新校舎のために1000万ルピー (15万ドル：約1688万円) の助成金を出すことを宣言した。学校名は「パラパランバ公立後期小学校」と改められた。同州は、同様の状況下で閉校となった3つの学校の運営を引き継いだ。現在LDF政府は、閉校に直面しているすべて赤字私立学校の運営を容易に引き継げるように、ケーラーラ州教育規定を改定中である。

デリー連邦直轄地：エアポートメトロの脱民営化

デリー・メトロ・エアポートエクスプレスは、570億ルピー (8.57億米ドル：約965億円) をかけて2011年に完成された。これは公営のデリー・メトロ公社 (DMRC) とインド最大の民間企業のひとつであるリライアンス・インフラストラクチャー社による官民連携 (PPP) モデルで実施されたインド初の地下鉄プロジェクトであった。リライアンス・インフラストラクチャー社は、年間5.1億ルピー (760米ドル：約8.6億円) のロイヤルティと年間総収益の1%をDMRCに支払うだけでなくその金額を段階的に引き上げることにも合意し、この積極的な内容の入札によりこのPPPプロジェクトの30年コンセッション契約を容易に勝ち取った。競争入札に敗退したゼネラル・エレクトリック社とラーセン＆トゥブロ社の共

同コンソーシアムが、毎年の補助金と無利子の長期ローンをDMRCに求めていたことを考えると、極めて対照的なアプローチであったと言わざるを得ない[20]。リライアンス・インフラストラクチャー社は、デリー中心区からデリー空港（インディラ・ガンディー国際空港）の国際線ターミナルをつなぐ22.7kmの地下鉄建設・運営のためにデリー・エアポート・メトロ・エクスプレス（DAMEPL）社を設立した。

　しかし、このプロジェクトは2年足らずで崩壊してしまった。まず、DAMEPL社は技術的問題を理由に2012年7月から2013年1月の6ヶ月間営業を停止し、その後2013年6月にはDMRCとのコンセッション契約を履行できないとして契約を打ち切ってしまったである。この大失敗にはいくつも原因があった。まず、DAMEPL社は明らかに利益を過大評価し、資本集約的なインフラ・プロジェクトを運営することの複雑さを過小評価していた。入札時の条件は1日の利用者数を約4万2500人と仮定して提示されていたが、実際の平均利用者数は1日1万7000人程度であった。さらに、デリー中心区から空港ターミナルまでの片道運賃が180ルピー（2.70米ドル：約304円）という料金設定も、エアポート・メトロをデリー中心区までの通勤に利用したかもしれない潜在的利用者を遠ざける原因となった。ビジネス・娯楽・観光の拠点となるエアロシティ複合施設を国際空港付近に建設する計画も実現しなかった。DAMEPL社、毎月4000万ルピー（60万米ドル：約6754万円）の損失を被っていると報告し、契約義務の不履行などを言い訳にDMRCとのプロジェクトから離脱したのである[21]。

　2013年7月以降はDMRCがエアポート・メトロの運営を引き継ぐこととなった。このプロジェクトが公的管理下におかれてからの3年間で、効率化（運行本数の増加と運行スケジュールの改善）と料金の値下げがなされ、2016年8月には1日の利用者数が5万人に達することもあった。片道の運賃は、2017年3月現在60ルピー（0.90米ドル：約101円）で、DAMEPL社の料金の1/3となっている[22]。現在は、プロジェクトの融資元に対して何百万ドルという負債を抱え、DMRCとDAMEPL社の両社とも調停プロセスに入っている。

　これらの事例が明らかに示しているのは、新自由主義的政策が猛威をふ

るい続けているインドにあってなお、この潮流に抗う政治的意思さえあれば、地方政府には独自の政策を打ち出す自由が残っているということだ。ケーララ州の場合、進歩的政府が初等教育の再公営化を実現できたのは生徒や地域コミュニティー主導の市民運動があったからこそである。デリー連邦直轄地やタミル・ナードゥ州はインドでも比較的裕福な州であり、コミュニティーの保健医療サービスや食料安全保障を確保するための野心的な取り組みにも十分対応できる財政的余裕があった。しかし、財源の確保こそ、今後公共サービスを拡張していく重要な課題だろう。中央政府は、2017年に物品サービス税(GST)のような新たな統合された税制の導入を予定しており、州政府による進歩的税制の導入は制限されると思われる[23]。しかしながら、不可欠なサービスを守り、拡張し、取り戻すための多くの市民運動がインド全土で起きている。それらが新自由主義的な国を変えていこうとするより大きな運動に発展していくという兆しで、私は希望を十分に持てると感じている。

ベニー・クラビラ
ニューデリーを拠点にトランスナショナル研究所の研究者として活動している。

Endnotes

1　Jan Swasthya Abhiyan (2012) Universalising Health Care for All. Report, November. http://www.phmovement.org/sites/www.phmovement.org/files/JSA%20Convention%20Universal%20Health%20Care%20for%20All%20-%20booklet.pdf

2　Mohanty, D. (2015) Orissa govt cancels licence of 3 Reliance Infra power discoms. *Indian Express*, 5 March. http://indianexpress.com/article/india/india-others/setback-for-reliance-infrastructure-orissa-power-regulator-cancels-distribution-licence-of-anil-ambanis-company/

3　Purohit, M. (2016) Privatising India's water is a bad idea. *The Wire*, 17 October. https://thewire.in/73597/water-privatisation/

4　Suraksha, P. (2015) 1st of 1000 Mohalla Clinics inaugurated. *Times News Network*, 20 July. http://timesofindia.indiatimes.com/city/delhi/1st-of-1000-mohalla-clinics-inaugurated/articleshow/48138525.cms

5   At February 2016 exchange rates of 66.5 Indian Rupees to the US dollar.

6   Press Trust of India (2015) Delhi Government allocates Rs. 209 crores for 1000 Mohalla clinics. *Economic Times*, 10 November. http://economictimes.indiatimes.com/news/politics-and-nation/delhi-government-allocates-rs-209-crore-for-1000-mohalla-clinics/articleshow/49738274.cms

7   Sisodia, M. (2017) Delhi Budget (2017–2018) speech of Finance Minister. Government of the National Capital Territory of Delhi, 8 March.

8   *Ibid.*, paragraph 10.

9   Anand, A. (2017) Delhi Mohalla Clinics: AAP govt probes graft charges, Congress alleges scam. *India Today*, 23 February. http://indiatoday.intoday.in/story/delhi-mohalla-clinic-scam-aap-congress/1/889638.html

10   Sharma, D.C. (2016) Delhi looks to expand community clinic initiative. *The Lancet*, 388, 10 December.

11   Kapil, S. (2017) Despite missing 1000 target Mohalla clinics a huge hit. *Asian Age*, 6 March. http://www.asianage.com/metros/delhi/060317/despite-missing-1000-target-mohalla-clinics-a-huge-hit.html

12   See website of the Mid-day Meal Scheme: http://mdm.nic.in/#

13   Rajagopalan, A. (2016) Inside Jayalalithaa's Amma Canteen. *Indian Express*, 2 May. http://indianexpress.com/article/lifestyle/food-wine/jayalalithaa-amma-canteen-chennai-food-politics-2780749/

14   *Ibid.*

15   Nath, T. (2017) Weeks after Former CM Jayalalithaa's demise, Amma canteens continue to bring cheer and hope. Women's Feature Service. http://www.thebetterindia.com/79820/amma-legacy-live-on-form-amma-canteens-initiate/ (accessed on 10 February).

16   *Deccan Chronicle* (2016) Amma canteens heading towards record sales. 25 September. http://www.deccanchronicle.com/nation/in-other-news/250916/amma-canteens-heading-towards-record-sales.html

17   Biswas, S. (2011) Is India in the throes of 'distress migration? *British Broadcasting Corporation*, 27 September. http://www.bbc.com/news/world-south-asia-15056418

18   *Manorama Online* (2016) HC orders shut down of Malaparamba school by June 8. 27 May. http://english.manoramaonline.com/news/kerala/hc-orders-shut-down-of-malaparamba-school-by-june-8.html

19   *Express News Services* (2016) It's official. Malaparamba AUPS is Govt School now. 25 November. http://www.newindianexpress.com/states/kerala/2016/nov/25/its-official-malaparamba-aups-is-govt-school-now-1542341.html

20   Das, M. (2013) Delhi Airport Metro Line debacle: The way forward. *The Hindu Business Line*, 29 July. http://www.thehindubusinessline.com/economy/logistics/delhi-airport-metro-line-debacle-the-way-forward/article4966519.ece

21   *Ibid.*

22   Haidar, F. (2016) Back on track: The story of Airport Express metro line's turnaround. *Hindustan Times*, 19 August. http://www.hindustantimes.com/delhi/airport-express-metro-line-records-highest-number-of-riders/story-1txLRSrbU3xqkWVKopP8wL.html

23   Patnaik, P. (2016) A blow against federalism – the implications of a uniform goods and services tax. *The Telegraph*, 28 June. https://www.telegraphindia.com/1160628/jsp/opinion/story_93525.jsp#.WQWoF0V97lU

第7章

官民連携(PPP)の危険な幻想を解明する

マリア・ホセ・ロメロ&マチュー・フェアフィンクト

　官民連携または官民パートナーシップ(PPP)は、開発プロジェクト遂行に必要な資金を確保する方法としてより強く推奨されるようになった。PPP推進論者は、国連の持続可能な開発(SDGs)のための2030アジェンダを達成するためにインフラの格差を解消し、不可欠なサービスを提供するための効率的な方法だと主張している。

　PPPは、国家・地域・地方自治体と民間企業との間で結ばれる中長期の契約関係であり、伝統的に政府が提供してきたインフラ整備やサービスの提供を民間セクターが担うものである。その例として、病院、学校、刑務所、道路、上下水道、エネルギーセクターのサービスが挙げられる。したがって、PPPは市民の基本的人権に影響するものなのである。

　PPPは、公的インフラや社会的サービスを提供する伝統的手段である公共調達に対する代替策として提示される。国が道路や学校をつくる場合、通常公共調達を行うが、資金調達や支払いを事前にしなければならい。一方、PPPの場合はコストを長期的に分散することができる。それによってプロジェクトに着手する際の政府の財源への負荷や借入の必要性を軽減できる。しかしながら、PPPは将来的な負債の蓄積を招き、後に政府が必要不可欠なサービスを提供する能力を削減しかねない。また、PPPプロジェクトによって提供されるインフラやサービスは収益を上げるために利用者から料金を徴収する場合が多く、貧困層を事実上排除するものになり得る。

　PPP推進論者は潜在的メリットを強調し、特に公共財とサービスの提供における効率の向上をしきりに主張する。しかし、PPPが推進される主な理由には不透明な会計手段によって公的な債務を隠すことができるが、そ

の長期的な影響については十分な分析がされてこなかった。本章では、政策決定者や市民に対してPPPの隠された財政的・社会的コストについて警鐘を鳴らすと共に、透明性のある手段によってPPPの長期的な真のコストを評価すること求める。

PPPの規模

開発途上地域におけるPPP投資は過去10年間で劇的に増加した。図1に示すように、2004年から2012年にかけてPPPによる投資額は6倍に増加し、250億米ドル（約2.8兆円）から1640億米ドル（約18.4兆円）に達した。その後、2013年に990億米ドル（約11.1兆円）に落ち込んだものの、2014年以後は増加し続け2015年には1220億米ドル（約13.7兆円）が投資された。

また、PPPプロジェクトはその数だけでなく規模も年々増大してきたことも重要である。2003年から2015年にかけて、これらのプロジェクトの平均規模は1.24億米ドル（約139億円）から4.22億米ドル（約474億円）に増大した。この変化は、オックスフォード大学サイード・ビジネススクールのベ

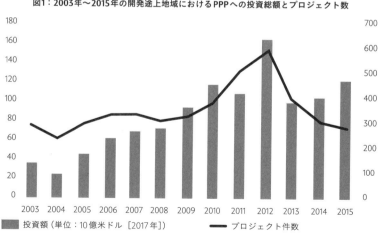

図1：2003年～2015年の開発途上地域におけるPPPへの投資総額とプロジェクト数

出典：PPI（Private Participation in Infrastructure）
プロジェクト・データベースに基づく債務と開発ヨーロッパネットワーク（Eurodad）独自の計算
（注：米国消費者物価指数による調整を含む）

ント・フライフヨルグ教授などが批判的分析を展開してきた、ここ10年来のメガプロジェクトに傾倒する傾向と一致する。フライフヨルグ教授は、プロジェクト規模の増大に伴ってリスクと複雑さも増大することを指摘している。大規模プロジェクトでは遅延が特に問題となり、コスト超過や利益不足の原因となる[1]。

開発途上地域諸国を収入別のグループに分けた場合、債務と開発ヨーロッパネットワーク (Eurodad) の分析によると、PPP投資の66%が上位中所得国へ、33%が下位中所得国へ投入され、低所得国に投入されたのはわずか1%であった。つまり、PPPがより一般的に導入されているのは、より迅速なコストの回収とより確実な収益の確保が可能な大規模な成熟した市場をもつ国々と言える。しかし、世界の最貧国に投入されているPPP投資額が極めて少ないからといってこれらの国々にとってPPPが重要でないわけではない。実際、ホスト国の経済規模 (GDP) を考慮した場合、相対的なPPP投資額は上位中所得国よりも低所得国の方が多い。このことから、低所得国は本章で論じられるPPPの財政上の影響を受けやすいと考えられる。

PPP分野における重要プレイヤー

多種多様な機関、開発援助ドナー国政府、企業が先進国・途上国におけるPPPの推進を呼びかけてきた。国際レベルでは、2015年国連開発資金国際会議で採択されたアディスアベバ行動目標で大きく取り上げられ[2]、持続可能な開発 (SDGs) のための2030アジェンダの「実行手段」として明確に推奨されている[3]。G20もオーストラリアの議長国任期中に設置されたG20グローバル・インフラストラクチャー・イニシアティブやグローバル・インストラクチャー・ハブを使ってインフラ分野でPPP推進しようとしている[4]。

欧州においては、開発援助の実施方法として各国政府のPPPへの関心が高まっており、欧州企業のビジネスチャンスが増えるであろうこともこの傾向を助長している。

多国間開発銀行、特に世界銀行グループ (WBG) もPPP分野における主要なプレイヤーである。WBGは複数のイニシアティブを設置し、各国政府に対してPPPを導入しやくするための規制改革や、医療や教育などの特定のPPPプロジェクトへの出資を支援する体制を整えてきた。その中には人々の

医療や教育へのアクセスの権利を妨げとなるようなものを含まれている[5]。

　2014年、WBGは複雑なインフラPPPの準備を支援するために、政府、多国間開発銀行、民間投資家と協力して、グローバル・インフラストラクシャー・ファシリティを新設した。2016年には自らがグローバル・インフラストラクチャー・コネクティビティ・アライアンスの事務局を務めることを表明した。WBGは各国が参考とする政策ガイドラインの策定においても重要な役割を担っていることが多い。「PPPプロジェクト情報開示枠組（Framework for Disclosure for PPP Projects）」、「推奨されるPPP契約条項（Recommended PPP Contractual Provisions）」といったレポートを出したり、より最近では「非公募提案（unsolicitedproposal）」に関するガイドラインを出した。しかし、WBGの開発援助に関する使命を考慮すれば、このようなPPP支援活動は独立性をもって精査されるべきものである。

PPPの財政コスト

　PPPは、ほとんど例外なく伝統的な公的資金調達よりも高くつく。これは、資本コスト、民間企業が期待する利益、複雑なPPP契約交渉における取引コストによるものである。

　国家政府は通常民間企業よりも低い金利で借り入れできるので、PPPプロジェクトは公共事業よりも資本コストが高くつくのである。英国会計監査院の2015年度監査によると「全民間資金取引の実効金利（7–8%）は全政府借入金の実効金利（3–4%）の2倍である」。つまり、PPP管理下にあるサービスあるいはインフラ設備の資本コストは、政府が民間銀行から借り入れする、あるいは直接国債を発行する場合に比べて2倍は高くつくということである。

　しかも、民間企業は投資に対する利益を上げなければならないため公庫や利用者にとっては割高になる。カウンター・バランスというNGOの調査によると、1990年から2015年に欧州投資銀行が融資した215件のPPP[6]の典型的な年間利益率は12%であった。より高リスクと認識されている南諸国におけるPPPであれば、投資家は25%以上の利益を期待する。カウンター・バランスのレポートの著者であるニコラス・ヒルドヤードによるとPPPは本質的に「レント・シーカー※の夢」なのだ[7]。（※訳注：民間企業がレント

（超過利潤）を得るために政府に自らに都合の良い規制緩和など行わせようとすることをレント・シーキングと呼び、これを行う者をレント・シーカーと呼ぶ。ロビイストとも呼ばれる。）

　また、PPPはプロジェクトに関する交渉、準備、管理は極めて複雑で、そこには高いコストが発生する。取引をまとめ交渉するにあたり多額の法律・財務顧問費用がかかるのだ。例えば、2011年に英国のファイナンシャル・タイムズ紙が報じたところでは「(英国で) 過去約10年間に弁護士、財務顧問、他のコンサルタントに支払われたプロジェクト立上げ料は少なくとも28億英ポンド (約4021億円) に達しており、優に40億英ポンド (約5744億円) を超えている可能性が高い。」

　PPPは再交渉されることがあまりに多い。国際通貨基金 (IMF) のスタッフによると全PPPの52%が契約成立後平均2年後には再交渉されており、そのうち62%において利用者の料金が値上げされる結果になっている[8]。契約の再交渉は、競争入札がなく、透明性が欠如しているため腐敗の温床となりかねない。マンチェスター・ビジネススクールのシャウール教授は、企業はすでに十分巨大で強力であり、合意が得られない場合には政府と対峙し都合の良いように交渉を進めることができるため、競争が制限されてしまうと公共セクターはより多くのリスクを負わざるをえなくなると主張している[9]。例えば、ブラジルの巨大建設会社オデブレヒト社に対する大掛かりな汚職調査が行われた際、エコノミスト誌は同社の契約を勝ち取る主な手段を明らかにした。それは意図的に低額で入札し「それから、時には契約が交わされた直後に、添付文書によって不正にコストを大きく引き上げる[10]」というものだった。

　財務コストが高いことに加え、先進国・途上国を含む数カ国におけるこれまでの経験によって、直接的な負債と不透明な不慮の負債 (あるいは将来的負債のリスク) の双方がPPPの財政に影響することが分かっている。直接的な負債は契約条件に含まれる政府から請負企業への支払いで、例えば「事業採算性改善資金 (viabilitygappayment)」があげられる。経済的には望ましいが商業的には採算が伴わないプロジェクトを補填する資金供与を意味する。不慮の負債は、特別の事情が起きたときに政府に要請される支払金である。例えば国内通貨の為替レートの下落や特定水準を超える需要の低下などが発生した場合がある。こういったことが起きるか否か、支払いが必要になるか否か、必要になった場合の金額やタイミングなど、政府は自身が制御

できない要素が多々ある中で政府は不慮のリスクを負わざるをえない。このようなリスクは完全に数値化することが困難であるため、ほとんどの場合国民には(あるいは国会にさえ)不透明なままである。これがPPPプロジェクトの危険性なのだ。

　不慮の負債の結果、PPPの真のコストは膨大なものになりかねない。政府は往々にして多種多様な保証を提供することで民間投資家を誘致しようとするが、それが将来的に大きな負担となる可能性がある。ローンの返済、最低収益保証、投資収益率保証、為替レートの優遇措置、新たな法律が投資収益を下げた場合の補償など、保証の内容は様々だ。

　PPPは、英国[11]、ポルトガル[12]、ハンガリー[13]、ガーナ、タンザニア、ウガンダ[14]、ペルー、レソト[15]などですでに多大な影響を与えている。レソトでは、ひとつの病院プロジェクトに国の保健医療予算の半分が飲み込まれてしまった一方で、同プロジェクトに関与している民間企業は25%という高い利益率をあげている。また、PPPが公的な財政を悪化させる、あるいは大規模な経済危機の引き金にさえなりえることをこれまでの実態が示している。世界銀行は「マクロ経済的危機に直面した国(最近の例としてはギリシャ、ポルトガル、スペイン、古いものではマレーシアやメキシコ)で全てのPPP道路プロジェクトが同時に需要の減退(および破産リスク)に直面し、システミック・リスク※が生じた」と認めている[16]。PPP管理下のサービスに対する需要の減退は経済危機時の経済活動の鈍化の結果であり、連鎖的に公共セクターへの打撃となる。(※訳注:複数セクターに影響が波及し経済危機を引き起こすリスク)

　PPP推進論者は上述したような追加的に発生する財務コストを認める一方で、効率化の観点からPPPは正当化できるものだと主張する。PPPによる効率化は、設計・建設・運用における改善によって実現される場合もある。研究・調査においてそういった成果が引用されることもあるが、証拠不十分というのが実際のところだ。ほとんどの場合、プロジェクトの対象分野・様式・規模、民間企業が取り決め通りに投資を増強するか否か、ホスト国の規制環境や政治の透明性の状態といった要素で効率化が達成できるかが決まるということが重要である。

英国におけるPPPと財政コスト

　英国はPPPを最初に導入した国のひとつであり、それはプライベー

ト・ファイナンス・イニシアティブ (PFI) という形態でなされた。PFIの基本的な考え方は、公共セクターの支出を「オフバランス化する（負債を貸借対照表から切り離す）」ために公共事業に民間投資を誘致するというものだ。しかし、学術調査によってPFIの多くが長期的な悪影響を公的財政に与えていることが示されている[17]。例えば、イギリスのESSU (European Services Strategy Unit：欧州公共サービス戦略ユニット) の2017年度レポート18によると、買収、救済措置、契約解除、不良契約によって279億200万英ポンド (約4兆円) の公的負担が生じている。これは新たに1520の中等・高等学校を建てるのに十分な金額であり、英国の11歳から17歳の学生の64％にあたる197.5万人の学生がその恩恵を受けることができる金額であると報告している。また、同レポートによると、スコットランドのPPPの10％近くが打ち切られたり、公共セクターが買い上げたり、深刻な問題が残ったまま継続されている。例えば、イースト・ロージアン学校プロジェクトを請け負ったバラスト社 (Ballast UK) は、2003年、6つの学校とコミュニティセンターの改装事業中に倒産した。同社はインフラ投資の50％を出資していたため、下請けをしていた子会社も被害をこうむった。親会社からの支払いが停止し、子会社は自らの資産で清算せざるを得なくなった。また、プロジェクト遅延・立て直しは公庫にさらなる負担をかけることとなった。

ジャカルタにおける水道PPP

1997年、インドネシア政府は多国籍企業スエズ社とテムズ・ウォーター社と25年の2つの上水道事業PPPプロジェクト契約を結んだ。国際公務労連リサーチユニット (PSIRU)、トランスナショナル研究所 (TNI)、マルティナショナル・オブザーバトリーの発行したレポートによると、この2つのPPPプロジェクトのいずれもが急速に増加した財政コストの負荷が一因となり当初期待された結果を出せなかった[19]。水道公社パムジャヤ (PamJaya) と政府は、16年間の事業の結果4838万米ドル (約54億円) の負債を抱えこむこととなった。その一因は、パムジャヤが民間事業者に支払う料金が値上げされ続けるというPPPの契約内容にあった。一方、ジャカルタ市の住民の水道料金は10倍になり、東南アジアで最も高い水道料金となっていた。2012年、水道民営化反対ジャカルタ住民連

合はPPP契約の解消を求める住民訴訟を起こした。2013年にジャカルタ州政府はスエズ社の利権を買い戻すことでジャカルタ市の水道サービスを再公営化する検討を始めた。2015年、中央ジャカルタ地方裁判所は、PPPはジャカルタ住民の水の権利を保障するこができなかったとしてスエズ社との契約を無効とする判決を下した。しかし、この判決に対して被告からの異議申し立てがあったため、この事案はいまだ係争中である。（※訳注：この上告裁判は住民側が敗訴したものの、2018年10月のインドネシア最高裁判所で住民側が勝訴した。しかしながら民間契約は現在も続行しており、実際の再公営化はまだ実現していない。）

悪質な財政的動機

　PPPの複雑さと公庫財政への悪影響を考慮すれば、なぜ公的借り入れよりもPPPを好む国があるか疑問を禁じ得ない。PPP推進論者は、民間セクターの参入はより質の高い投資をもたらし、その結果国は、事前に資金調達しなければならない伝統的公共調達と異なり、コストを分散することができると主張するのが常である。

　しかし、Eurodadの調査によって、不透明な会計手段によるコストと債務の「オフバランス化（バランスシートから切り離す）」が、政府がPPPへと傾倒する主な理由のひとつになっていることが明らかになった。つまり、PPPのコストは政府のバランスシートに現われず、プロジェクトの真のコストを隠すことができるのである。IMFのウェブサイトでは、「多くの国でPPPという形で投資プロジェクトが行われているのは効率化のためではなく、公的債務を回避しインフラサービスの財政コストを記録に残すのを先送りするため」だと説明している。このような行為は、財政を過剰なリスクにさらすことに他ならない。このような悪質な会計手段を利用することで、PPPは安くつくという現実からかけ離れた危険な幻想が生み出されてしまうのだ。政治家は予算を抑え、法的制限を超えることなく自らの選挙区で約束したプロジェクトを推進するためにPPPを利用しているである。

　欧州委員会はPPPの「お手頃感（安くつく）幻想」に警鐘を鳴らしてきた。また、IMF財政局の専門家は上記のような恣意的なPPPの財政上のインセンティブを公然と批判し、PPPの財政リスクを管理する制度を強化するこ

とをしきりに呼びかけている。そして、張濤(Tao Zhang) IMF副専務理事が2016年12月にオーストラリアで開催された会議で「(PPPは)重大な財務リスクが伴う。PPPは「無償のインフラ」プロジェクトなどでない」[20]と指摘したことにも注目すべきである。こうした警告にも関わらず、世界銀行をはじめとする多国間開発銀行はインフラ開発の資金調達においてPPPに固執しておりその政策を変える動きはいまだ見られない。

前進するために

Eurodadは、PPPが本来の開発目的を果たすために、強力な国際ガイドラインの策定を呼びかけてきた。ガイドラインには、契約内容の完全開示、明確に保証された「オンバランスシート」会計およびその報告、詳細かつ透明性のある費用便益分析などが含まれるべきである。また、費用便益分析は、社会・環境・財政コストを考慮した公共セクターと利用者双方に対する長期的影響を明らかにするものであることが望ましい。

2017年2月、世界銀行グループ(WBG)のPPP推進の指導的役割に対して110以上の世界中のNGOや労働組合が意見し、世界銀行のPPPチームと理事に宛てた声明文でPPPへの取り組みの大幅な変更を求めた。また、これらの団体・組織は、改善が見られない限りPPPに関するパブリックコンサルテーションに今後参加しないことを表明した。WBGの開発援助や貧困削減といった使命を考慮すれば、インフラプロジェクトの遂行に際してホスト国政府が最も持続可能な資金調達の仕組みを選べるようにすることはWBGの当然の責任である[21]。

政府や金融機関は、伝統的な公的調達に代えてPPPを選ぶことが望ましいか否か(そしてPPPが望ましいのはどのような状況においてか)を判断できる適切なツールを国レベルで確立することを優先すべきである。政府は公的借り入れという選択肢を含めて国民やサービス向上のために最善の資金調達手段を選ばなければならない。同時に、プロジェクトのコストや不慮の負債リスクをバランスシートに反映させ、PPPの真のコストを明らかにしていかなければならない。それによって、政策決定プロセスの透明性は強化され、民主的説明責任もより確実に果たされると考える。

マリア・ホセ・ロメロ

債務と開発ヨーロッパネットワーク（Eurodad）の政策・アドボカシー・マネージャーとして公的資金で保証されている民間資金調達の問題に取り組んでいる。前職では、ペルーを拠点とする債務・開発・権利に関するラテンアメリカネットワーク（Latin American Network on Debt, Development and Rights）で正当な税制や開発資金を焦点に活動した。

マチュー・フェアフィンクト

Eurodadの調査・政策アナリストとして公的資金で保証されている民間資金調達の問題に取り組んでいる。

Endnotes

1 Flyvbjerg, B. (2014) What you should know about megaprojects and why: An overview. *Project Management Journal*, 45 (2): 6–19. https://arxiv.org/ftp/arxiv/papers/1409/1409.0003.pdf

2 United Nations (2015) Outcome document of the Third International Conference on Financing for Development: Addis Ababa Action Agenda, A/CONF.227/20. New York: UN.

3 United Nations. (2015) Transforming our world: The 2030 Agenda for Sustainable Development. A/RES/70/1. New York: UN.

4 G20 Australia (2014) The G20 Global Infrastructure Initiative. http://www.g20australia.org/sites/default/files/g20_resources/library/g20_note_global_infrastructure_initiative_hub.pdf

5 Lethbridge, J. (2017) World Bank undermines right to universal healthcare. *Bretton Woods Project*. 6 April. http://www.brettonwoodsproject.org/2017/04/world-bank-undermines-right-universal-healthcare/; and https://www.liberianobserver.com/news/ppp-no-solution-to-education-mess/

6 EPEC - European PPP Expertise Centre (2016) PPPs financed by the European Investment Bank from 1990 to 2015. Luxemburg: European Investment Bank. http://www.eib.org/epec/resources/publications/ppp_financed_by_EIB_1990_2015

7 Hildyard, N. (2016) Corrupt but legal? Brussels: Counter Balance. http://www.counter-balance.org/wp-content/uploads/2016/12/Corrupt-but-Legal_9Dec.pdf

8 Maximilie, Q. (2014) Managing fiscal risks from Public-Private Partnerships (PPPs). Washington: IMF. http://www.imf.org/external/np/seminars/eng/2014/cmr/

9 Shaoul, J. (2009) Using the private sector to finance capital expenditure: The financial realities. *Policy, finance & management for public-private partnerships*. Oxford: Wiley-Blackwell. http://onlinelibrary.wiley.com/doi/10.1002/9781444301427.ch2/summary

10 *The Economist* (2017) The Odebrecht scandal brings hope of reform. 2 February. http://www.economist.com/news/americas/21716105-revelations-wholesale-bribery-may-mark-turning-point-latin-americas-battle-against (accessed April 2017).

11 Jubilee Debt Campaign (2017) The UK's PPP disaster. London: JDC. http://jubileedebt.org.uk/wp-content/uploads/2017/02/The-UKs-PPPs-disaster_Final-version_02.17.pdf

12   The IMF's Independent Evaluation Office reported in 2016 that in the case of Portugal, "by 2014 those liabilities [liabilities associated with SOEs and PPPs] represented 15 per cent of GDP." Eichenbaum, M. et al. (2016) The Portuguese crisis and the IMF. Washington: IMF. http://www.ieo-imf.org/ieo/files/completedevaluations/EAC__BP_16-02_05_The_Portuguese_Crisis_and_the_IMF%20v2.PDF

13   On 6 September 2011, the transport ministers of the European Union discussed the possibilities of involving private capital in improving transport infrastructure. Presenting Hungary's position, Minister of State for Infrastructure Pál Völner said: "The PPP model may be helpful in the short term realisation of the required projects and the identification of additional sources; however, in the long term, they may run up excessive costs (…)"; Government of Hungary (2014) Use of PPPs is in member states exclusive discretion. http://2010-2014.kormany.hu/en/ministry-of-national-development/news/use-ofppp-is-in-member-states-exclusive-discretion; *Bankwatch* (2017) Build now, pay heavily later. http://bankwatch.org/public-private-partnerships/background-on-ppps/build-now-pay-heavily-later

14   Anaba, B. and Clifton, S. (2015) Proof is piling up that private sector is not easy development fix. *The Guardian*, 11 November. http://www.theguardian.com/global-development/2015/nov/11/private-sector-finance-not-easy-development-fix-public-private-partnerships?CMP=twt_gu?CMP=twt_gu

15   Oxfam (2014) A dangerous diversion. London: Oxfam. https://www.oxfam.org/sites/www.oxfam.org/files/bn-dangerous-diversion-lesotho-health-ppp-070414-en.pdf

16   World Bank Institute (2014) Implementing a framework for managing fiscal commitments from public-private partnerships. Operational Note. Washington: World Bank Group. http://documents.worldbank.org/curated/en/334471468031782348/pdf/843820WP0Box380mento0ForDistribution.pdf

17   *Ibid.*, p. 11; Small, M. (2016) It's not just Scotland's schools. The whole PFI racket is crumbling. The Guardian, 12 April. https://www.theguardian.com/commentisfree/2016/apr/12/edinburgh-schools-pfi-racket-crumbling-scotland-tax-avoiding-governing-class; The City of Edinburgh (2007) Independent inquiry into school closures published. http://www.edinburgh.gov.uk/info/20074/schools/1423/independent_inquiry_into_school_closures_published

18   ESSU (2017) PFI/PPP buyouts, bailouts, terminations and major problem contracts in UK. London: ESSU. http://www.european-services-strategy.org.uk/publications/essu-research-reports/pfippp-buyouts-bailouts-terminations-and-major/pfi-ppp-buyouts-bailouts-and-terminations.pdf

19   TNI (2014) Here to stay: Water remunicipalisation as a global trend. Amsterdam: Transnational Institute. https://www.tni.org/files/download/heretostay-en.pdf

20   *Ibid.*, p. 8; *Public Finance International* (2017) Sound economic governance depends on strong civil service, IMF official says. 13 March. http://www.publicfinanceinternational.org/news/2017/03/sound-economic-governance-depends-strong-civil-service-imf-says; IMF (2016) Meeting the challenges of growth and infrastructure investment. Washington: IMF. http://www.imf.org/en/news/articles/2016/12/01/sp120216-meeting-the-challenges-of-growth-infrastructure-investment

21   Eurodad (2017) Trade unions and campaigners around the world accuse World Bank of encouraging dangerous hidden debts. Brussels: Eurodad. http://www.eurodad.org/files/pdf/1546710-trade-unions-and-campaigners-around-the-world-accuse-the-world-bank-of-encouraging-dangerous-hidden-debts-boycott-consultation-on-public-private-partnerships-ppps--1491314890.pdf

第8章

私たちの送電網
──ドイツにおけるエネルギーの再公営化動向

ソーレン・ベッカー

民営化を覆し、地域社会によるオーナーシップを確立する

　エネルギーインフラを所有しコントロールする事の重要性を、ドイツの多くの自治体が明確に認識してきた。それが、「再公営化の波」と呼ばれる、エネルギーセクター全体に見られる流れを生み出してきたのだ。本書は多様な再公営化事例に触れているが、ドイツのエネルギーセクターの事例が最も多い。2005年以来ドイツの再公営化事例は347件に達し、284件を数えるエネルギーセクターの事例は言うまでもなく最大の割合を占めている。本書で報告されている他のセクターにおける再公営化事例に比べ圧倒的に事例数が多いというだけでなく、ドイツ国内に900は存在すると言われている地方公営事業体の中でもエネルギー会社は大きな割合を占める[1]。自治体間の協力事例も含め、人口1400人というような小自治体からハンブルグ市のような大都市まで広がりを見せる再公営化のトレンドによってエネルギー分野における民間セクターと公共セクターの力関係は変わりつつある。このような再公営化事例にはエネルギーセクターのみに収まらない意義があるとして「公共経済のルネッサンス」について語るものさえある[2]。

　本章では、2部構成でドイツのエネルギーセクターにおける再公営化について論じる。前半では再公営化を可能にした諸要素について考察する。後半では、ハンブルグ市における2つの再公営化事例を取り上げ、その背後の政治的動きや戦略に注目し、合意の下に実施されたトップ・ダウン型の再公営化事例と対立的な市民運動を伴った直接民主的な再公営化事例を対比する。

第8章　私たちの送電網　　**99**

なぜエネルギーなのか？　なぜドイツなのか？

　ドイツのエネルギーセクターでは、2つの方法で再公営化が起こっている。一つはかつて民営化された事業の再公営化で、もう一つは電力会社(その多くが民間企業)が以前事業展開していた地域における新規公益事業体の立ち上げである。再公営化が進行しているエネルギーセクターは、エネルギー市場の自由化後民営化が浸透した分野である。1990年代後期から2000年代初頭にかけて、多くの都市や自治体が公益事業体の一部または全てを民間入札者に売り渡した結果、エネルギーセクターにおいて顕著な寡占が起き始めた[3]。いわゆる「ビッグ・フォー」の台頭である。これらの総合エネルギー企業(ヴァッテンフォール社のような一部または完全に国有の企業を含む)は、ドイツという国を利益分配を分割したかのように、それぞれに特定の地域のエネルギーインフラの大部分を支配するようになっていった。しかし、この新たなエネルギーセクターの形が完成するや否や、その崩壊が始まったのである。広範囲に渡って展開されている再公営化が突然起き始めたかのような印象があるかもしれないが、このトレンドは多くの要因の積み重ねに

よるものである。

　地域公共サービスの伝統：ドイツには、電力のみならず水道や交通などの他のセクターにおいても地域公共サービスを提供する強い伝統がある[4]。時代の変遷に伴う独占的な政治経済モデルの変化を反映して公共サービスの形が変わることはこれまでも何度もあった（民間セクターの成長、第二次世界大戦後の国家の役割の増大、1980年代以降の市場向けの改革と民営化など）。しかし、自治体がサービスの提供において重要な役割を担っていることに変わりはない（官民連携においてもそうである場合がある）[5]。ドイツにおける地域公共サービスにはこのような強い伝統があり、異なるセクターがひとつの組織に統合された、いわゆる「シュタットベルケ」（市営ユーティリティー）という形態をとることが多い。民営化の後でさえ、シュタットベルケの概念は政治的選択肢として重要視されてきた。

　エネルギー転換政策：ドイツのエネルギー転換政策（エナジーヴェンデ）※は、当初その前身が提唱されたことが数例あったが1998年に樹立された赤緑連立政権の改革プロジェクトによって大幅に勢いを増していった[6]。（※訳注：エネルギー源をこれまでの既存の化石・原子力から再生可能エネルギーに転換する政策。）特筆すべきは、その2年後に再生可能エネルギー法を介して導入された固定価格買取（FIT）制度の導入により多数の市民または農民所有の風力・太陽光・バイオマス発電施設が建設されたことである[7]。原子力発電の完全廃止との関連性から、再生可能エネルギーへの転換は新世紀の主要政策論議のひとつとなった。このことは2つのチャンスがもたらされたことを意味した。第一に、エネルギーセクターに新たなプレイヤーが参入し、これまでの民営化や自由化のプロセスに顕著にみられた民間運営が最善であるという通説に疑問を呈したこと。第二に、持続可能性と気候変動対応という新たな目標に向けて、エネルギー政策の選択肢が多様化したこと。つまり、エナジーヴェンデによってエネルギー供給はもはや単なる技術・経済的問題ではなくなったのである。

　民間事業者に対する失望：長年に渡って「ビッグ・フォー」は再生可能エネルギーの需要に応えようとしてこなかった[8]。再生可能エネルギーの取り組みの多くが分散型の小規模プロジェクトとして展開されてきた一方、大企業のビジネス戦略においては再生可能エネルギーは重視されず、分散型発電システムに対応するための送電網の調整の沈滞を批判されることも

しばしばであった。さらに、自治体は民営化の結果、サービスの質やエネルギー転換のための手段に対する全般的影響力を失ったと実感していた。また、民営化以前の公営サービスよりも民間事業者が効率の上で勝ることは稀であったし、それどころか往々にして料金の値上げを招く事態に陥っていた[9]。その一方で、自治体は売電と送電網の運営からの収益を得られなくなった。過去は行われていたが、公営プールの運営に電力事業の収益を充てるといったよう連携の可能性を閉ざされてしまっていた。

　コンセッション契約からの段階的離脱がもたらすチャンス：再公営化に影響ある期間周期の要素として、多数のコンセッション契約の満了が挙げられる。これらの契約は、道路や公共の場における配線や配管に関する条件を設定してきた。これらの諸条件は地域の送電網を運営する鍵である。通常20年間契約として交わされたコンセッション契約のほとんどが2000年代の最初の10年間で更新時期を迎えていた。その大多数がそのまま、あるいは一部の交渉を経て更新された。再公営化が達成された自治体においては、コンセッション契約の満了が地域のエネルギー供給を将来どうするかという議論を起こすきっかけとなった。これは、過去に確立されたエネルギー供給体制を変える機会となった。実際、コンセッション契約の満了を機に再公営化された事例は、本書で報告されている全再公営化事例の2/3を優に超える。

　低金利な公共金融：再公営化に有利に働いたもうひとつの要素は、自治体投資のための低金利の融資金が確保できたことである。欧州中央銀行の低金利方針は、一般に民間金融よりも金利の低い公共金融の市場にも影響を及ぼしたのである。

　このように、ドイツのエネルギーセクターにおける再公営化のトレンドは、地域公共サービスの伝統・エナジーヴェンデの政治力学・民間コンセッション契約の満了・利用可能な資金源、その全てが有利な条件をもたらす形で合流したことによって生み出されたと言える。しかし、実際にこのようなチャンスを活かし再公営化が達成される否かを最終的に左右したのは地域の政治的プロセスと決断であった。

再公営化の政治的背景

　再公営化には、地域政策決定者の政治的意思が必要とされる。したがって再公営化は地域政治の結果であり、それを左右するのは地域政治の多様なアクター、公共サービスの提供に関する地域の伝統、自治体の財政状況などである。地域政策決定者の公的所有に対する政治的な意見によって再公営化がどの程度紛糾するかが左右される。市議会において左派、右派政党が再公営化を支持するか否か予測するのは難しい。(訳者注：左派が支持、右派が反対という一筋縄でない)。事実、中道左派のドイツ社会民主党が再公営化に反対する場面が何度もあった。特に小さな自治体では再公営化が市議会で満場一致、そうでなくとも賛成多数で可決される場合が多い。一般に再公営化は地域政治・政府内の派閥間の長く深い対立関係に影響されることが多々あり、有力な地域のエリート層や社会運動の関係者を巻き込む場合もある。

　ドイツのエネルギーセクターの再公営化について、全ての事例を網羅的に扱いその背後にある政治的プロセスを包括的に明らかにするような研究は今のところ行われていない。よって、ここではハンブルグ市の再公営化を例に、その背後の政治的プロセスを掘り下げてみることとする。ハンブルグ市は、2000年頃電力・地域暖房システム会社とガス公益事業体の利権を外部の投資家に売り渡している。同市は、本書で扱われている他の再公営化事例に比べ人口の多い大都市であるが、比較的穏やかな場合と対立を伴う場合という再公営化の2つの形態をみることができる点で本章での分析には最適な事例と言える。

　まず、2009年に保守党と緑の党による市政府は再生可能エネルギーの生産・販売を目的とする電力公社ハンブルグ・エネルギーを新設した。この政治的決定は、緑の党が反対してきた1.7ギガワットの石炭火力発電所が認可されてしまったことに対して、緑の党が中心となり政府内の影響力を駆使して勝ち取ったものと言える。ハンブルグ・エネルギー社は、完全な公営事業として維持されていた地域水道サービスの独立子会社として設立されが、重要なことは同社が明確な企業使命を持っていることだ。それは徹底した「一般市民と公共機関への電力供給」、「気候変動対応型電力(非原子力、ゼロ石炭)」の販売、「公共インフラの計画・建設・運営」を担うことが

含まれていた[10]。

　設立後、ハンブルグ・エネルギー社は瞬く間に再生可能エネルギーのシェアを増やしていった。2015年末には13メガワット以上の風力発電施設が設置され、市民や地元ビジネスを共同投資者とする10メガワット太陽光エネルギー計画が完了していた。さらに、地元で生産された再生可能エネルギーを選んだ10万人以上の人々が同社の顧客となった[11]。このように、ハンブルグ・エネルギー社はトップ・ダウン型の再公営化が再生可能エネルギーへの移行を促進する手段として大きな成功を納めた事例である。

　一方、電力送電網の民間コンセッション契約をどうするかについては、2011年から2013年にかけて激しい論争を引き起こした。コンセッション契約の満期が近づく中、社会民主党政府が再民営化を検討とするつもりがないことが明らかになり、政府に圧力をかけるために幅広い層の市民連合が組織された。この連合には地球の友（BUND）のような環境NGO、社会運動団体、ルター派教会や消費者協会、多くの小団体が参加していた。彼らは政府に法的拘束力を持ってエネルギー送電網（電力、地域暖房、ガス）の再公営化を迫り、社会・環境・民主主義の観点からの要求に沿った公的事業体を設立するため、その是非を問う住民投票を計画した。同様の状況がベルリン市（下記参照）や小都市アウクスブルク市でも見られた。最終的に2013年9月に行われたハンブルグ市の住民投票は、僅差で過半数（50.9%）を確保し成功を納めた。

ベルリン市における「市民公益事業体（Bürgerstadtwerk）」

　ハンブルグ市と同様に、ベルリン市でも電力の送電網の再公営化を問う住民投票が行われた。しかし、この2つの事例にはいくつかの相違点がある。まず、ベルリン市における再公営化を支持する連合はより多くの草の根団体によって構成されていた点で、大きな環境NGOがリーダーシップをとったハンブルグ市とは異なっている。ベルリン市のキャンペーンは合意に基づく草の根民主主義的プロセスとして組織されていたのに対して、ハンブルグ市のキャンペーンは環境NGOの地球の友や他の団体の専門家集団のリーダーシップに依存していた。次に、ベルリン市では住民投票の対象は電力送電網だけに絞られていた。最後に、ベルリン市の住民投票は、ハンブルグ市と同じように2013年後半に実施さ

れたが、住民投票成功に求められる有権者の賛成得票率の25%を僅差で達成できず失敗に終わった。

　ベルリン市の住民投票は失敗に終わったとは言え、下記のように民主的な公益事業体のモデルになりえる具体的な提案が明記された点で興味深い事例である[12]。

○設立される公益事業体の主な戦略的方向性は、民主的諮問委員会によって討議する。諮問委員会は、経済参事、環境参事、労働者代表7名、選出された市民6名によって構成される。

○公社の運営や政策におけるベルリン市民の「イニシアチブの権利」を保障し、特定の課題や懸念について3000筆以上の署名にを集めたイニシアチブは民主的諮問委員会で取り上げなくてはならない。

○電力供給・発電に関する問題は民衆議会 (public assemblies) にて議論する。民衆議会は年一回、ベルリン市全域対象、および各13区で実施される。これら民衆議会による提言は3ヶ月以内に民主的諮問委員会にて議論する。

○公益事業体によって任命されたオンブズマンが市民・顧客の問い合わせに対する窓口として中心的役割を担う。

　ハンブルグ市の住民投票は、社会運動体の戦略や市民を巻き込んだ議論の社会的な意味をよく示している。地域政治家を説得する手段と言えば陳情やロビー活動が常套手段であるが、住民投票を組織するということはダイナミックな協力関係が必要であるし、住民の関心を集め、議論を起こす必要がある。勝利のためには提案内容が地域社会にどのような意味があるのか教育的な働きかけにも力をいれる必要がある。住民投票運動関係者によると、過半数の有権者にアピールするためにいかに「適切な場づくり」をし、「過半数の人々を説得すること」が戦略であった[13]。しかし、再公営化を求める運動は、既得権益を含めた地域のエネルギー政策関係者からの抵抗に直面することになった。まず、市政府（社会民主党）は、2011年末に各種公益事業について25.1%の株を買い取る部分的な再公営化を決定してしまっていた。エネルギー供給政策について市政府は全く影響力も持たないという「エネルギーコンセプト」がその背景にあった。市民連合は「エネルギーコンセプト」に対抗し、完全な再公営化を求めた。さらには、再公

営化に反対するキャンペーンが展開されたことで、住民投票までの数ヶ月間において議論は激化の一途をたどった。この再公営化反対キャンペーンは、主要政党、経済団体、そしてエネルギーセクターの労働組合（下記参照）さえも巻き込んだ連合によって支持されていた。興味深いことだが、再公営化をめぐる議論において社会的・民主的目的はさほど重要視されなかった。議論の主題は、財政面と送電網の所有が再生可能エネルギーへの移行を促す有効な手段となりえるかということだった。この実用的側面に焦点を当てたアプローチは、「やる意味があるから」という再公営化支持者たちのスローガンによく表現されている。

労働組合と再公営化

ドイツの労働組合は一般的に公的所有を支持する傾向にあり、他のセクターにおける再公営化にも積極的であるが、エネルギーセクターの再公営化については懐疑的で、反対する場合さえある。このような組合の態度は、ドイツ産業の労使関係において労働者を代表する組合が重要な役割を果たしてきたことの反映でもある。エネルギーセクターでは長年の団体交渉によってより良い賃金と福利厚生が確保されることが多く、

2013年9月のハンブルグ市の住民投票
写真：Unser Hamburg - Unser Netz

公共サービスセクターへの移行により労働条件が悪くなる可能性が懸念
されたのである。さらに、民営化に対応するための内部調整のいくつも
の交渉を済ませたばかりで、新しい所有者の下再交渉を余儀なくされる
ことも労働組合の代表者たちが再公営化に否定的だった理由である。彼
らにとって、再公営化に伴う他の公共サービスセクターとの人材調整や
賃下げの可能性は大きなリスクであった[14]。今後再公営化を推進するに
あたり、労働組合を支持派に引き込むことを望むのであれば、このよう
な問題を考慮することが重要である。

　ハンブルク市における住民投票の成功は、再公営化というプロセスの終
わりではなく、その新たな段階の始まりにすぎない。つまり、これまであ
からさまに再公営化に抵抗していた政府は、一変して改革を実行する立場
に置かれたのである。この矛盾を抱えながらも、地方政府は再公営化の実
行にむけて既存のコンセッション受託者との契約・オプション交渉を行っ
た。2014年末には、送電網は（2011年に決められた25.1%の購入を含む）4億9550万
ユーロ（約637億円）で買い戻され、2018年までにガス供給システムを3億
5540万ユーロ（約457億円）で買い取るオプション契約（2017年中に実行される可能性
が高い）が成立した[15]。住民投票運動の立役者たちは環境問題に関する市議会
委員会の会議に顧問として参加することとなり、さらに、2016年に立ち上
げられた「エネルギー供給網諮問委員会」にも参加している。現在、都市
部の暖房システムの今後が議論されており、その草案で要求されている社
会的志向がいかにして実現されるかは未だ不明瞭であるが、本事例の住民
投票の結果は重要な評価基準とされている。ハンブルク市の住民投票によっ
てその立役者たちの影響力が増したのは明らかである。それ以上に、再公
営化はエネルギー供給の問題自体を超えた住民自治そのものに変化をもた
らしたと思われる。

まとめ

　ドイツのエネルギーセクターにおける再公営化事例の多さから、このセ
クターの政治経済構造が大きく変化してきたことは明らかだ。これらの再
公営化は、過去の民営化を覆す、あるいは新たな地域公益事業体を設立す

ることで実現されてきた。このトレンドはドイツの様々な伝統の表れであり、中央政府のエネルギー転換政策は市民的な議論の扉を開き、コンセッション契約の満了が変革のチャンスとして活用された。

エネルギー公益事業の公的所有は、自治体が関連インフラを管理し、そこから収益を上げるための選択肢を広げる有効な手段である。さらには、エネルギー供給の包括的目的や方向性を左右する政策を変える可能性を秘めている。再生可能エネルギーのシェアを増やすための様々な手段や計画を主体的に実施できることを意味する。例えば、市民投資家を巻き込んだ再生可能エネルギーの共同生産プロジェクト、再生可能エネルギーに関する研究支援など様々な可能性がある。そして、財政的に余裕のある自治体においては、再公営化はより実現可能な選択肢である。

地方政治の政党や組織の外である環境・社会運動が再公営化運動を牽引する場合も多々ある。ハンブルグ市のエネルギー供給システムに関する住民投票のように対立的プロセスとなったものもあるが、それによって地域のエネルギー政策における社会運動の影響力が強化されたことは確かである。参加の方法（例えば住民投票）、権利と義務の規定だけでなく、将来的な公益事業体の社会目標が明確にされることが重要である。公益事業への市民参加を確保することと効率的な事業運営の間に摩擦が起きることは十分に考えられる。意思決定と組織運営において利用者・労働者・所有者の利益がバランスをもって反映されることで、公営公益事業体が「通常通りのビジネス」から飛躍できる機会となろう。質の高いサービスだけでなく、社会・環境の目標を追求する主体に発展することができるかもしれない。

ソーレン・ベッカー

共同的所有・分散型テクノロジー・国家の関係性を研究対象とする地理学者である。共著に『ヨーロッパにおけるエネルギー民主主義（Wegezur Energiedemokratie）』の他、コミュニティー・エネルギーや再公営化を含むドイツのエネルギー転換の関連分野の学術論文を発表している。現在は、ベルリン・フンボルト大学とボン大学の研究員を務める。

Endnotes

1   Lormes, I. (2016) *Kommunalisierung der Energieversorgung: eine explorative Untersuchung von Stadtwerke-Neugründungen*. Wiesbaden: VSA, p. 334.

2   Bauer, H. (2012) Zukunftsthema Rekommunalisierung. *Die Öffentliche Verwaltung* 36(2), p. 329.

3   Bontrup, H.-J. and Marquardt, R.-M. (2011) *Kritisches Handbuch der deutschen Elektrizitätswirtschaft*. Berlin: Ed. Sigma.

4   Bönker, F. et al. (2016) Remunicipalisation revisited: long-term trends in the provision of local public services in Germany. In H. Wollmann et al. (eds.), *Public and social services in Europe: from public and municipal to private sector provision*. London: Palgrave, pp. 71–85.

5   Wollmann, H. (2015) Erbringung öffentlicher und sozialer Dienstleistungen zwischen Kommunen, Staat, Privatem und Dritten Sektor. In M. Döhler et al. (eds.), *Der gut organisierte Staat*. Berlin: Ed. Sigma. However, local service provision has also included public-private partnership schemes, dating back to the historic phase of setting up the first power plants.

6   Gailing L. and A. Röhring (2016) Germany's Energiewende and the spatial reconfiguration of an energy system. In L. Gailing and T. Moss (eds.), *Conceptualising Germany's energy transition: Institutions, materiality, power, space*. London: Palgrave, pp. 11–20.

7   Trend:research and Leuphana Universität Lüneburg (2013) Definition und Marktanalyse von Bürgerenergie in Deutschland. https://www.buendnisbuergerenergie.de/fileadmin/user_upload/downloads/Studien/Studie_Definition_und_Marktanalyse_von_Buergerenergie_in_Deutschland_BBEn.pdf.

8   Kungl, G. (2015) Stewards or sticklers for change? Incumbent energy providers and the politics of the German energy transition. *Energy Research and Social Science* 8.

9   Matecki, C. and T. Schulten (2013) Zwischen Privatisierung und Rekommunalisierung. In C. Matecki and T. Schulten (eds.), *Zurück zur öffentlichen Hand? Chancen und Erfahrungen der Rekommunalisierung*. Hamburg: VSA, pp. 8–17.

10   Recorded in the Commercial Register of the City of Hamburg.

11   Numbers according to their webpage and their Business Report for the year 2015, accessible here: https://www.hamburgenergie.de/fileadmin/user_upload/dokumente/downloads/HAMBURG_ENERGIE_Geschaeftsbericht_2015.pdf.

12   Berliner Energietisch (2012) Neue Energie für Berlin: Eckpunkte des Gesetzentwurfs für eine demokratische, ökologische und soziale Energieversorgung. Short English version available at: http://www.berliner-energietisch.net/argumente/7-gute-gruende-deutsch-und-tuerkisch#english

13   Interview in Hamburg, 8 January 2015.

14   See for example: Hansen, T. and P. Grau (2013) Ein kritischer Blick auf Rekommunalisierungsprojekte in der Energiewirtschaft. In C. Matecki and T. Schulten (eds.), *Zurück zur öffentlichen Hand? Chancen und Erfahrungen der Rekommunalisierung*. Hamburg: VSA, pp. 140-47. See also Hall, D. (2012) *Remunicipalising municipal services in Europe*. http://www.epsu.org/sites/default/files/article/files/Redraft_DH_remunicipalization.pdf, p. 7.

15   According to the remunicipalisation contracts between the city and the utilities which are available at: http://www.hamburg.de/pressemeldungen/4413746/2014-12-01-volksentscheid-energienetze/ Note that these numbers include both the 2011 partial remunicipalisation and the price negotiated for full remunicipalisation.

第9章

30年の民営化を経て
公的所有が政治課題となったイギリス

デビッド・ホール＆キャット・ホッブス

　新自由主義イデオロギーの本家本元でありブレグジットによってEUからの離脱を主張するイギリスでさえ、再公営化のトレンドから逃れることはできなかった。コスト削減とサービスの質をコントロールする必要性が再公営化の主な推進力となったのは、他の地域と同様である。

　過去10年間において、イギリスの自治体は電力と公共交通セクターを最も顕著な例として、相当数の再公営化またはサービスの新設を行ってきた。ロンドン市、ニューカッスル市、バーミンガム市で地下鉄システムが公的管理下に戻され、ノッティンガム市、ブリストル市、リーズ市、スコットランドでは、地方自治体によってイギリス初の市営電力会社が創設されこれらのコミュニティへ適正価格での電力供給をしている。

　イギリス全土の地方議会において、高速道路の維持、住宅、ゴミ処理、清掃、IT、人材派遣などの分野で民間契約が失敗した場合の対応として、公的管理下での立て直しが行われている。また、契約満期を待たずに病院や他の重要サービスの官民連携(PPP)から離脱する地方自治体が続出している。これらのサービスの買い戻しが喧伝されることは稀である。しかし、こうした個別の事例は、総合的には民間事業の失敗に直面した(国家政府の場合もあるが)地方政府の民営化への拒絶の表れと言える。

　イギリスの世論が強く支持しているのは人々のための公共サービス運営であり利益を上げるためのものではない。この点においては、EU離脱の賛成者、反対者を問わず公的所有が支持されている。そして、民意が主流政治にようやく反映され始めている。2017年の総選挙では新しく党首となったジェレミー・コービン氏率いる労働党が鉄道、エネルギー、水道、交通

(バス)、自治体サービス、郵便、国民保険サービスの公的所有を支持し、ブレア政権時の「第三の道」から明確に一線を画した立場をとった[1]。「ウィー・オウン・イット (We Own It：所有者は私たちだ)」をはじめとする市民キャンペーンでは、民営化しかないという言説に対して再公営化の事例を使って対抗している。民営化は覆すことができ、地域公共事業体が多国籍企業に取って代わることができるのだと[2]。

地域地下鉄サービス

公共交通サービスの再公営化の事例としては、ロンドン交通局 (TfL) による200億英ポンド (約2.96兆円) のPPPの打ち切りと再公営化が最も広範な影響を及ぼした。1990年代後半、自治体当局は、大規模なロンドンの地下鉄再開発にあたりPPP方式を採用することを強いられた。中でもメトロネッ

ト社とチューブラインズ社とのPPP契約は最大規模のもので、地下鉄システムの改修が目的であったが、その両方が2010年には頓挫していた。これに対して超党派議員委員会が作成したレポートは、メトロネット社とPPP推進派の常套句である効率化とリスク転移の主張を非常に厳しく批判するものだった。

「メトロネット社が効率的あるいは経済的に事業運営できなかったことは、民間セクターが壮絶な大失敗を犯し得ることの証明である（中略）。メトロネット社の元株主たちが残したものは、ずさんな計画管理とお粗末なシステム統合、効果的コスト管理の欠如、将来計画の欠如、非効率な財務管理（中略）である。メトロネットPPP契約が公共セクターから民間セクターへのリスク転移に効果的であったという主張にはなんの説得力もない。むしろ、事実はその逆である。」

一方ロンドン交通局は、再公営化プロセスの複雑さにもかかわらず、民間契約の管理という重荷から解放されて、公共セクターが直接的に提供するサービスが極めて効率的なものになり得ることを証明した。PPPプロジェクトにおいては弁護士費用が4億英ポンド（約593億円）以上かかっていたが、再公営化により複数の方法でより大きな効率化が達成され、「これによって10億英ポンド（約1481億円）のコスト削減がなされることが期待され（中略）、大幅な節約は調達・管理の効率化によって可能となった[3]。」

これらの再公営化の後、ロンドン交通局はそれまでに受け入れを強いられた全てのPPP投資プロジェクトの見直しに乗り出し、株主配当から解放されたり負債利子の低減が実現し、また多様な方法で効率化を続けた結果

表1：ロンドン交通局による契約打ち切り

プライベート・ファイナンス・イニシアティブ（PFI）プロジェクト	開始年	分野／内容	投資額	契約状況	終了年
メトロネットSSL※	2000年	ロンドン地下鉄改修	67億英ポンド（約9926億円）	打ち切り	2008年
メトロネットBCV※	2000年	ロンドン地下鉄改修	54億英ポンド（約7999億円）	打ち切り	2008年
チューブラインズ	2000年	ロンドン地下鉄改修	55億英ポンド（約8148億円）	打ち切り	2010年

（出典：ロンドン交通局[4]）※訳注：対象路線の異なる2つの契約として入札された。

をさらなるコスト削減を重ねていった。

タイン・アンド・ウィアメトロ（年間4000万本の運行数を数えるニューカッスル市周辺地域のライトレールシステム）、の場合も再公営化は同様の節約効果をあげた。2016年まではメトロの運営はドイツ鉄道社の子会社であるアリーバ社（Arriva）に委託されていたが、2017年4月に公的管理下に取り戻されて以来、100％市営の交通会社ネクサス社（Nexus）によって直接運営されている。

これは単なる政治的決定ではなく、再公営化によってもたらされる節約や改善を分析した結果に基づく判断である。この取り組みには技術系統の大幅な刷新も含まれており、例えば、信号系統や光ファイバーケーブルシステムに関するプロジェクトが新たな公共事業者によって実施された。ネクサス社は、民間企業に委託していたとしたら2400万英ポンド（約36億円）かかっていたと思われるプロジェクトをおおよそ1100万英ポンド（約16億円）で済ませたのである[5]。

鉄道

元国有鉄道であるイギリス国鉄は1994年から1997年にかけて解体、民営化され、それ以来イギリスにおける鉄道サービスは16件のコンセッション契約により民間企業が提供してきた。鉄道ネットワークは個別に民営化されたが、その結果は、投資の欠如、過度な業務委託、複数の死者を出した2件の大事故を含む悲惨な安全管理実績、そして最終的な財政破綻であった。そして、2002年、ネットワーク・レール社の名義で実質的に政府が鉄道網※を引き継ぐことになった。（※訳注：ネットワーク・レール社は鉄道網の資産の所有と管理。列車の運行は民間会社が行っている。）同社が公共セクター企業として正式に認知されたのは2012年であったものの[6]、これは公的所有が回復された極めて重要な事例となった。

鉄道運行サービスを担う民間企業は繰り返し問題を起こしてきた。その結果少なくとも2つのコンセッション契約が打ち切られ公共セクターの事業体に運営を引き継がれているが、そのいずれもが後に再び民営化されている。2003年、政府はコネックス社（ヴェオリア社の子会社）のコンセッションを打ち切り、サウスイースト路線の運営を公営のサウスイースタン社に引き継がせた。しかし、政府が再びサウスイースト路線を民営化したため同

社による運営は2006年までで終了した[7]。2009年にはイーストコースト路線が(ナショナル・エクスプレス社の撤退後)公的管理下に戻され、大きな成功を納めた。利用者の満足度は91％に達し、公的補助金の必要性は大幅に削減され、10億英ポンド(約1481億円)の負債を返済し、イギリスで最も効率的な鉄道事業体となったのである。しかし、2015年、保守党政府はこの路線を再び民営化した[8]。

本章の執筆時、つまり2017年の春時点で、サザンレール社の運営で2つの重大な問題が起きている。一方では不確かなサービス(遅れやキャンセル)に対する利用者からの苦情が募り、他方では職員数について労働組合と論争が長期化していた(世論は労働組合の同情的である)。そして、現在、サザンレール社の営業権を剥奪しその他のコンセッションも公共セクターへ奪還することが世論で強く支持され始めている[9]。

また、ロンドン市を東西に横断する新たな路線、クロスレイルは今のところ民営化されておらず、ロンドン交通局の管理下にある。これは、公的所有・運営に向けての前進ともいえるが、ロンドン交通局はこの路線の電車運営を民間のコンソーシアムに委託してしまっている。

エネルギー

イギリスの電気・ガス産業は、サッチャー政権によって1980年から1990年代初頭に丸ごと民営化されている。しかし、現在は社会的要因や再生可能エネルギーに関する理由で自前のエネルギー会社を立ち上げる自治体が出始めている。これは、家庭向けの電気料金の深刻な不満が解消されないままになっていたことへの反応である。つまり、貪欲な民間企業による料金設定について効果的な対策を講じることができなかった規制当局や政府に対する対抗策として現れている。また、環境に配慮した再生可能エネルギーへの真の移行を求める市民社会からの圧力も高まっている。こうした状況を背景にして地方議会が地域の市民の利益を守るべく動き出したのだ。これは、電力・ガスシステムについて地方自治体が重要な役割を果たすことが長年なかったイギリスにおいては重大な新展開と言える。

2015年、ノッティンガム市(人口53.2万人)市議会は、高額な電気料金に苦しめられている低所得世帯を救う最善の方法として、新たな市営電力会社

の設立を決定した。その会社は、富裕層から奪った富を貧困層に分け与えた有名な中世の義賊にあやかってロビンフッド電力社と名付けられ、複雑な料金体系で利用者を混乱させることもなく、多額の利益を追求しない非営利で、より安価なサービスを提供している。「民間株主はいない。役員報酬もなし(中略)。わかりやすい透明性の高い料金設定があるだけ[11]」をモットーに、プリペイド・メーターを使っている世帯(料金を定期的に支払えないこと理由に、コインを入れたりクレジットをチャージしたりする前払い専用のメーターに切り替えられてしまった世帯)にイギリス一安いサービスを提供している。また、公営住宅の入居者に最初に割り当てられるのもロビンフッド電力社のサービスである。同社は、すでに自社の顧客を超えて電力市場に大きな影響を与えており、ノッティンガム市を含むイースト・ミッドランズ地方の平均電力料金は今やイギリス全土で一番安くなっている。

ロビンフッド電力は他の主要都市とも協力関係を築いている。2016年、リーズ市(人口53.4万人)はヨークシャー地方やハンバーサイド地方に電力供給する市営会社ホワイト・ローズ電力を設立した[12]。同社は、特にプリペイド・メーターの使用者に対して、ロビンフッド電力同様のシンプルな非営利料金で電力を提供している。2017年には、ブラッドフォード市(人口52.8万人)とドンカスター市(人口80万人)が、やはり貧困世帯が料金を支払えないという問題を解決するため、ホワイト・ローズ電力とロビンフッド電力の連携に合流している。

2015年、ブリストル市(人口42.8万人)市議会は市営電力会社ブリストル電力を設立した[13]。その目的は、商業的な大企業よりも安価なサービスを提供することだけではなく、再生可能エネルギーに投資し100%再生可能エネルギーという選択肢を作ることにあった。また、収益を資金源として地域サービスを充実させることも期待されている。

これらの新設市営電力会社はすでに220万人以上の人々にサービスを提供している。また、100%公営の電力会社の設立を要求して首都ロンドンで展開されている「スイッチ・オン・ロンドン」キャンペーンの勢いを考慮すれば、2017年には公営電力会社の影響力はさらに増すと思われる[14]。この「スイッチ・オン・ロンドン」キャンペーンの目的は、適正価格での電力供給はもちろんのこと、再生可能エネルギーへの投資、エネルギー効率の高い住宅の提供、公正な賃金と労働条件の確保、労働者や地域住民の代

表者を含む理事会の設置を成し遂げることにある。現ロンドン市長サディク・カーンは、エネルギー・フォー・ロンドナーズ社（Energy for Londoners：ロンドン住民のためのエネルギー）の設立に同意したが、2017年3月時点では他の選択肢も検討中である[15]。ウィラル市やリバプール市を含む他の行政区の市議会も新設または既存の市営企業から地域住民への電力供給を始めている[16]。

労働党はエネルギーの公的所有を強化する計画づくりを始めている（下の図表を参照）。ロビンフッド電力をモデルとした市営電力会社を多くの地域で設置する計画はその一部で、これにより上述のような自治体発の取り組み

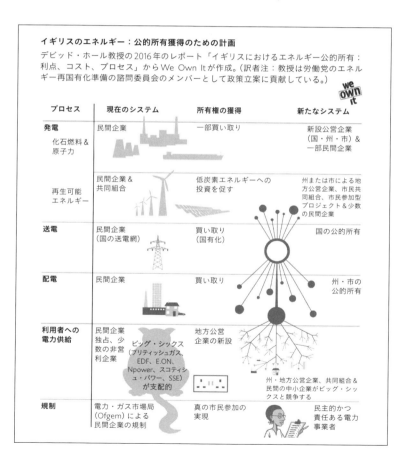

の勢いが増すと思われる。株主配当をなくし公的資金調達による低金利によって低価格の電力・ガスが供給されることが期待される。さらに、自治体が直接あるいは地域の共同組合を通してそれぞれの地域で太陽光・風力発電の新規エネルギー開発を担うことを目指す。その一方で既存の石炭・ガス火力発電所は寿命に達するまで民間所有のまま運用が継続されるのが妥当であろう。したがって、段階的かつ同時並行的な形で、営利的火力発電を脱却し、全ての人々に供給される公的再生可能エネルギーへの移行が進められていく。その際の補償コストは送電網を公共セクターに買い戻すコストのみで済むのである。イギリスにおいて公的所有のエネルギーシステムへの移行は10年で元が取れると計算された。株主配当の支払いがなく資本コストも低いため年間32億英ポンド（約4774億円）の節約が見込まれるからである[17]。

PPPの再公営化

イギリスでは、1990年代以来プライベート・ファイナンス・イニシアティブ（PFI）※という形で幅広い分野でPPPが導入されてきた。（※訳注：公共サービスの提供に際して、従来のように公共が直接施設を整備せずに民間資金を利用して民間に施設整備と公共サービスの提供をゆだねる1992年にイギリスで生まれた行財政改革の手法。）しかし、すでに2011年には一連の議会委員会レポートやデイリー・テレグラフ（Daily Telegraph）紙のような右翼メディアにさえ徹底的に批判され、その信用を失っていた。多くのPFIプロジェクトが重大な問題に直面し、30件以上が打ち切られている[18]。契約打ち切りの原因となったのは、市民社会からの圧力、財政破綻、直接的公的管理による節約効果が認識されたことなどである。イギリスにおける官民連携（PPP）の約5%がPFIによるプロジェクトであるが、最大規模のものが含まれるため、その経済価値は非常に高く全PPPの25%に達すると推定されている。

以下の事例のようにPPI／PPPの打ち切りによって公共サービスが再公営化される場合が多い。

- 地域の公共交通：上述したロンドン交通局（TfL）によるPPPからの再公営化は特筆に値する。

- 医療サービス：特筆すべき事例としては、ノーザンブリア地方のヘクサム病院のPFIプロジェクトが公的に買い取られたが、これはノーサンバーランド・カウンティ議会がリスクを承知で国民保健サービス (NHS) 信託に買取り費用として1億1142万英ポンド (約170億円) を貸し付けたことで実現されたものだ。また、2011年にダーリントン市のウェスト・パーク病院が地域の信託基金病院に買い取られている。しかし、この公的機関による買取は政府に阻止される可能性もある。例えば、2016年初頭、地方自治体ハイランド・カウンシルは2件の失敗したPFI学校契約を買い取る必要に迫られ、追加借入を申請したがスコットランド政府はこれを承認しなかった。
- ゴミ処理サービス：スウォンジー市のクラムリン・バロウズ (Crymlyn Burrows) ゴミ処理所はPFI契約の下に始動したが、2005年に市による市による直接管理に引き継がれた[19]。

今後の展望

上述のように公的所有が回復されていることは心強くはあるが、それと並行して現在 (2017年5月現在) の保守党政権は民営化をさらに推進しようとしている。中でも一番深刻なのは国民保健サービス (NHS) への公的資金を徹底的に削減し、公的所有を攻撃し、可能な限り外部委託しようとしており、この政策が社会にもたらす影響は計り知れない。また、過去3年間に郵便サービスも民営化されてしまった。しかし、土地登記所や第2公共テレビ局 (チャンネル4) の売却計画のような小規模な民営化計画は運動の結果阻止されている。

民営化推進の動きはいあるものの、全体としては、この10年間で新たな公共セクターの創出を目指すより強力な勢力が現れてきたと言える。そして、このトレンドが今後も続くと思われる根拠として3つの政治的要因が挙げられる。第一に、イギリスの世論は、鉄道、電力、水道や他のサービスについて公的所有を強く支持し、PPP方式の民営化の継続や国民保健サービス (NHS) の外部委託、民営化に反対する傾向にある。これは、電気・水道料金の値上げ、鉄道事故、民間セクターによる投資の欠如などの苦い経験のみならず、新たな公共セクターの将来に対する信頼の現れであ

る。このような市民社会の意思を背景に「ウィー・オウン・イット (We Own It)」という草の根団体は生まれた。寄付金で女性3人が切り盛りするキャンペーンは全国的な注目を集め、優勢な政治議論を展開している。「ウィー・オウン・イット」は2017年6月の総選挙に向けて事例をまとめ、ウェブサイトでは各セクターの詳細な情報を提供してきた[20]。「ウィー・オウン・イット」は包括的で一貫した公共サービスの公的所有を求める市民からの主張を効果的に発信している。

表2：公的所有を支持する世論（2017年5月時点）

	公的所有支持（%）	民営化支持（%）	わからない（%）
電力	53	31	16
水道	59	25	16
郵便	65	21	14
鉄道	60	25	15
バス	50	35	15
NHS	84		

（出典：YouGov UK[21]）
（訳者注：Legatum Institute による2017年の調査では公的所有支持は水道83％、鉄道76％、エネルギー77％）

　第二に、英国のEU離脱国民投票は社会を分断させているが、民衆に無関心なエリートによる緊縮政策を拒絶する人々の怒りは共通している。そして、世論調査ではEU離脱・残留という投票傾向とは無関係に公共サービスの公的所有を支持する傾向が示され[22]、この点において世論の分裂は見られない。このことから2つの前向きな可能性が見える。一つは、公的所有が庶民の生活や、地球環境、地域経済のコントロールを取り戻すための進歩的なオルタナティブとなりえること、二つ目はその結果として排他的な右翼ナショナリズムを退け、世論の支持を得る可能性である。そして、EU離脱がもし実現となった場合、EU域内市場自由化政策、国内産業補助金禁止、新自由主義的な財政・マクロ経済政策に関するEUの方針に制約されずに公共セクターを再構築できる可能性も出てくる。

　第三に、革新左派的なリーダーシップをとるジェレミー・コービン率いる労働党は、事実上低迷するヨーロッパの社会民主党に一石を投じ、労働党を新たな民主的社会主義政党に作り変えようとしている。つまり、新自

由主義的緊縮政策や民営化政策を否定し、透明性が高く民主的な地域社会に根ざした政府を目指しているのである。2017年総選挙の労働党の公約には鉄道、電力、水道、郵便サービスを公的所有に取り戻すことが明言されており[23]、現在の労働党が40歳未満の有権者に支持された一因になったと思われる[24]。

歴史的な観点からは、これらの新展開は地域の民主的コントロール下で公共サービスを提供する自治体の能力を再構築するプロセスだと言える。19世紀の英国は「自治社会主義─municipalsocialism」が最初に発展した国のひとつであり、当時すでにバーミンガムなどの都市が水道、ガス、電気、公共交通、住宅やその他のサービスを提供していた。しかし、20世紀後半にはこのような自治体の機能は失われてしまった。エネルギーセクターは1940年代に国有化され、中央政府が全てのガス・電力システムを掌握した（その後民営化）。水道サービスは1980年代のサッチャー政権時代に国有化され、民営化の先駆けとなった。公共交通サービス（バス）も1980年代に自由化と外部委託によって民営化された。公共住宅は、その多くが売却され新規建築の資金調達には制約が課せられた[25]。

（再）公営化のトレンドは公共サービスの公的所有を政治的議論の中心に引き戻した。労働党が水道、電力、鉄道サービスの公的所有を取り戻すこと、イギリスの地方自治体を援助し強化すること、つまり世論をくみ取った政策を公約に組み込んだのは25年来初めてのことだ[26]。このように公的所有の拡大を明確な公約としたことが6月8日の選挙で労働党が大きく躍進した一因になったと思われる。イギリスの政治的トレンドは今や反民営化に大きく動き出しているのである[27]。

（訳者注：この原稿は2017年5月に執筆され、6月の総選挙後に追記された。総選挙で労働党の政権交代には至らなかったものの、コービンのリーダーシップは強化され19万人だった党員は54万人になった。現在は政権をとった場合の模擬内閣である影の内閣（Shadow Cabinet）が広く専門家や活動家と協力しながら公共サービス再国有化の具体的な政策を作成中である。）

デビッド・ホール

グリニッジ大学の国際公務労連リサーチユニット (PSIRU) の創設時 2000 年から 2013 年まで所長を務めた。現在は同大学の客員教授として活躍している。

キャット・ホッブス

公的所有を主張するキャンペーン団体「ウィー・オウン・イット（We Own It）」の創設者・代表である。

Endnotes

1   Labour Party (2017) For the many, not the few: The Labour Party manifesto 2017. London. http://www.labour.org.uk/page/-/Images/manifesto-2017/Labour%20Manifesto%202017.pdf (accessed 19 May 2017)

2   We Own It (2017) Manifesto 2017: How public ownership can give us real control. https://weownit.org.uk/manifesto (accessed 19 May 2017)

3   Written evidence submitted by Transport for London to parliamentary Treasury select committee (2011) http://www.publications.parliament.uk/pa/cm201012/cmselect/cmtreasy/1146/1146we05.htm (accessed 19 May 2017)

4   *Ibid.*

5   *BBC News* (2017). Tyne and Wear Metro to be publicly run by Nexus. 1 April. http://www.bbc.co.uk/news/uk-england-tyne-39466348; Rail Technology Magazine (2014) Bringing contracts back in-house. http://www.railtechnologymagazine.com/Interviews/bringing-contracts-back-in-house (accessed 19 May 2017)

6   Read more: Sloman, L. (2016) Privatising Network Rail: A 10 billion ticket to disaster. Report, June. Oxford: We Own It and Transport for Quality of Life. https://weownit.org.uk/sites/default/files/attachments/Privatising%20Network%20Rail%20-%20a%20%C2%A310%20billion%20ticket%20to%20disaster.pdf

7   https://en.wikipedia.org/wiki/Connex_South_Eastern

8   https://www.theguardian.com/commentisfree/2014/nov/27/privatising-east-coast-rail-rip-off

9   https://en.wikipedia.org/wiki/Southern_(Govia_Thameslink_Railway)

10 Robin Hood Energy: https://robinhoodenergy.co.uk/; *Mirror* (2017). Robin Hood energy is taking on the Big Six to help the poor heat their homes. 6 January. http://www.mirror.co.uk/news/uk-news/robin-hood-energy-taking-big-9571454; *Doncaster Free Press* (2017). Deal to slash energy costs for Doncaster residents. 24 March. http://www.doncasterfreepress.co.uk/news/deal-to-slash-energy-costs-for-doncaster-residents-1-8458027 (accessed 19 May 2017)

11 RobinHood Energy: https://robinhoodenergy.co.uk/ (accessed 19 May 2017)

12 White Rose Energy https://www.whiteroseenergy.co.uk/about-us; *Bradford Telegraph & Argus* (2017). White Rose Energy agreement to undergo further scrutiny at Conservatives' request. 21 January. http://www.thetelegraphandargus.co.uk/news/15037995.Council_energy_deal_sets_off_alarm_bells__say_Tories/ (accessed 19 May 2017)

13 Bristol Energy: https://bristol-energy.co.uk/about_us (accessed 19 May 2017)

14   Switched On London Campaign: http://switchedonlondon.org.uk/ (accessed 19 May 2017)

15   Mayor of London (2017) DD2077 Energy for Londoners not for profit energy supply company. 17 January. https://www.london.gov.uk/decisions/dd2077-energy-londoners-not-profit-energy-supply-company (accessed 19 May 2017)

16   *Liverpool Echo* (2017) Wirral residents could save hundreds each year through Council Energy Company. 20 March. http://www.liverpoolecho.co.uk/in-your-area/wirral-residents-could-save-hundreds-12769953

17   Hall, D. (2016).Public ownership of the UK energy system–benefits, costs and processes. 14 April. http://www.psiru.org/sites/default/files/2016-04-E-UK-public.pdf

18   Whitfield, D. (2017). PFI/PPP buyouts, bailouts, terminations and major problem contracts in UK. European Services Strategy Unit Research Report No. 9. London: ESSU. http://www.european-services-strategy.org.uk/publications/essu-research-reports/

19   *Ibid.*

20   We Own It (2017) Manifesto 2017: How public ownership can give us real control. https://weownit.org.uk/manifesto (accessed 19 May 2017)

21   YouGov (2017) Nationalisation vs privatisation: The public view. https://yougov.co.uk/news/2017/05/19/nationalisation-vs-privatisation-public-view/

22   We Own It (2017) Manifesto 2017: How public ownership can give us real control. https://weownit.org.uk/manifesto (accessed 19 May 2017)

23   Labour Party (2017) For the many, not the few: The Labour Party manifesto 2017. London. http://www.labour.org.uk/page/-/Images/manifesto-2017/Labour%20Manifesto%202017.pdf (accessed 19 May 2017)

24   *Daily Telegraph* (2017). Labour most popular party among voters under 40, general election poll reveals. 27 April. http://www.telegraph.co.uk/news/2017/04/27/labour-ahead-polls-among-voters-40/ (accessed 19 May 2017)

25   Crewe, T. (2016) Strange Death of Municipal England. *London Review of Books* 38(24): 6-10. https://www.lrb.co.uk/v38/n24/tom-crewe/the-strange-death-of-municipal-england

26   YouGov (2017) Nationalisation vs privatisation: The public view. https://yougov.co.uk/news/2017/05/19/nationalisation-vs-privatisation-public-view/ (accessed 19 May 2017)

27   UK Polling Report (2017) What people noticed from the manifestos. 25 May. http://ukpollingreport.co.uk/blog/archives/9893

第10章

スペイン、カタルーニャ地方
―― 民主的な公営水道を取り戻す市民運動の波

ミリアム・プラナス

　カタルーニャ地方では、2010年にフィガルソの町が初めて水道サービスの再公営化を成し遂げた。それから7年が経ち、再公営化（または、水道サービスが公営であったことがない所もあるという点では「公営化」）への道は広く開かれ、バルセロナ市を含むカタルーニャ地方の住民700万人のうち約350万人が数年のうちに水の管理モデルの変化を目撃することになるだろう。これは、共有財として民主的に水を管理し、全ての人々の最も基本的なニーズを保証し、水源を保全するチャンスなのである。カタルーニャ地方における水道サービスの再公営化は、スペイン全土におけるより大きな民主化を求める流れの一部であり、これを妨害する保守的中央政府※のあらゆる試みに抗って現在進行中である。（※訳注：2018年6月の政権交代が起きる前の国民党政権）

カタルーニャ地方におけるアグバー社による準独占

　カタルーニャ地方の人口の83.6％への給水は民間企業によるものである。現在フランスのグローバル企業スエズ社の子会社となっているアグバー社（アグアス・デ・バロセロナ社：Aguas deBarcelona、通称AGBAR社）は人口の70％にあたる560万人に水道サービスを提供している。さらに、50万人近くがスペインの建築会社FCC（Fomento de Construcciones y Contratas）の子会社であるアクアリア社（Aqualia）の水道サービスを受けている。国家レベルでは、民間企業から給水を受けているのはスペイン人口の約57％にのぼる。バルセロナ市に本社をもつアグバー社は、スペイン市場では他社を追随を許さない独占的立場にある。このように、バルセロナ市とカタルーニャ地方は歴史的にス

ペインにおける民間水道管理の要塞となってきた。

　水道事業は人口が多いほど投資収益が大きくなるため、カタルーニャ地方の中・大都市に民間セクターが集中してきた。その他の地域では公的管理が長く伝統となっており、450の小自治体で公営水道施設からの給水が行われている。これはカタルーニャ地方の自治体の半数にあたるが、人口では16.4%にすぎない。

　スペイン会計監査院が2011年に発行したレポート[1]によると、中小都市の場合、民間の水道管理は平均的サービスの質は公営サービスよりも低いが料金は22%高いという。カタルーニャ地方で、民間管理下にある自治体の平均水道料金は、公的管理下にある自治体よりも25%高い。命の水市民プラットフォーム（Aigua és Vida）の推定によると、アグバー社のバルセロナ都市圏（周辺22自治体を含む）の水道料金は、アル・プラ・ダ・リュブラガート市やバルバラー・ダル・バリェース市などの公的管理下ににある近隣自治体よりも91.7%も高い。

　すでに14の自治体で水道サービスが公営化または再公営化されていることを考慮すれば、カタルーニャ地方における水道サービスをめぐる状況は劇的に変化しようとしていると言える。さらに350万人が暮らす90の自治体でコンセッション契約が近々（2017年〜2025年、132ページ付録参照）満期を迎える。現在実効されている民間契約の多くが正当な入札プロセスを経ずに結ばれたものである。水道サービスについて、数十の町議会がすでに（再）公営化のシナリオを検討することを可決している。現在起きている（再）公営化の波は、このような周期的機会に連動する、カタルーニャ地方とスペイン全土における民主的公営水道サービスを取り戻すための活力ある市民連合の活動によって実現されたものだ。

新たなシナリオ：（再）公営化の波

　2015年、マドリード市やバルセロナ市を含む多くのスペインの都市で市民主導の進歩的政治連合が地方選挙で勝利した。これは、基本的権利の保障を求め、伝統的政党の腐敗や巨大企業との癒着を批判するキャンペーンを長年展開してきた市民運動の成果である。これによって、再公営化に有利な政治環境がもたらされた。バリャドリッド市（人口30万人）は再公営化を

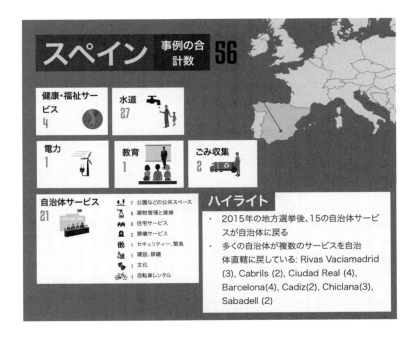

果たしたスペイン最大の都市である[2]。市議会は、アグバー社との契約が満了した2017年7月に水道管理を公営化することを可決した。本章の対象範囲外のことではあるが、こうした自治体（必ずしも進歩的政治連合に牽引されているわけではない）の多くは水道サービスだけでなく他のサービスについても再公営化に乗り出していることは特筆すべきである。しかし、中央政府は自治体による公共サービスの再公営化の波を阻止すべく動いており、重大な障害となっている。2017年4月、中央政府は、最終的にそのまま採択されることはなかったものの重大な懸案事項となった追加規定（第27号）を含む予算案を提出した[3]。それは、民間セクターの労働者が新設される公営機関へ移籍することを完全に阻むものであり、暗に労働組合や労働者が再公営化に抵抗するよう仕向けることを狙ったものであった。専門知識の喪失や熟練労働者が不足する事態を生みかねないものだったのである。また、中央政府はバリャドリッド市での再公営化を直接的に妨害した。2017年3月、財務省は緊縮財政規制に訴え、州検察局を通して民間企業から新設公営企業

体への労働者の移籍を阻む訴訟を起こしたのである[4]。

　2016年は、カタルーニャ地方とスペイン全土における水道管理の転換点となった。3月にはカタルーニャ地方裁判所によってバルセロナ都市圏23自治体に対する水道サービスの官民連携契約を解除する判決が下された。4月には人口4000人のコルバト村が水道サービス管理を取り戻した12番目の自治体となった。この事例では水道ネットワークの漏水率が60%以上にも達していた。そして11月には、スペイン最大の7つの都市の市長と公営水道事業者や市民団体が参加し公営水道サービスを強化する会議をマドリード市で開催した。この前例のない会議は、中央政府が再公営化に強く抵抗していることを背景に、スペイン中の水の権利運動を強化し、連携を図ることを狙いとしていた。そして、とうとう12月には、タラサ市のコンセッションを75年間もの間保持してきた民間企業ミナ (Mina d'Aigües de Terrasa S.A., 35.5%をアグバー社が所有) の契約に終止符が打たれた。

　この流れは2017年も続き、バルセロナ都市圏の住民の3/4を代表する9つの自治体で公的水道管理を検討する動議が可決された。2017年3月19日、4000人が参加しカタルーニャ地方初の公的水道管理を支持する民衆デモがタラサ市で行われた。その3日後にはカタルーニャ地方公営水道協会 (Catalan Association of Municipalities for Public Management of Water) が設立された。この新たな協会には、バルセロナ市、バダロナ市、サルダニョーラ・ダル・バリェス市、アル・プラ・ダ・リュブラガート市、サバデイ市、タラサ市、サンタ・クローマ・ダ・グラマネート市の計250万人の住民を代表する自治体が参加している。その目的は、透明性、情報へのアクセス、説明責任、効果的な市民参加を確保する社会的コントロールを中心とした新たな公共サービスモデルを生み出すことにあった。また、再公営化とこの新たな公共モデルの導入をのぞむ自治体を法的、技術的に支援し、知識や情報を提供することを使命としている。

　この新たな公営水道サービスへの希求と実行は、長年不正や民間企業の利潤追求を批判し続けてきた多くの市民連合の努力によるところが大きい。例えば、タラサ市民命の水連合 (Taula de l'Aigua) をはじめ、2020年に契約満期を迎えるジローナ市の市民命の水連合 (Aigua és Vida Girona)、イグアラダ市民命の水連合 (Aigua és Vida Anoia)、2018年に契約満期を迎えるトレロー市の市民民水連合 (Volem l'aigua Clarai Neta)、市議会が2020年の契約満了に際して再

公営化するための調査をすでに可決したムリェード・ダル・バリェース市の市民水連合 (Taula de l'Aiguade Mollet)、ラ・ルラゴスタ水民主主義連合 (Aigua és democràcia) などである。

75年間のコンセッション契約に終止符を打ったタラサ市

　タラサ市はバルセロナにほど近いカタルーニャ地方の都市 (人口21.5万人)。民間企業ミナ社は、75年間にわたってコンセッション方式でタラサ市の水道サービスを管理してきたが、2016年12月9日、この民間管理に終止符が打たれた。2014年3月市民命の水連合 (Taula de l'Aigua) を設立した住民運動の参加者や住民が長年にわたって取り組んできた水道サービスを市民参加と社会的コントロールによる直接的公的管理下に取り戻す活動の成果である。

　アグバー社の子会社であるミナ社の経営は同社の35.5%を所有するアグバー社の支配下にあった。そして、2013年、6%の水道料金引き上げ案が市議会に提出されたことが、一触即発の対立状況の最初の現れとなった。市議会は正当な根拠の提示を求め、最終的にはカタルーニャ地方価格委員会と同様に同社の値上げ案を却下し、1.25%の値上に留めた。

　コンセッション契約の満了を間近にひかえたタラサ市ではその後の選択肢が模索され、ミナ社にも初めて情報提供が求められた。タラサ市民は市議会を通じて情報提供を求めたがかなわず、ミナ社は市議会の要請にほとんど応じなかったと思われる。ミナ社の井戸水の価格やサービスコストの内訳などの重要な情報は未だ公開されていない。市議会へのサービス提供者であるはずの企業が再公営化の可能性を阻害すべく情報公開を拒んでいることにタラサ市長は不快感をあらわにした。

　命の水連合の2年間に渡る効果的な市民教育の取り組みにより、水問題は中心的な政治争点となった。2016年7月、タラサ市議会は水道サービスの直接管理を支持する動議を可決した。市議会議員27人中20人が賛成し、3人が棄権、反対は4人であった。ミナ社は、水道サービスを公的管理下に戻すにあたって市の負担は6000万ユーロ (約79億円) におよぶと主張したが、市議会は200万ユーロ (約2.6億円) 以下に収まるとしている。2016年12月に市議会がコンセッションの終了を確定したのに対して、ミナ社は法廷に決議取消を訴えているがその主張が通る様子はない。

次のステップは新たな公共サービスをデザインすることだった。命の水市民連合とタラサ団体協議会 (Terrassa Council of Organisations) は第1回タラサ市民議会を招集し、新たな公共管理モデルとサービスの社会的コントロールを中核とした市議会に提出する2つの動議を可決した。2017年3月、民主的公営水道サービスを取り戻すために、ミナ社との民間契約を終了するという議会の決定を支持する大規模な民衆デモが組織された。

　2017年4月、タラサ市議会は、同年末までに承認すべく市内の公的給水管理のための新たなモデルづくりにとりかかった。一方ミナ社は一時的な契約延長を認められている。この過程で、命の水市民連合は公営水道サービスの奪還が水道を共有財として明確に位置付ける一歩となるよう、2017年2月にタラサ市民議会が承認した公的管理モデルを引き続き推奨していくだろう。

　水道サービスの再公営化が他の基本的サービスの再公営化の先導的事例になっているのと同様に、タラサ市の水道再公営化は現在カタルーニャ地方の公営水道サービス奪還を先導する事例となっている。したがって、タラサ市における再公営化と効果的な市民参加による新たな管理モデルの導入が成功すれば、カタルーニャ地方の他の都市や他の分野での再公営化運動に影響し、民主的なモデルの発展を触発するだろう。

タラサでのデモ
2017年の世界水の日、タラサ市では4000人を超える人々が行進し公営水道サービスへの回帰を祝った。
写真：EPSU, Twitter

バルセロナ市：歴史的なチャンス

次に再公営化の波にのるのは、バルセロナ市とその都市圏に含まれる22の自治体だと思われる。バルセロナ市の水道サービスは、正当な契約のないまま民間企業アグバー社に支配され続けてきた。2010年、ついにこの状況を違法とする判決がくだされ、状況を合法化するためにアグバー社とバルセロナ都市圏は官民連携 (PPP) 契約を早急に結ぶことを強いられた。その時ののPPP契約は85%アグバー社所有、15%がバルセロナ都市圏所有というものであったが、アグバー社はその後15%をスペインのカイシャ (La Caixa) 銀行に売却している。

しかし、この新たなPPP契約は入札プロセスも経ず、十分な技術的根拠が提示されることもないまま35年契約として承認されてしまった。このため、カタルーニャ地方最高裁判所は、2016年にこの契約を解除する判決を下している。これに対してアグバー社は国家最高裁判所に判決破棄を求めて不服申し立てをした。一方でバルセロナ市議会はすでに水道サービスの公営化の検討と公的水道管理への移行に必要とされる技術的および法的レポートの作成を可決している。このために、再公営化したパリ市公営水道のパリの水社 (Eau de Paris) から法的・技術的支援を得ることになった。一方、アグバー社は非協力的姿勢をとり情報提供を拒否している。都市圏の8つの市議会がバルセロナ市に倣い公的水道管理を支持する動議を可決している。これと平行して、バルセロナ市はすでにいくつかの公共サービス (幼稚園、女性へ暴力防止プログラム) の再公営化を果たし、市営電力サービス供給会社を新設している。

市民参加を中核に

再公営化は、自治体が公的管理を奪還し公的統治の復権を果たすというだけの問題ではない。再公営化による、民主的で効果的かつ持続可能な水道サービスにいたることを本当に望むのなら、水を共有財として管理しなければならない。これこそが公共サービスの再公営化に市民参加が不可欠な理由である。そもそもカタルーニャ地方における再公営化は市民運動なしにはあり得なかったことだ。

水は、それなしに生きていけない私たち人間だけでなく、河川の生態系のを維持する自然環境にとっても命と同様である。これは気候変動の影響を受けるカタルーニャ地方のような地中海地域では特に重要だ。この共有財としての水が極めて重要であるという認識は、常にカタルーニャ地方の水に対する強い市民参加の一因となってきた。水道サービスの（再）公営化は、一歩前進し自治体が地域の水資源は有限であることを認識して水政策を立案することを要求するためのツールである。水管理は、水は単なる資源ではなく、私たちが暮らす生態系に必要不可欠な自然財であるという考えに基づき、地域環境を尊重していくためのカギとなるツールなのだ。

　市民参加はどのようにあるべきなのか。自治体や市民プラットフォームは、より深い市民参加を達成するための統治や管理の形態をそれぞれに発展させなければならない。自治体の中にすでにある仕組みは何なのか、どこに参加の余地があるのか、新たに作るべき参加の機会は何なのか、だれが参加すべきなのか、市民が参加して何を決定するのか、これからが具体的に検討する必要がある。

　新たな公的水道管理モデルの中核は市民参加でなければならない。自治体が公的水道管理を取り戻すことによって、透明性、説明責任、市民のための教育・研修といった真に民主主義の深化が実現できることを証明しなくてはならない。それら全てが、不透明性、腐敗、水による利益追求を特徴とする民間管理モデルの古き慣習と決別する最強の戦略となるのだ。

ミリアム・プラナス

国境なき技術団カタルーニャのメンバーとして、すべての人々が基本的サービスを得ることができるよう開発協力取り組んでいる。また、50以上の団体が参加し、民主的で非商業的な公的水道管理を目指すカタルーニャの市民命の水連合 Aigua és Vida の主要メンバーでもある。

Endnotes

1. Informe de Fiscalización del Sector Público Local, ejercicio 2011: http://www.tcu.es/repositorio/fd3654bc-3504-4181-ade5-63e8a0dea5c2/I1010.pdf

2. See the detailed case of Valladolid on the Remunicipalisation Tracker: http://remunicipalisation.org/#case_Valladolid

3. *Eldiario.es* (2017) El Gobierno carga contra los procesos de remunicipalización de los Ayuntamientos a través de los Presupuestos. 16 April. http://www.eldiario.es/politica/remunicipalizacion-presupuestos-ayuntamientos_0_631686916.html

4. *Eldiario.es* (2017) Montoro se enfrenta a Valladolid y se persona por primera vez en una causa de remunicipalización del agua. 31 March. http://www.eldiario.es/politica/Hacienda-persona-primera-remunicipalizacion-servicio_0_627488367.html

付録　カタルーニャ地方におけるコンセッション

自治体	民間契約者	契約満了年
Aiguafreda	Grup AGBAR	2017
Castell-Platja d'Aro	Aqualia	2017
Castellfollit de Riubregós	Grup AGBAR	2017
Garriguella	Grup AGBAR	2017
La Llagosta	Grup AGBAR	2017
La Roca del Vallès	Grup AGBAR	2017
Les Franqueses del Vallès	Grup AGBAR	2017
Navata	Grup AGBAR	2017
Palau-saverdera	Grup AGBAR	2017
Pau	Grup AGBAR	2017
Sant Vicenç de Torelló	Grup AGBAR	2017
Santa Eugènia de Berga	Grup AGBAR	2017
Tagamanent	Grup AGBAR	2017
Térmens	Aqualia	2017
Vallromanes	Grup AGBAR	2017
Vilajuïga	Grup AGBAR	2017
Alpens	Grup AGBAR	2018
Guissona	Grup AGBAR	2018
Juneda	Grup AGBAR	2018
Pals	Grup AGBAR	2018
Sant Llorenç d'Hortons	Grup AGBAR	2018
Sant Pere Pescador	Aqualia	2018
Santa Eulàlia de Rançana	Grup AGBAR	2018
Soses	Aqualia	2018
Torelló	Grup AGBAR	2018
Almacelles	Aqualia	2019
Bescanó	Grup AGBAR	2019
Cadaqués	Aqualia	2019
Castellterçol	Grup AGBAR	2019
Corbera de Llobregat	Grup AGBAR	2019
La Pobla de Massaluca	Grup AGBAR	2019
Oliola	Grup AGBAR	2019
Riudaura	Grup AGBAR	2019

Sant Carles de la Ràpita	Grup AGBAR	2019
Sant Cugat del Vallès	Grup AGBAR	2019
Santa Cecília de Voltregà	N/A	2019
Santa Eulàlia de Riuprimer	Grup AGBAR	2019
Albatàrrec	Aqualia	2020
Dosrius	Grup AGBAR	2020
Girona	Grup AGBAR	2020
La Garriga	Grup AGBAR	2020
Mollet del Vallès	Grup AGBAR	2020
Palau-solità i Plegamans	Grup AGBAR	2020
Puigcerdà	Grup AGBAR	2020
Sant Boi de Lluçanès	Grup AGBAR	2020
Sant Martí d'Albars	Grup AGBAR	2020
Súria	Grup AGBAR	2020
Tavèrnoles	Grup AGBAR	2020
Torroella de Montgrí	Grup AGBAR	2020
Ullà	Grup AGBAR	2020
Granollers	Grup AGBAR	2021
L'Estany	Grup AGBAR	2021
Premià de Dalt	Grup AGBAR	2021
Sant Iscle de Vallalta	Grup AGBAR	2021
Sant Martí de Centelles	Grup AGBAR	2021
Sant Vicenç de Montalt	Grup AGBAR	2021
Berga	Grup AGBAR	2022
Cabrera de Mar	Grup AGBAR	2022
Calafell	Grup AGBAR	2022
Cassà de la Selva	Aqualia	2022
Colera	Grup AGBAR	2022
El Masnou	Grup AGBAR	2022
Masquefa	Grup AGBAR	2022
Piera	Grup AGBAR	2022
Vilassar de Dalt	Grup AGBAR	2022
Callús	Grup AGBAR	2023
El Pla de Santa Maria	Grup AGBAR	2023
Molins de Rei	Aqualia	2023
Polinyà	Grup AGBAR	2023
Sant Andreu de la Barca	Aqualia	2023
Sant Quirze del Vallès	Grup AGBAR	2023
Tiana	Grup AGBAR	2023
Avià	Grup AGBAR	2024
Avinyó	Grup AGBAR	2024
Copons	Grup AGBAR	2024
L'Ametlla del Vallès	Grup AGBAR	2024
Santa Bàrbara	Grup AGBAR	2024
Tàrrega	Grup AGBAR	2024
Alcanar	Grup AGBAR	2025
Caldes d'Estrac	Grup AGBAR	2025
Canet de Mar	Grup AGBAR	2025
Castellar del Vallès	Grup AGBAR	2025
Cunit	Grup AGBAR	2025
Isòvol	Grup AGBAR	2025
Llívia	Grup AGBAR	2025
Talamanca	Grup AGBAR	2025
Vespella de Gaià	Grup AGBAR	2025
Xerta	Grup AGBAR	2025

まとめ

公共サービスの未来を創り始めた
自治体と市民

岸本聡子＆オリヴィエ・プティジャン

　本書は世界中の事例からセクターを超えた公共サービスの再公営化を検証する共同作業の現時点での結果である。本書の制作にあたり世界中から情報を集める中で、私たちは再公営化に様々な形で関わる人々と関係を築いてきた。本章は、その成果として、私たちが編集者としてまとめた主な調査結果と教訓の要点を共有することにある。

　本書で「再公営化」という場合、民間事業であった、あるいは民営化されていたサービスを地方の公的コントロール・管理下に取り戻すプロセスを指す。中には対象サービスが常に民営企業によって提供されていたり、あるいはサービスとして存在しなかった場合もあるため、用語として不十分な点があるのは承知している。このような場合、「公営化」の方が適切である。括弧つきの（再）公営化は、初めて公営化される場合も含まれる。また、公共サービスが国レベルで脱民営化されるという例もあるが、再国営化については別扱いとした。これは、地域レベルの行動に焦点を当てるためであり、また、再国営化には中央集権化目的や経営破綻に直面した民間企業の国による一時的な救済措置など本書の調査対象にならない事例も含まれているからである。必要不可欠なサービスを商業的事業体からコミュニティーのために取り戻すにあたり、市民や利用者がリーダーシップをとった事例も数多くある。公的サービスの価値に基づき非商業的目的のために行われている限り、このような市民主導の公共サービスの奪還事例も本書は（再）公営化と見なす。脱民営化は、民営化の弊害に対抗する（再）公営化、再国営化、市民主導の公共サービスの奪還を包括的に表す用語である。

再公営化は想定以上に広範囲で実施されており、かつ成果をあげている

　本書に掲載された（再）公営化・（再）国営化の事例リストは、到底網羅的とは言えないものだ。現状のリストは現在進行形で行われている取り組みの第一歩にすぎない。時間とリソースの制約により確認されていない事例が世界中に未だ数多く存在しているのである。しかしながら、完全とはいえないまでも、私たちの主張を支持する十分なエビデンスが得られた。第一に、再公営化はヨーロッパ、そして世界中で力強いトレンドとなっており、程度の違いはあれ、全ての公共サービスセクターで起きている。第二に、このトレンドはほとんど認識されていないが、民営化や緊縮財政政策の多くが失敗してきたことの表れであるだけでなく、真により質の良い公共サービス（今日の社会が直面している問題に取り組むために必要とされるような公共サービス）を作り出している。これはエネルギーセクターで特に顕著である。（再）公営化は適正な料金の再生可能エネルギーに基づく効率的エネルギーシステムへの移行の推進力となっている。

　公的管理があらゆる問題を解決してくれるわけでもなければ、再公営化が常にスムーズに行われるわけでもない。しかし、世界各地における経験から傾向として以下のことが指摘できる。1）民営化は期待外れに終わる。2）公的管理下にある場合、サービスの質、万人が享受できるサービス（ユニバーサル・アクセス）、支払い可能な料金設定、より幅広い社会・環境面の目的の達成が重んじられる。3）民営化推進派の使い古しの常套句に反して、公共事業者（体）は民間事業者より革新的でより効率的である場合が多い。

　私たちは長年にわたって水道サービスの再公営化を調査してきた。その結果は『世界的趨勢になった水道事業の再公営化[1]』（2014年11月発行）と『Our Public Water Future: The Global Experience with Remunicipalisation[2]』（2015年4月発行）の2つのレポートに報告されている。水道セクターについては、これらのレポートによって再公営化の傾向がいかに広範囲に及んでいるかが証明された。2000年から2015年にかけて235件にのぼる水道再公営化の事例が世界中（パリ市、ベルリン市、ブエノス・アイレス市、クアラルンプール市、ジャカルタ市を含む）で確認された。また、近年ヨーロッパ、特にドイツではエネルギーセクターで顕著な再公営化運動が展開されている。こうしたことを

まとめ　公共サービスの未来を創り始めた自治体と市民　135

背景にして、私たちは主要な公共サービスセクターを対象に、ヨーロッパに焦点をあてつつも世界中に目を向けて広範囲な再公営化について調査をするという非常に野心的取り組みに乗り出したのである。

本調査では、市議会、労働組合、学術社会、市民社会からの多くの支援を受け、小さな町から首都を含む大都市にいたるまで、農村社会・都市社会の双方の（再）公営化の事例を45カ国から835件集めることができた。再公営化が最も顕著なのは水道 (267事例) とエネルギー (311事例) セクターである。この傾向はこれらのセクターが自由化と民営化のあおりを最も受けたセクターであることと無関係ではないと思われる。しかし、再公営化はゴミ回収サービス、交通、健康・福祉サービスといった他のセクターや自治体が提供する幅広いサービス (保育園、児童保育、清掃、公園管理、スポーツ施設、学校給食) でも起きている。事実、これまでに民営化されてきた全てのセクターで、それほど間をおかずに再公営化の運動が起きている。児童保育や健康サービスなど新たなセクターで民営化を推進・承認しようとしている勢力はこのような実態を注視すべきである。

再公営化運動がメディアや公的討論ですぐにも話題にならないのは、そのほとんど地方レベルで起きているか、国家レベルの場合でも特定の場合に限定されているからである。また、地方主導の取り組みなど存在せず、民営化と緊縮財政政策以外に有効な選択肢がないかのように振る舞う強力な国家政府、国際機関、民間企業の思惑も影響している。しかし、それ以外の選択肢は確かに存在するのである。

より民主的で良いサービスを提供できる

再公営化が単に所有権や運営管理者が変わるだけを意味することは希であり、単に民営化以前の状態に戻るということでもない。再公営化の本質はより良質な公共サービスを構築することにある。第一に、再公営化では、民間事業者の商業的な利益追求と対照的に、公共の精神やユニバーサル・アクセスを重要視する姿勢が再構築・再導入される。これは、例えば、最も収益性の高い地域にだけでなく、都市全域あるいは全国的にサービスが提供されることを意味する。例えば、アルゼンチン政府が郵便サービスと航空会社を再国有化した理由は正にこの点にある (第2章参照)。

第二に、再公営化の目的は適正かつ支払い可能な料金でサービスを提供することにある。カタルーニャ地方の再公営化運動の大きな推進力となったのは、世界金融危機直後のスペインにおける住宅立ち退きや水道・電気の供給停止に対する抵抗だった。また、今や220万人にサービスを提供しているイギリスの市営エネルギー会社の設立の原動力となったのは、やはりイギリスのエネルギー市場を支配するグローバル企業「ビッグ・シックス」の過剰な料金設定への抵抗であった(第9章参照)。

　第三に、事業に透明性と説明責任を取り戻すことも再公営化の目的となっている。「株主配当なし。役員報酬もなし。わかりやすい透明性の高い料金設定があるだけ」というノッティンガム市(イギリス)のロビンフッド電力のモットーがこの点をよく表現している。同様に、スペインにおける再公営化運動も公益サービスセクターにはびこる政治的癒着の文化や幾重にも重なった汚職スキャンダルに対する抵抗が発端となっている(第10章参照)。

　最後に、再公営化は公共サービスを民主化するためのものでもあり、そのためには労働者や利用者の参加、選出された議員や市民によるコントロールを拡大することが必要とされる。パリ市、グルノーブル市、モンペリエ市を含むフランスの水道サービスにおける主要な再公営化事例では、新たな公営事業者の理事会に市民社会の代表者が参加できるようになり、平行して「市民オブザバトリー(観測所)」のような特別な市民と公営事業体をつなぐ組織も設立されている。このようにして料金の値上げから長期的戦略にいたるまで、公共サービスの管理に関わる議論の民主化が試みられている。スペインでも市民参加や民主化が水道サービスにおける再公営化運動の中核となっている。

市民オブザバトリー(観測所)

　　パリ市は市民、専門家がパリの水について討議するパリ水オブザバトリー(観測所)を設置した。これは単に市民のフォーラムではない。パリ水オブザバトリーは市民参加や利用者の関与を追及する恒久組織として水道公社オー・ド・パリの企業ガバナンスに組み込まれている。その意味は同社はパリ水オブザバトリーに対し、すべての財務、技術、政策情報を公開しなければならず、経営陣と代表市議はパリ水オブザバトリーの会合に参加する。利用者と公営水道事業社をつなぐチャンネルとして

機能している。さらにパリ水オブザバトリーから選出された代表者が
オー・ド・パリ社の意思決定機関である理事会の構成員でもある。参加
型統治ともいわれるこのモデルは再公営化したフランスのグレンノーブ
ル市やモンペリエ市でも導入され、他の国々の公営水道運営にも影響を
与えている。

気候変動対応型の都市づくりの推進力となる

　再公営化は、地域の問題や政治だけでなく、国際的な問題や危機に対し
て地域レベルで効果的解決策を打ち出すことを目的とする場合が多々ある。
基本的ニーズを満たし、環境負荷を軽減しつつ気候変動を緩和するととも
にその影響に適応するという難題に応える未来型の公共サービスを創造す
ることも求められているのだ。そして、再公営化された公共サービスがこ
の点でリーダーシップをとっていることも多く、ドイツをはじめとするエ
ネルギーセクターの事例で特に顕著である。ドイツでは新設された地方公
営会社や市民協同組合が再生可能エネルギーを軸としたエネルギー転換を
牽引している（第8章参照）。2009年に設立されたハンブルグ・エネルギー公
社は2015年末には13MW以上の風力発電と10MWの太陽光発電の設置を
完了し、さらに、地元で生産された再生可能エネルギーを選んだ10万人以
上の人々が同社の顧客となった。米国では、2002年にハワイ州初の利用者
組合員が所有・管理する非営利発電・送電・配電協同組合であるカウアイ
島電力事業協同組合（Kauai Island Utility Cooperative: KIUC）が設立された。KIUC
は2023年までにエネルギー構成の50％を再生可能エネルギーとすることを
目標としてきたが、2016年時点で既に38％を達成している。対照的に、
ヨーロッパで市場自由化の結果生み出された巨大なエネルギー多国籍企業
は、変革の推進力となるどころか選択肢を持たない利用者に対して料金の
値上げを重ねる傾向にある。

　他のセクターについても同様の指摘ができる。民間のゴミ回収・処理事
業で、焼却所のような大型インフラ建設がさらなる利益につながるビジネ
スモデルの下では回収量の最大化のインセンティブが働き、ゴミ削減を目
標とすることは実質的に不可能である。また、ゴミゼロや削減の達成には
予防的対策や市民との連携が必要とされ、民間企業の手には負えない。一

方ゴミ回収・処理セクターにおける再公営化では、往々にして埋立地や焼却炉のような不必要な大型施設の設置を避けゴミの量を削減することが目的とされている。

　フランスの学校食堂(給食)セクターを見てみよう。フードサービスの大手ソデクソ(Sodexo)社は画一的で工業的なプロセスフードやグローバルなサプライチェーンに依存したサービスを提供する。一方で、多くの再公営化は児童の給食を地場産のオーガニック農産物に変更する決定を可能にした。食料生産のローカル化と地域有機農業の振興というより大きな目的の中に再公営化が位置付けられると言える。第8章で強調されたように、ドイツのエネルギーセクターでも再公営化と地域経済の発展の関係性は非常に密接である。

新たな民主的公的所有を生み出すチャンスとなる

　さらに、(再)公営化は、公共サービスを取り戻すことで、人々が公的所有の形や仕組みを全く新しいものに再構築する可能性を開く。特に公営会社の新設を伴う多くの再公営化事例が伝統的な公的所有を超えた新たな公共サービスの提供形態を生み出す機会をつくっている。つまり、公的使命を再確認し、より民主的で効率的な形で公共サービスを提供するために複数のステークホルダーによる共同管理の場をつくる機会が生み出されているのである。市営電力会社、自治体間組織やネットワーク、市民、労働者、利用者共同組合などが一部所有する公共サービス会社などの多種多様な新モデルが創りだされている。これらは、次世代型公共サービスのモデルになりえる。

　また、本調査は全く新しい公共サービスが創出されていることにも注目した。インドのデリー連邦直轄地やタミル・ナードゥ州では、貧困層の人々の基本的ニーズを満たすために新たな保健医療サービスや公共食堂が非常に費用対効果の高い方法で設立されている(第6章参照)。エネルギーセクターでは、ヨーロッパをはじめとする各地で地域レベルの公営会社が新設されており、自治体・コミュニティー・パートナーシップなど様々な所有形態が採用されている。フランスの2つの小さな町で、地域の学校食堂への食材供給を目的に市営農場が新設された(第1章参照)。このような事例は、

北諸国・南諸国を問わず、新たな公的事業体を創設することが今でも可能であり、そしてそれが望ましいことを証明している。

ヨーロッパにおける再公営化は「運動」か

　再公営化の動きはヨーロッパで特に活発である。本調査では、ドイツから347件、フランスから152件、イギリスから64件、スペインから56件の事例が得られた。ドイツのエネルギーセクターやフランスの水道セクターで起きた強力な再公営化の波は、緊縮政策や行き過ぎた自由化、基本的サービスの企業による乗っ取りに対する対抗が最も目立つ形で現れたものと考えられる。しかし、だからと言って再公営化が常に政治的なものばかりというわけではなく、特定の政治政党に限定された領域というわけでもない。事実、特にフランス（第1章）やドイツ（第8章）の事例で示されたように、再公営化は様々な政党の政治家によって実行されており、地域レベルの超党派合意が功を奏している場合が多々ある。むしろ政治的分断は地域の政党間ではなく、具体的な問題に対処しなければならない地域レベルと緊縮財政や予算削減を推進する国や欧州レベルとの間で起きている。自治体は、緊縮財政や民営化の日常的な影響に対処しなければならないため、公共サービスの重要性を最も理解しやすい立場にあると言える。

　再公営化は、実用的な決断として経済・技術・社会・政治などの様々な具体的条件から導き出されるのが常であるが、明らかな形態や程度の違いがある。より広域な政治の民主化プロジェクトの一環として、公共サービスの奪回し民主化しようとする地方自治体や団体も誕生している。2015年にバルセロナ市で政権を勝ち取った進歩的市民連合バルセロナ・コモンズ（Barcelona en Comú）が先駆的な例で、バルセロナ・コモンズはグローバルな「ミュニシパリズム」ビジョンを打ち出している。

ミュニシパリズム（municipalism）とは

　　地方自治体の意である municipality から来ているミュニシパリスト（municipalist）やミュニシパリズム（municipalism）は現在進行形の新しい政治、社会運動で、日々成長しているため体系的に説明するのは難しいが、政治参加を選挙による間接民主主義に限定せずに、地域に根付いた

自治的な民主主義や合意形成を重視する。国家主義や権威主義をかざす国の政府によって、人権、公共財、民主主義が脅かされるつつある今日、municipalism は地域で住人が直接参加して合理的な未来を検討する実践によって、自由や市民権を公的空間で拡大しようとする運動である。最近ではカタロニア地方バルセロナでmunicipalismを掲げる市民プラットフォームバルセロナ・コモンズ（Barcelona en Comú）が地方選挙で勝利し、municipalismを地方政治の場で実践をして注目を集めている。マドリッド、サラゴサ、バレンシア、カディスなどのスペインの主要都市でも市民プラットフォームが地方政治に登場し、municipalismはスペイン国内でつながるだけでなく、国際的な運動へと広がりを見せている。社会的権利、公共財（コモンズ）の保護、フェミニズム、反汚職、格差や不平等の是正、民主主義を共通の価値として、地域、自治、開放、市民主導、対等な関係性、参加を尊重する。Municipalismは普通の人が地域政治に参画することで市民として力を取り戻すことを求め、時にトップダウンな議会制民主主義に挑戦する。政治家は、地域の集会の合意を下から上にあげていく役割を100％の透明性をもって行うことを求める。

　自治体は現代の社会が直面する社会、環境的様々な課題に対し、すべての住民のための具体的な解決策を日々さぐる最前線にいる。公共サービスはこのビジョンの中核の戦略的なツールとなる。バルセロナ市はすでに幼稚園や女性へ暴力防止プログラムを再公営化し、だれもが低価格で利用できる葬儀サービスや地元再生エネルギー供給を担う市営会社を新設している。バルセロナ・コモンズが政権について最初に行ったことは、現在外部委託（アウトソース）されている全250種のサービスについて徹底的な再評価である。その上で、市政府の力を回復するために再公営化すべきサービスの優先順位を決めていった。エネルギー、水道とゴミ回収が最優先サービスだが、これらのセクターを支配しているグローバル企業は強力で民営化以降の数十年間のうちに強い既得権益を手にしているため、その再公営化は一筋縄ではいかないと思われる。しかし、バルセロナ市は取り戻した（インソースした）サービス提供のために、2018年までに1900人を増員することを明確な目標としており、その半分は新たな雇用機会となる予定である。シ

ウダー・レアル市、カディス市、リバス＝バシアマドリード市などのスペインの都市やグルノーブル市やブリアンソン市などのフランスの都市は複数のセクターで再公営化を行なっており、公共サービスをより民主的で持続可能なものにするという観点から言えば、これらの都市もバルセロナ市と同様のミュニシパリズムビジョンの推進者と言える。

　一方で、再公営化を純粋に合理的な経済的・技術的選択肢として捉え、地方自治体が民間企業をしっかりとコントロールし公的管理下への返還の可能性が確保されている限り、必要不可欠なサービスの民営化に必ずしも反対しないという政策担当者も多々いる(実際のところは、後述する通り民間企業をコントロールできないという問題は頻発しており、貿易投資協定など再公営化をより困難にする仕組みが存在する)。温度差はあるものの、再公営化は効果的で透明性の高い公共サービスを重視しているし、民間企業は公営企業よりも本質的に優れているという民営化推進者の主張を否定するという特徴は共通している。多くの場所で、再公営化の支持者たちは密接な協力関係を築き、共通の脅威に立ち向かうだけでなく、再公営化を望む他の地方自治体を支援している。例えば、EUレベルの欧州公営水道事業者協会(Aqua Publica Europea)やフランス公営水道事業者協会(France Eau Publique)のようなネットワークがこれに該当する。

南諸国にとっても脱民営化は有効な選択肢である

　再公営化は「古いヨーロッパ」に限定されたものではなく、北米や他の高所得国でも広範囲にわたって起きている。本書には、さらに低・中所得国の事例が56件含まれている。南諸国で目立った再公営化の動きがないとしたら、今のところ広範な民営化が起きていないか、中央集権的なサービス形態がとられているからだと思われる。事例数は少数かもしれないが、南諸国でも公共サービスの奪還あるいは新設が成功している事例が数多くあり、中には非常に大規模なものも含まれる。水道セクターについては2015年のレポートで詳しく報告しているが、今回他のセクターについても同様の事例が見いだされた。大惨事をもたらしたPPP契約を解消し、公的管理の下に同等またはより良いサービスの提供に成功したり、水道、保健医療サービス、食料について貧困層の人々のニーズに応える新たな公共サービ

スが誕生した(第6章の事例参照)。このようなインドでの事例は、何百万もの人々にとって生存権、人権や尊厳に関わる根源的な問題でより一層重要である。インドのデリー連邦直轄地では、2015年の後半だけで260万人の貧しい住人が新たに設立された公営クリニックの恩恵を受けている。ボリビア政府が再国有化した新たな年金制度は80万人の人々に年金を給付しているが、その83%はインフォーマルセクターで働いていたか長期間失業していたため、それまでは社会保障制度の対象となっていなかった人々である。

　本書では、地域レベルの脱民営化と同様の動機を伴う再国有化の事例を限定的に扱った。これらの事例のほとんどがラテンアメリカのものであるが、地方自治体ではなく国家政府が基本的サービスを管理している国が多いこの地域の特色も関係している。例えば、アルゼンチンやボリビアでは民間事業者が採算性がないとしていた地域への公共サービスの提供・維持が問題となっていたが、国家政府は再国有化によってそのような地域でもサービスを維持し、社会的政策の導入や格差の削減に取り組むことができるようになった(第2章参照)。

緒セクターに共通する民営化・PPPの問題点

　セクターを問わず、民営化やPPPのもたらす問題は驚くほど似通っている。私たちが水道サービスに注目した過去のレポートで報告したのと同じ問題が他のセクターでも起きているのだ。つまり、民営化の支持者の主張に反して、民営化やPPPは地方自治体、サービスの利用者あるいはその双方にとって高くつくことが多々ある。例えば、PPPによるインドのデリー・メトロ・エアポートエクスプレスの失敗からも明らかである。また、サービスの質は劣化する傾向にあり、その原因は往々にして投資や管理の不足・欠如にあり、サービスに関わる労働者の労働条件の劣化が原因となることもある。この点については、ゴミ回収や清掃サービス、健康・社会福祉サービスで特に顕著である(第4、5章参照)。オスロ市、ヴィルヘルムスハーフェン市、フライグルグ市、ドルトムント市のいずれにおいても再公営化は労働条件とサービスの質の両面で改善をもたらしている。モンテネグロの沿岸都市ヘルツェグ・ノヴィ市の病院民営化は、モンテネグロ医療労働組合(Trade Union of Health of Montenegro)が報告しているように全面的な失敗に

終わっている。グローバル企業アトラス・グループ (Atlas Group) は契約時に1億1900万ユーロ (約153億円) の投資を約束したが、結果的には300万ユーロ (約3.9億円) しか投資せず、給与の未払いが3ヶ月も続いた。同社に租税回避の容疑が持ち上がったことで政府は2015年に契約を打ち切り病院を公的医療システムに組み込み直している。

公共サービスが民間事業者に委託される場合グローバル企業の子会社が受託者となる場合が多く、親会社やその株主への資本の流れが不透明であり、それに対する説明責任も十分に保証されない。結果的に犠牲になるのは職員の給与やインフラ投資である。このような透明性と説明責任の欠如が不正経理や汚職スキャンダルの原因になる場合もあり、フランスの水道セクターやグローバル水企業が活動してきた地域で歴史的に問題となってきた[3]。また、民営化契約のほとんど、特にインフラ関連のPPPのような複雑な資金調達契約は、その高度な複雑さのため弁護士や会計会社が潤う一方で、市民に利益をもたらすことはない。これについては第9章で報告されたイギリスの事例を参照されたい。言うまでもないが、このような問題を考慮すれば、民間事業者がより広い社会・環境面での取り組みで期待に沿う結果を出すとは考えられない。

民営化・PPPは無責任に立案された政策である

このような悲惨な実績にもかかわらず、民営化やPPPは地方・国家政府の経済的窮状を救う手段として未だに広く推進され (あるいは押し付けられ) ている。高所得国では、緊縮政策、企業のマーケティングやロビイング (契約獲得を狙う企業自体だけでなく契約から利益を得る会計コンサルタント会社が働きかける場合もある[4])、民間セクターの優位性を絶対のものとするイデオロギーによって、世界金融危機以来、民営化の圧力は明らかに高まっている。民営化やPPPのような無責任な政策を立案しているのは、実際にサービスを提供・維持することにも、これらの政策の具体的成果をあげることにも直接的な責任のない国際金融機関、EU委員会、場合によっては国家政府なのである。

さらに悪いことには、ヨーロッパで過去の民営化政策に対する反応として数々の再公営化がセクターをまたいで起きているにもかかわらず、国際機関や欧州諸国政府は南諸国でも (たいがいは国際開発支援を装って) 同じ政策を推

進しようとしている。結果的に南諸国政府は、自国の人々のニーズに応えるために効果的な公共サービスの構築したり既存の公共サービスを改善するための開発資金を得るどころか、割高で複雑なPPPのような資金調達契約を交わすことを強いられるのである。さらに、南諸国におけるPPPは大規模化し続けていることが指摘されている（第7章参照）。その結果であるメガプロジェクトはグローバル企業やその出資者の利害に沿うものとなっており、現場の現実は乖離したものになっている。例えば、周囲を南アフリカに囲まれた内陸国のレソトはたった一つのPPP病院プロジェクト国の保健医療予算の半分が飲み込んでしまった一方で、同プロジェクトに関与している民間企業は25%という高い利益をあげた。

民営化・PPPの「費用対効果」という幻想

　民営化やPPPの支持者は、自治体を説得する際に公的管理よりも費用対効果が高いと主張する。しかし、そうではないことが何度となく実証されてきた。民間企業をサービスの提供者とする場合、親会社や株主への利益の移転があるため、即刻余分なコストが発生する。民営化の推進者は、このようなコストは大企業による「イノベーション」と「規模の経済」によって埋め合わされ、効率化が図られると言う。しかし、優れた「イノベーション」や「効率化」と言われているものの正体は、多くの場合に基本的な（かつ長期的には有害な場合が多い）コスト削減策に過ぎない。ラテンアメリカにおける再国有化の事例が示唆するように（第2章参照）、民間企業が短期的コスト削減を達成することもあるが、それによって構造的問題や腐敗が解消されるわけではない。民間企業の「低コスト」方針は、不十分な維持管理、低投資、人員削減、労働条件の低下なので、遠からずサービスを劣化させる。一方公的管理・運営の場合、アルゼンチンやボリビアの事例（第2章参照）が示すように、社会的、地域的結束を目的とし、より良質で低価格なサービスを提供することは可能なのである。

　多くの再公営化事例や地域レベルの新たな公共サービスの創出についても同じことが言える。パリ市が水道サービスを再公営化した際には新たに水道サービスを担うことになったパリ水道局（Eau de Paris）は即座に4000万ユーロ（約5.2億円）のコスト削減を成し遂げている。つまり、それまでこれだ

けの金額を毎年民間事業者の親会社に吸い上げられていたのである。イギリスでは、ニューカッスル地域の鉄道ネットワークにおいて信号系統やファイーバーケーブルシステムの近代化が実施されたが、民間企業に委託したとしたら2400万英ポンド（約36億円）かかったと試算されるこのプロジェクトを、新らたな公営事業者はおおよそ1100万英ポンド（約16億円）で完遂している（第9章参照）。ロンドン市は、地下鉄のPPPを打ち切ったことで全体として10億英ポンド（約1449億円）のコスト削減を実現している。これは主に株主配当や弁護士報酬を排除した結果であり、公共調達・維持管理の効率化の成果でもある。カナダのニューファンドランド・ラブラドール州のコンセプション・ベイ・サウス市が水道サービスを再公営化した時には5年間で115万カナダドル（約9869万円）の節約を果たしている。カナダにおける他の（再）公営化事例、例えば、ハミルトン市（オンタリオ州）、バンフ市（アルバータ州）、スーク市（ブリティッシュ・コロンビア州）などでも同様の成果が報告されている[5]。

　民間事業者の提供するサービスに対して、公共サービスの費用対効果が優っていることを示す例は枚挙にいとまがない。それにもかかわらず、民間セクターや一部の政治家は公的資金では賄えないとして再公営化に反対する。確かに、ベルリン市の水道サービスのように、再公営化にあたり高額の買い戻しを強いられたために新たな公営事業者や利用者が多大な負債を抱えてなくてはならなかった例もある。しかし、ほとんどの場合中長期的には、場合によっては短期的にさえ、このような懸念が実際に問題となることはない。ノルウェーのベルゲン市政府が2つの高齢者福祉施設を再公営化すると決めた際に、反対勢力と経済団体は公共財政に巨額の負担を強いることになるとして反対した。しかし実際には、職員により良い労働条件を提供しつつも、わずか1年後には一方の施設は均衡予算を達成し、他方の施設は余剰収益を出した。

　PPPは民営化の形態の中でも特に複雑で経済的メリットの実現実績に乏しものである（第7章参照）。PPP契約は、負債の増加や公庫に大きな負担を負わずに公共インフラの資金調達ができる方法として地方政府や南諸国の国家政府を魅了する。しかし、第7章で明らかにされているように、実は、PPPは長期的には政府にとってより高くつくことになる隠された負債の一形態なのである。PPPは「お手頃感」という幻想を作りだしその裏に真のコス

トやリスクを隠すようにできている。これよって政治家を説得しやすくなり、人々の実際のニーズとは必ずしも一致しない大規模プロジェクトすら実施される危険を持っている。

教訓：そもそも民営化しないこと

民営化やPPPは、期待を裏切るばかりか契約を変更したり離脱することが極端に困難なものである。一度契約が交わされてしまうと、契約条件を固定されてしまい、民間企業に不利になるような変更をしようとすればその一つ一つに膨大なお金がかかることを自治体は覚悟しなくてはならない。事実、自治体が再公営化に踏み切る主な動機として変化し続ける社会状況に合わせて民間企業との契約内容を修正できないことが挙げられている。

しかも民間企業は、サービスの事実上の主導権を掌握した時点で逆に契約内容の変更を地方自治体に強いることができるのである。第7章で報告されている事例から示唆されるように、グローバル大企業の戦略として、非現実的な非常に低い額で入札し、その後添付文書によって予算の大幅な引き上げを図ることが広く行われている。事実、PPP契約の55%が企業によって再交渉されており、その2/3でサービス料金が値上げされていることを国際通貨基金 (IMF) が報告している[6]。PPP市場で国際的な経験を積むグローバル企業は、潤沢な資金を有し弁護士集団を抱え、地方自治体や南諸国の国家政府よりも圧倒的な優位な立場にあるのは疑う余地がない。

契約を打ち切るまたは更新をしない場合も、地方政府は往々にして困難かつ高額な戦いを強いられる。自治体が民間契約をコントロールし監視するために民間企業が必要な情報や知識の全てを開示することは稀であり、再公営化ともなれば、民間企業はさらに非協力的であることが数々の事例からわかっている。第10章でプラナスが述べているように、スペインのタラサ市やバルセロナ市では、水道の再公営化を妨害するために民間水道会社アグバー社 (スエズ社の子会社) は文字どおり情報提供を拒否している。

さらに、訴訟・異議申立て手続きがある。政府と民間企業間の民営化契約の打ち切りや非更新に関する法的争いは今に始まったことではない。民間企業は、再公営化のコストを引き上げその可能性を断つ手段として、地方・国家裁判所に巨額の補償金を求めて訴訟を起こす (またはそうすると脅す) こ

とができる。貿易投資協定やそれに付随する投資家と国家の間の紛争調停（ISDS）の仕組みが推進・実施されれば、政府に対する法的な束縛はより一層危険かつ高額なものになる。補償金、法律、技術、専門的分野の助言サービス、知識の回復など再公営化はやむを得ないコストが発生するが、（国際）調停に負ければけた違いの、おそらく支払い不可能なコストとなる。それにもかかわらず多くの都市や地域の自治体が公共サービスの奪還に向けて行動することを決断してきたことは驚くべきことであり、それだけPPPが経済社会的に持続不可能であることの裏返してもある。

民営化よりも優れた解決策がある

　公共サービスは公営でさえあればよいというわけではない。硬直化した非効率的な公共サービスは多々あり、この場合、納税者の高負担にも関わらず、利用者の満足度は低く、労働条件は低下し続ける。公共サービスは常に改善を必要とし、大胆な改革が急務とされていることも多々ある。だからと言って民営化のみが解決だと安直に結論するのは危険だ。安易な解決策と錯覚してグローバル企業と契約し公共サービスを手放してしまうのではなく、公共サービスを改善、改革するより良い方法があることを本書の多くの章は示してきた。

　例えば、ノルウェーでは公共サービス労働組合、市行政、市議の密接な協力により民営化よりもはるかに魅力的で信頼できる選択肢が提供されている（第4章参照）。この地域レベルの三者間の対話と協力体制によって、職員の病欠に関連するコストの削減、フルタイムの恒久的雇用機会の提供、デジタル技術によるイノベーションなどの成果が上がっている。民営化に対する代替策としては公公連携も極めて有効である。公公連携は、再公営化されたパリ市のパリの水社とバルセロナ市政府との協力関係のように、特に水道セクターで広がりをみせている。このような非営利的パートナーシップでは、成功している公営企業が一定期間、他の公営企業を技術的・制度的に支援し、さらなる効率化、最終的には自律的運営を目指していく。他のセクターでも類似の仕組みがあるが、拡大の可能性を大いに秘めている。また、同様のアプローチに基づく自治体間協力体制がすでに多様な形態で機能している。例えば、ノッティンガム市が設立したロビンフット電力、

リーズ市が設立したホワイトローズ電力がリーダーシップを取り、ブラッドフォードとドンカスターのいくつかの市が、両社のパートナーシップに加わった。（第9章参照）。

　最後に、市議会議員、労働者、市民団体、地域社会が形成する協力関係も広がり始めており、特にエネルギーセクターで普及している。ドイツのハンブルグ市で、エネルギーセクターの再公営化の一翼を担ったのは新たな形態の市民の取り組みであった（第8章参照）。デンマーク、スコットランドからフランスやスペインにいたるまで、市民所有の共同組合や市民連合、自治体とのパートナーシップの事例は枚挙にいとまがない。力強い再公営化運動が広がるスペイン、カタロニア地方の市民連合は、サービスの主体を公営に戻すことは新しい公共サービスを運営するための第一歩として位置づける。その後引き続き市民参加を軸とし、水を公共財（コモンズ）として明確に位置づけ、水や人権を基礎的な価値とする、新しい公共サービスの民主的運営へ発展させる運動を展開している（第10章参照）。

労働者と共に進める再公営化

　労働者と労働組合は再公営化の重要やステークホルダーである。最初に民営化やコスト削減方針の被害を被るのは往々にして労働者であり、人員削減、減給、労働条件の劣化、組合権への攻撃などの不利益にさらされる。公共サービス関連の労働組合が一般的に公的所有を支持するのはこのためである。また、多くの労働組合（本書の調査の協力者であるオーストリア連邦労働会議所（AK）、カナダ公務労働組合（CUPE）、イギリスの最大の労組ユニゾン、ノルウェー自治体職員労働組合（Fagforbundet）、ドイツの統一サービス産業労働組合（Ver.di）、ヨーロッパ公務労連（EPSU）、国際公務労連（PSI）を含む）が労働者と社会全体の利益を同時に守る手段として民営化に反対し、再公営化を積極的に支持している。中には、スペインのシウダー・レアル市の公園管理サービスのように、労働者と労働組合がきっかけを作り再公営化を牽引している例もある。

　再公営化が労働者にとって一般的に有益であることを数多くの事例が示している。2013年にスペインのレオン市のゴミ回収・清掃サービスが再公営化されたことにより、自治体のの支出が1950万ユーロ（約25億円）から1050万ユーロ（約13億円）に削減されただけでなく、224人の労働者が公務員

として正規契約を獲得した。ノルウェーでは、オスロ市がごみ回収サービスを再公営化した際に170人の職員についてパートタイムからフルタイムへと雇用形態が変更され、公務員給与と年金の受給権を得た(第4章参照)。カナダのコンセプション・ベイ・サウス市では新たに公務員となった職員は労働条件の改善だけでなく、職場での安全確保の面でも恩恵を受けている。

　ドイツでは、ほとんどの場合に再公営化によって労働条件が改善されたことが示唆されている(第5章参照)。しかしながら、労働者や労働組合が労働条件やサービスの質が劣化することを懸念し、再公営化に消極的だったり反対する場合もある。このような事例の多くが、歴史的に給与や交渉力の点で比較的よい条件が確保されてきたエネルギーセクターのものであるが、ハンブルグ市の送電網の再公営化の場合は当時労働者が懸念したような労働条件の劣化は起きていない。しかしながら、第5章で強調されているように、再公営化が単に短期的な経済的理由で実施された場合には、労働者は民営化と同様のリスクに晒される。この点は、リューネブルグ市のゴミ回収サービスの再公営化が示す通りである。

　上述の理由で、再公営化を決断する時、そして公的管理を取り戻すプロセスにおいて議員や市民グループが労働組合と密接に協力することが不可欠なのである。ノルウェーの再公営化事例のいくつかはこのような協力がいかに有益かを示す好例となっている。再公営化に敵対する勢力は、労働条件の問題を利用することに全く躊躇しない。例えば、スペインの前中央政府は、再公営化を困難にするために地方自治体が民間サービス業者の元職員を自治体職員として再雇用することを禁ずる法制上の措置を講じようとした。このような恣意的な手段で労働者を再公営化に反対させようとしているのだ。フランスにおける水道の再公営化の歴史を紐解くと、労働者や労働組合は時として不確定要素の多い中で控えめな態度を示すことがわかる。しかしまた、再公営化の事例が増え、地方自治体が過去の教訓から学ぶにつれ労働組合の態度が変わってきたのも確かである。

貿易協定、ISDSなどに脅かされる地域の民主主義

　本書で報告されている835件の(再)公営化の事例のひとつひとつが欧州・米国間の大西洋横断貿易投資パートナーシップ協定(TTIP)や現在批准

プロセスにあるカナダ・EU包括的経済貿易協定 (CETA)、またはそれに類するあらゆる貿易投資協定を拒否する理由になる。投資家と国家の間の紛争調停 (ISDS) としても知られる投資家保護制度は第一に海外の民間投資家の利益を守ることを目的としているため、ほとんどの事例において脱民営化のコストを引き上げそのプロセスを阻害する手段になっている。

　本調査によれば、公共サービスの脱民営化計画が発端となった国際紛争調停法廷が少なくとも20件（水道セクター10件、エネルギーと交通セクターが3件ずつ、通信セクター4件）あることがわかった。ヴァッテンフォール社対ドイツのように民間企業が47億ユーロ（約6083億円）もの損害賠償を求めた例もある（第3章参照）。リトアニアにおけるヴェオリア社の例では、自治体が正当な理由をもって地域暖房の再公営化を決定したにもかかわらず、同国政府はISDS訴訟によって法外な損害賠償を求められている。ブルガリアでは、ISDS条項を使って提訴される可能性があるというだけで、首都ソフィア市における水道サービスの再公営化の是非を問う住民投票は許可されなかった。そして、ISDS訴訟の裁定によって投資家に賠償金が支払われることになれば、国の財政上の負担を埋め合わせるのは納税者であり、その結果公共サービスの適正な料金設定が損なわれたり、必要とされる投資が遅れたりするのである。こうした事例は地方自治体にとって重要な教訓にもなっている。現在進められている新自由主義的な貿易投資体制が、地域のサービスや資源をコントロールするあるいはそれを取り戻そうとする地方自治体にとって政策上の自由度を著しく制限する可能性があることが広く理解され始めているのである。

　残念なことに、地域社会の民主的運営を脅かし再公営化を阻害する要因はISDS条項や貿易協定だけではない。例えば、イギリスの現保守党政権は、地方自治体がバス会社を新設することを禁ずる法律が可決した。また、スペインでは、前中央政府がバリャドリッド市の水道サービスの再公営化を阻止するために自治体を提訴している。

（再）公営化はPPPを凌駕するトレンドか

　本書を締めくくるにあたり、これまで筆者が度々受けてきた問いに触れておく。それは（本書の読者も考えているにちがいないが）現在世界中で日常的に進

められている新たな民営化やPPPに比べて再民営化のトレンドはどの程度の割合なのかという問いである。取るに足らないマイナーな現象について論じているのではないのかという疑問を持つ人もいるだろう。

現状では、この問いに包括的に答えるにはデータ不足と言わざるをえない。現在も世界中で民営化が強く推進されているのは間違いない。しかし、再公営化事例の増加が、社会的にも財政的にも民営化やPPPが持続可能ではないことを示しているのも紛れもない事実である。困難な再公営化の成功のひとつひとつが、民間事業者に対して不満を抱えながら行動を起こしていない地方自治体が潜在的に数多く存在することを示唆している。

特定の国やセクターを個別に見れば、実際に再公営化が新たな民営化を凌駕していることを示す信頼性の高い情報がえられている。例えば、ドイツのエネルギーセクターやフランスの水道や交通セクターがこれに該当する。

いずれにしても、民営化と脱民営化は根本的に異なるものであり、直接比較することはできない。民営化と脱民営化は政治的・経済的推進力の点で異なるプロセスなのである。一方には大企業や国際金融機関があり、他方には地方の議会や市民があり、その間に、(前者寄りであることが非常に多いが)国家政府があるという構図である。一般的には再公営化よりも民営化の方が圧倒的に容易である。民営化は企業の市場拡大やマーケティングの戦略であり、再公営化は市民や自治体による公的な利益の追求と持続可能で公正な社会への希求の体現である。資金や権力の面で圧倒的に弱小な労働者、市民、自治体がすべての人々と将来世代のために公共サービスを取り戻し、再構築しようとする挑戦なのだ。そして、それこそが私たちが読者に伝えたかったストーリーである。

Endnotes

1   Kishimoto, S., Lobina, E. and Petitjean, O. (2014) Here to stay: *Water remunicipalisation as a global trend.* Amsterdam, London and Paris: TNI, PSIRU and Multinationals Observatory. https://www.tni.org/en/publication/here-to-stay-water-remunicipalisation-as-a-global-trend

2   Kishimoto, S., Lobina, E. and Petitjean, O. (eds.) (2015) *Our Public Water Future: The global experience with remunicipalisation.* Amsterdam: Transnational Institute et al. https://www.tni.org/en/publication/our-public-water-future

3   For a recent example in Romania, see: http://en.rfi.fr/economy/20170602-veolia-investigated-france-over-romania-bribery-accusations. Also see the description of the conflict between Veolia and Vilnius (Lithuania) in Chapter 3.

4   Vila, S. T. and Peters, M. (2016) I The Privatisation Industry in Europe. Amsterdam: Transnational Institute. https://www.tni.org/files/publication-downloads/tni_privatising_industry_in_europe.pdf

5   Columbia Institute (2016) Back in house. Why local governments are bringing services home. Ottawa:. CUPE https://cupe.ca/sites/cupe/files/back_in_house_e_web_2.pdf;   Back in House provides a snapshot of recent success stories from the Canadian municipal sector. There are currently no comprehensive statistics on the full extent of remunicipalisation in Canadian municipalities - or in other areas of the public sector such as health care and education. For the Conception Bay South case, also see: https://cupe.ca/when-private-goes-public-community-wins

6   Maximilie, Q. (2014) Managing fiscal risks from Public-Private Partnerships (PPPs). Washington: IMF. http://www.imf.org/external/np/seminars/eng/2014/cmr/

付録1
(再)公営化リスト

D 再公営化をするしま議、決定　E 民間契約の満了（再更新なし）　T 民間契約を継続　S 民間会社による株の売却　W 民間会社の撤退

N°	Specific service	Country	City/Region	Population	Year of decision	Year of implemen- tation	Kind of de- privatisation	How de- privatisation happened	Level of taking back control	Private company
EDUCATION										
1	Primary schools	India	Kerala	34,800,000	2016		Remunicipalisation	T	State/ province/ regional	Private management aided by the government
2	Kindergarten	Germany	Gelsenkirchen	257,651	2012	2012	Remunicipalisation	S	Municipal	Kirchenkreise, Gelsenkirchen, Wattenscheid
3	Kindergarten	Germany	Bingen am Rhein	24,234	2016	2017	Remunicipalisation	D	Municipal	Kirchengemeinde St. Rupert und St. Hildegard
4	Kindergarten	Germany	Bromskirchen	1,830	2016	2017	Remunicipalisation	D	Municipal	Förderverein der Kindertagesstätte Bromskirchen
5	Conservatorium	Germany	Dresden	543,825	2016	2017	Remunicipalisation	D	Municipal	Heinrich-Schütz-Konser- vatorium Dresden e. V.
6	Kindergarten	Germany	Oberreichenbach	2,769	2016	2017	Remunicipalisation	D	Municipal	Evangelische Kirchengemeinde
7	Elementary and secondary schools	Nicaragua	Autonomous Region of the Atlantic Coast	481,000	2006		Municipalisation	N/A	Municipal	N/A
8	Kindergarten	Spain	Barcelona	1,600,000	2016	2016	Remunicipalisation	E	Municipal	N/A
9	School management	United Kingdom	Bradford Council, Yorkshire & Humberside, United Kingdom	531,200	2009	2011	Remunicipalisation	E	Municipal	Serco
10	Education and social care	United Kingdom	Stoke-on-Trent Council, West Midlands, United Kingdom	250,000	2010		Remunicipalisation	E	Municipal	N/A
11	Education	United Kingdom	Leeds Council, Yorkshire & Humberside, United Kingdom	750,000	2011		Remunicipalisation	T	Municipal	N/A

N°	Specific service	Country	City/Region	Population	Year of decision	Year of implemen- tation	Kind of de- privatisation	How de- privatisation happened	Level of taking back control	Private company
ENERGY										
12	Gas distribution	Argentina	Buenos Aires	2,890,151	2012	2013	Remunicipalisation	S	State/ province/ regional	Concorcio GASA (which included: YPF Oil Argenti na, British Gas (BG), 20% shares traded openly)
13	Wind farm	Denmark	Copenhagen	602,481	1996	2000	Municipalisation	N/A	Other/ combined	N/A
14	Distribution	Dominican Republic	Dajabón, Santiago Rodríguez, Santiago, La Vega, Monseñor Nouel, Sánchez Ramírez, Duarte y Samaná (provinces)	785,000	2003		Remunicipalisation	S	State/ province/ regional	Union Fenosa (Spain)
15	Distribution	Dominican Republic	National District	1,402,749	2003		Remunicipalisation	S	State/ province/ regional	Union Fenosa (Spain)
16	Street lightning	France	Grenoble	160,000	2015	2023	Remunicipalisation	D	Municipal	GEG (joint-venture bet- ween Grenoble and Engie), then Vinci
17	Heating	France	Champigny sur Marne	76,000	2016	2016	Remunicipalisation	E	Municipal	Engie (GDF Suez)
18	Electricity grid	Germany	Wolfhagen	12,856	2002	2006	Remunicipalisation	E	Municipal	E.ON
19	Electricity grid	Germany	Villingen-Schwenningen (2 Ortsteile: Pfaffenweiler, Obereschach)	N/A	2004	2004	Remunicipalisation	E	Municipal	EnBW
20	Electricity supply	Germany	Bestwig, Lippstadt, Meschede, Olsberg	N/A		2005	Municipalisation	N/A	Intermunicipal	N/A
21	Gas grid	Germany	Waldkirch	21,141	2005		Remunicipalisation	E	Municipal	badenova
22	Gas grid	Germany	Ammerbuch	11,180	2006		Remunicipalisation	E	Intermunicipal	N/A
23	Electricity grid	Germany	Ammerbuch (coincident. Dettenhausen & Waldenbuch)	N/A	2007	2009	Municipalisation	N/A	Intermunicipal	EnBW
24	Electricity grid	Germany	Dettenhausen (coincident. Ammerbuch & Waldenbuch)	N/A	2007	2009	Remunicipalisation	E	Intermunicipal	EnBW
25	Electricity grid	Germany	Herbrechtingen	12,869	2007	2009	Remunicipalisation	E	Municipal	N/A

N°	Specific service	Country	City/Region	Population	Year of decision	Year of implemen-tation	Kind of de-privatisation	How de-privatisation happened	Level of taking back control	Private company
26	Gas and electricity grid	Germany	Niederstotzingen	4,527	2007	2008	Remunicipalisation	E	Intermunicipal	N/A
27	Electricity grid	Germany	Samtgemeinde Barnstorf (Flecken Barnstorf, Ge-meinde Drebber, Gemeinde Drentwede, Gemeinde Eydelstedt) & Gemeinde Wagenfeld	N/A		2007	Remunicipalisation	E	Intermunicipal	N/A
28	Electricity grid	Germany	Waldenbuch (coincident. Ammerbuch & Dettenhausen)	N/A	2007	2009	Remunicipalisation	E	Intermunicipal	EnBW
29	Gas and electricity grid	Germany	Brunsbüttel	12,642	2008	2011	Municipalisation	N/A	Municipal	Eon
30	Electricity grid	Germany	Eriskirch, Kressbronn, Langenargen, Meckenbeuren, Oberteuringen und Tettnang	N/A	2008	2009	Remunicipalisation	E	Intermunicipal	EnBW
31	Gas and electricity supply	Germany	Eriskirch, Kressbronn, Langenargen, Meckenbeuren, Oberteuringen und Tettnang	N/A		2008	Municipalisation	N/A	Intermunicipal	N/A
32	Gas grid	Germany	Heddesheim	11,144		2008	Remunicipalisation	E	Intermunicipal	N/A
33	Electricity grid	Germany	Öschingen & Talheim (Stadtteile Mössingen)	N/A	2008	2009	Remunicipalisation	E	Municipal	EnBW
34	Electricity grid	Germany	Prenzlau	19,070	2008	2011	Remunicipalisation	E	Municipal	E.ON
35	Gas and electricity supply	Germany	Springe	28,378	2008	2008	Remunicipalisation	S	Municipal	N/A
36	Electricity grid	Germany	Springe	28,378	2008	2008	Remunicipalisation	E	Municipal	E.ON Avacon
37	Electricity grid	Germany	Wehrheim	9,256	2008	2009	Remunicipalisation	E	State/ province/ regional	Süwag
38	Gas and electricity supply	Germany	Aerzen, Auetal, Emmerthal, Hameln, Coppenbrügge, Rinteln, Salzhemmendorf	N/A		2009	Municipalisation	N/A	Intermunicipal	N/A

N°	Specific service	Country	City/Region	Population	Year of decision	Year of implemen-tation	Kind of de-privatisation	How de-privatisation happened	Level of taking back control	Private company
39	Gas and electricity grid	Germany	Denzlingen	13,363	2009	2011	Municipalisation	N/A	Intermunicipal	N/A
40	Electricity grid	Germany	Edermünde, Gudensberg, Guxhagen, Körle, Malsfeld, Melsungen, Morschen, Niedenstein, Spangenberg	N/A	2009	2014	Municipalisation	N/A	Intermunicipal	E.ON Mitte
41	Electricity grid	Germany	Elchingen	9,192	2009	2010	Remunicipalisation	E	Intermunicipal	EnBW
42	Electricity grid	Germany	Samtgemeinde Emlichheim & Samtgemeinde Uelsen	N/A	2009	2010	Remunicipalisation	E	Intermunicipal	RWE
43	Gas and electricity supply	Germany	Frankfurt, Hannover, Nürnberg + 54 weitere	N/A	2009	2009	Remunicipalisation	S	Other/ combined	E.ON
44	Electricity grid	Germany	Frickingen	2,886	2009		Remunicipalisation	E	State/ province/ regional	EnBW
45	Gas and electricity supply	Germany	Hamburg	1,803,752	2009	2009	Municipalisation	N/A	Municipal	N/A
46	Electricity grid	Germany	Landsberg am Lech	28,432	2009	2010	Remunicipalisation	E	Municipal	RWE
47	Electricity	Germany	Lich	13,097	2009		Remunicipalisation	E	State/ province/ regional	N/A
48	Electricity grid	Germany	Mainhardt (+ Wüstenrot 1 year later)	N/A	2009	2010	Municipalisation	N/A	Intermunicipal	EnBW
49	Electricity grid	Germany	Michelbach an der Bilz	3,366		2009	Remunicipalisation	E	State/ province/ regional	EnBW Regional AG
50	Gas and electricity supply	Germany	Müllheim, Staufen	N/A		2009	Municipalisation	N/A	Intermunicipal	N/A
51	Electricity grid	Germany	Wüstenrot (+ Mainhardt 1 year before)	N/A	2009	2011	Municipalisation	N/A	Intermunicipal	EnBW
52	Gas and electricity grid	Germany	Umkirch	5,240	2009		Municipalisation	N/A	Municipal	N/A
53	Electricity grid	Germany	Volkmarsen	6,743	2009	2012	Remunicipalisation	E	Intermunicipal	E.ON Mitte
54	Gas grid	Germany	Volkmarsen	6,743	2009	2014	Remunicipalisation	E	Intermunicipal	E.ON Mitte
55	Electricity grid	Germany	Wachtendonk	8,026	2009	2010	Remunicipalisation	E	Intermunicipal	RWE

付録　155

N°	Specific service	Country	City/Region	Population	Year of decision	Year of implementation	Kind of de-privatisation	How de-privatisation happened	Level of taking back control	Private company
56	Gas and electricity grid	Germany	Wedemark	8,026		2009	Municipalisation	N/A	Municipal	E.ON
57	Gas and electricity grid	Germany	Königswalde	2,276	2009/10		Remunicipalisation	E	Intermunicipal	Envia-M
58	Electricity grid	Germany	Am Lütau	N/A	2010	2011	Remunicipalisation	E	State/ province/ regional	E.ON
59	Electricity grid	Germany	Amt Nordstormarn	10,599	2010	2011	Remunicipalisation	E	Intermunicipal	E.ON Hanse
60	Electricity grid	Germany	Amt Rantzau (Bevern, Bokholt-Hanredder, Bullenkuhlen, Groß Offenseth-Aspern, Hemdingen und Lutzhorn in 2010 & Ellerhoop in 2011)	N/A	2010	2010/2011	Remunicipalisation	E	Intermunicipal	E.ON Hanse
61	Gas grid	Germany	Amt Rantzau (Bokholt-Hanredder und Ellerhoop)	N/A	2010	2010	Remunicipalisation	E	Intermunicipal	E.ON Hanse
62	Gas and electricity grid	Germany	Amt Südangeln (13 von 16 Gemeinden)	N/A	2010		Remunicipalisation	E	Intermunicipal	E.ON Hanse
63	Gas and electricity supply	Germany	Bad Neuenahr-Ahrweiler, Schwäbisch Hall	N/A	2010	2010	Municipalisation	N/A	Intermunicipal	N/A
64	Electricity grid	Germany	Baiersbronn (Teilort: Schönmünzach)	N/A		2010	Remunicipalisation	E	Municipal	EnBW Regional AG
65	Gas and electricity supply	Germany	Baden-Württemberg (region)	10,631,278	2010	2010	Remunicipalisation	S	State/ province/ regional	EdF (France, state-owned), OEW, each ca. 45%
66	Gas and electricity supply	Germany	Bochum, Dinslaken, Dortmund, Duisburg, Essen, Oberhausen	N/A	2010	2011/2014	Remunicipalisation	S	Intermunicipal	Evonik (RAG)
67	Gas grid	Germany	Brilon	25,461	2010	2011	Remunicipalisation	E	Municipal	RWE
68	Electricity grid	Germany	Reichenbach im Vogtland (4 Ortsteile: Brunn, Friesen, Rotschau und Schneidenbach)	N/A	2010	2012	Remunicipalisation	E	Municipal	envia Verteilnetz GmbH
69	Gas and electricity supply	Germany	Dresden	1,100,000	2010	2010	Remunicipalisation	S	Municipal	EnBW

N°	Specific service	Country	City/Region	Population	Year of decision	Year of implementation	Kind of de-privatisation	How de-privatisation happened	Level of taking back control	Private company
70	Gas and electricity supply	Germany	Elbtalaue (Samtgemeinde)	20,718	2010	2011	Municipalisation	N/A	Intermunicipal	N/A
71	Electricity grid	Germany	Glinde	N/A	2010	2012	Remunicipalisation	E	Intermunicipal	E.ON Hanse
72	Electricity grid	Germany	Gottenheim	2,780	2010	2014	Remunicipalisation	E	Intermunicipal	EnBW Regional (Netze BW)
73	Electricity grid	Germany	Groß Pankow	3,954	2010		Remunicipalisation	E	State/ province/ regional	E.ON edis
74	Gas and electricity grid	Germany	Großalmerode	6,997	2010	2016	Municipalisation	N/A	Intermunicipal	N/A
75	Electricity grid	Germany	Großlöbichau, Ruttersdorf-Lotschen, Schöngleina	N/A	2010		Remunicipalisation	E	State/ province/ regional	E.ON Thüringen
76	Gas and electricity grid	Germany	Henningsdorf	25,928	2010	2011	Municipalisation	N/A	Municipal	E.ON & EMB
77	Gas and electricity grid	Germany	Keltern	9,037	2010	2016	Remunicipalisation	E	Intermunicipal	EnBW
78	Electricity grid	Germany	Külsheim	5,254	2010	2012	Remunicipalisation	E	Municipal	EnBW
79	Electricity grid	Germany	Lahntal	6,783	2010	2012	Remunicipalisation	E	Intermunicipal	E.ON-Mitte
80	Electricity grid	Germany	Lehesten	1,746	2010	2012	Remunicipalisation	E	Intermunicipal	E.ON Thüringen
81	Electricity grid	Germany	Luckau (+Drahnsdorf)	N/A	2010	2013	Remunicipalisation	E	Intermunicipal	Mitnetz Strom (Envia)
82	Gas grid	Germany	Mögelin & Döberitz (Ortsteile von Premnitz)	N/A		2010	Remunicipalisation	E	Municipal	Energie Mark Brandenburg GmbH
83	Electricity grid	Germany	Nersingen	9,224		2010	Remunicipalisation	E	Intermunicipal	Lechwerke AG (RWE)
84	Electricity grid	Germany	Neuenburg am Rhein	11,710	2010	2011	Remunicipalisation	E	State/ province/ regional	Energiedienst
85	Electricity grid	Germany	Oststeinbek	8,791	2010	2012	Remunicipalisation	E	Intermunicipal	E.ON Hanse
86	Electricity grid	Germany	Ratekau	15,193	2010	2012	Remunicipalisation	E	Intermunicipal	Schleswig-Holstein Netz
87	Electricity grid	Germany	Schkeuditz (Ortsteil Glesien)	1,451	2010	2011	Remunicipalisation	E	Intermunicipal	enviaM
88	Electricity grid	Germany	Schwedt/Oder (zuerst 9, dann die restlichen 4 Ortsteile)	N/A	2010	2011	Remunicipalisation	E	Municipal	E.ON
89	Electricity grid	Germany	Tannenberg	1,138	2010	2012	Remunicipalisation	E	Intermunicipal	Envia M

N°	Specific service	Country	City/Region	Population	Year of decision	Year of implemen-tation	Kind of de-privatisation	How de-privatisation happened	Level of taking back control	Private company
90	Gas and electricity grid	Germany	Wadersloh	12,167	2010	2011	Municipalisation	N/A	Intermunicipal	RWE
91	Electricity grid	Germany	Wadgassen	17,540		2010	Remunicipalisation	E	Municipal	Energienetz saar
92	Electricity grid	Germany	Walldürn (Ortsteile: Hornbach, Gerolzahn, Glashofen, Gottersdorf, NeUnited Stateß, Kaltenbrunn, Reinhardsachsen, Rippberg, Wettersdorf)	N/A	2010	2011	Remunicipalisation	E	Municipal	EnBW Regional AG
93	Gas and electricity supply	Germany	Wangerland	9,061	2010	2010	Municipalisation	N/A	Municipal	N/A
94	Gas and electricity grid	Germany	Wohltorf	2,411	2010	2011	Remunicipalisation	E	Intermunicipal	E.ON Hanse
95	Gas and electricity grid	Germany	Wolmirstedt (3 Ortsteile)	N/A	2010	2012	Remunicipalisation	E	Intermunicipal	E.on Avacon
96	Electricity grid	Germany	Süsel	5,191	2010/2011		Remunicipalisation	E	State/ province/ regional	Schleswig-Holstein Netz AG (E.on Hanse)
97	Gas and electricity supply	Germany	Achern, Kappelrodeck, Oppenau, Rhenau, Renchen, Sasbach, Sasbachwalden	N/A	2011	2012	Municipalisation	N/A	Intermunicipal	N/A
98	Electricity grid	Germany	Achern, Kappelrodeck, Oppenau, Rhenau, Renchen, Sasbach, Sasbachwalden	N/A	2011	2014	Remunicipalisation	E	Intermunicipal	Süwag (RWE)
99	Electricity grid	Germany	Amöneburg	5,144	2011	2012	Remunicipalisation	E	Intermunicipal	E.ON-Mitte
100	Gas and electricity grid	Germany	Aspisheim, Gensingen, Grolsheim, Horrweiler, Welgesheim, Wolfsheim, Zotzenheim	N/A		2011	Partnership with citizens	E	Intermunicipal	EWR (electricity), RWE (gas)
101	Gas and electricity grid	Germany	Badenheim, St.Johann, Sprendlingen	N/A		2011	Partnership with citizens	E	Intermunicipal	EWR (electricity), RWE (gas)
102	Electricity grid	Germany	Bad Krozingen	17,448	2011		Remunicipalisation	E	Intermunicipal	Energiedienst AG
103	Electricity grid	Germany	Bärenstein	2,442	2011	2012	Remunicipalisation	E	Intermunicipal	envia Verteilnetz GmbH
104	Gas and electricity grid	Germany	Brieselang (plus Dallgow-Döberitz & Wustermark)	N/A	2011		Remunicipalisation	E	Intermunicipal	E.ON & EMB

N°	Specific service	Country	City/Region	Population	Year of decision	Year of implemen-tation	Kind of de-privatisation	How de-privatisation happened	Level of taking back control	Private company
105	Electricity grid	Germany	Cölbe	6,725	2011	2012	Remunicipalisation	E	Intermunicipal	E.ON-Mitte
106	Gas and electricity grid	Germany	Dallgow (+ Brieselang & Wustermark)	N/A	2011	still negotiating	Remunicipalisation	E	Intermunicipal	E.ON & EMB
107	Electricity grid	Germany	Diez	10,688	2011	2012	Municipalisation	N/A	Municipal	N/A
108	Electricity grid	Germany	Ditzingen	24,272	2011	2017	Municipalisation	N/A	Municipal	Netze BW
109	Gas grid	Germany	Ditzingen	24,272	2011	2015	Municipalisation	N/A	Municipal	Netze BW
110	Electricity supply	Germany	Donzdorf, Eislingen, Ottenbach	N/A		2011	Municipalisation	N/A	Intermunicipal	N/A
111	Electricity grid	Germany	Elbtalaue (Samtgemeinde)	21,425	2011	2013	Remunicipalisation	E	Intermunicipal	N/A
112	Electricity grid	Germany	Emsbüren	9,939		2011	Remunicipalisation	E	Municipal	RWE
113	Electricity grid	Germany	Frankenau	2,919	2011	2012	Remunicipalisation	E	Intermunicipal	E.ON Mitte
114	Electricity grid	Germany	Frauensee	832	2011	2012	Remunicipalisation	E	Intermunicipal	E.ON Thüringer Energie AG
115	Gas grid	Germany	Frohnau (+ 2 weitere Ortsteile: Geyersdorf, Cunersdorf)	N/A	2011	2013	Remunicipalisation	E	Intermunicipal	Mitteldeutsche Energie (RWE)
116	Electricity grid	Germany	Frohnau (+ 2 weitere Ortsteile: Geyersdorf, Cunersdorf)	N/A	2011	2012	Remunicipalisation	E	Intermunicipal	Mitnetz Strom -> Envia-M
117	Electricity grid	Germany	Fronhausen	4,048	2011	2012	Remunicipalisation	E	Intermunicipal	E.ON-Mitte
118	Gas and electricity supply	Germany	Gauting, Krailing, Planegg	N/A		2011	Municipalisation	N/A	Intermunicipal	N/A
119	Gas and electricity supply	Germany	Gernewitz, Hainbücht (Ortsteile Stadtroda)	N/A	2011	2012	Remunicipalisation	E	Municipal	Thüringer Energienetze GmbH
120	Electricity grid	Germany	Göppingen	56,781	2011	2014	Remunicipalisation	E	Municipal	EnBW Regional (Netze BW)
121	Electricity grid	Germany	Grimmen	10,019	2011		Municipalisation	N/A	Intermunicipal	Stadt Greifswald
122	Electricity grid	Germany	Hann. Münden (alle Ortsteile)	N/A	2011	2016	Remunicipalisation	E	Municipal	E.ON Mitte / Energie Netz Mitte GmbH (ENM)
123	Electricity grid	Germany	Harrisleer	11,285	2011	2014	Remunicipalisation	E	Intermunicipal	Schleswig-Holstein Netz AG (HanseWerkAG)
124	Electricity grid	Germany	Heddesheim	11,199	2011	2015	Remunicipalisation	E	Intermunicipal	EnBW
125	Electricity grid	Germany	Ilvesheim	9100	2011	2014	Remunicipalisation	E	Intermunicipal	EnBW
126	Electricity grid	Germany	Koblenz	112,586		2011	Remunicipalisation	E	State/ province/ regional	RWE

付録　157

N°	Specific service	Country	City/Region	Population	Year of decision	Year of implemen-tation	Kind of de-privatisation	How de-privatisation happened	Level of taking back control	Private company
127	Electricity grid	Germany	Korb	10,544		2011	Municipalisation	N/A	Intermunicipal	Süwag
128	Gas grid	Germany	Korb	10,544		2011	Municipalisation	N/A	Intermunicipal	EnBW
129	Electricity grid	Germany	Lauchringen	7,630	2011	2013	Municipalisation	N/A	Intermunicipal	N/A
130	Electricity grid	Germany	Lenningen	7,630	2011	2015	Municipalisation	N/A	Municipal	EnBW
131	Gas and electricity supply	Germany	Lohmar	30,348	2011	2012	Municipalisation	N/A	Municipal	N/A
132	Electricity grid	Germany	Lohra	5,465	2011	2012	Remunicipalisation	E	Intermunicipal	E.ON-Mitte
133	Electricity grid	Germany	Ludwigsburg, Kornwestheim	N/A	2011	2014	Remunicipalisation	E	Intermunicipal	EnBW
134	Gas and electricity supply	Germany	Merkers-Kieselbach	2,895	2011	2011/2012	Remunicipalisation	E	Intermunicipal	E.ON
135	Electricity grid	Germany	Mömbris	11,576	2011	2012	Remunicipalisation	E	Intermunicipal	E.ON Bayern
136	Electricity grid	Germany	Münchhausen	3,429	2011	2012	Remunicipalisation	E	Intermunicipal	E.ON-Mitte
137	Electricity grid	Germany	Nord-Elm (Samtgemeinde) (+ Königslutter am Elm & Mariental)	N/A	2011	2016	Municipalisation	N/A	Intermunicipal	Avacon AG
138	Electricity grid	Germany	Oersdorf	874		2011	Remunicipalisation	E	Intermunicipal	Schleswig-Holstein Netz AG
139	Electricity grid	Germany	Oranienburg (Ortsteile: Friedrichsthal, Germendorf, Malz, Lehnitz, Schmachtenhagen, Wensickendorf, Zehlendorf)	N/A	2011	2012	Municipalisation	N/A	Municipal	E.ON edis
140	Electricity grid	Germany	Oranienburg (Kernstadt: Sachsenhausen)	N/A	2011		Municipalisation	N/A	Municipal	E.ON edis
141	Electricity grid	Germany	Putzbrunn	6,503		2011	Municipalisation	N/A	Municipal	N/A
142	Electricity grid	Germany	Rauschenberg	4,432	2011	2012	Remunicipalisation	E	Intermunicipal	E.ON-Mitte
143	Electricity grid	Germany	Saerbeck	7,191	2011	2012	Remunicipalisation	E	Municipal	RWE
144	Gas and electricity supply	Germany	Stuttgart	623,738	2011	2013	Municipalisation	N/A	Municipal	N/A
145	Gas and electricity supply	Germany	Waldbröl	19,194	2011	2014	Municipalisation	N/A	Municipal	N/A

N°	Specific service	Country	City/Region	Population	Year of decision	Year of implemen-tation	Kind of de-privatisation	How de-privatisation happened	Level of taking back control	Private company
146	Electricity grid	Germany	Weimar (Lahn)	7,003	2011	2012	Remunicipalisation	E	Intermunicipal	E.ON-Mitte
147	Electricity grid	Germany	Wetter	27,822	2011	2012	Remunicipalisation	E	Intermunicipal	E.ON-Mitte
148	Electricity grid	Germany	Wohratal	2,336	2011	2012	Remunicipalisation	E	Intermunicipal	E.ON-Mitte
149	Gas and electricity grid	Germany	Wustermark (plus Brieselang & Dallgow)	N/A	2011	still negotiating	Remunicipalisation	E	Intermunicipal	E.ON & EMB
150	Electricity grid	Germany	Zeitz (5 Ortsteile)	N/A	2011	2012	Remunicipalisation	E	Municipal	N/A
151	Electricity grid	Germany	Allensbach, Bodman-Ludwigshafen, Reichenau	N/A	2012	2013	Municipalisation	N/A	Intermunicipal	EnBW
152	Gas grid	Germany	Allensbach, Bodman-Ludwigshafen, Reichenau	N/A	2012	2013	Municipalisation	N/A	Intermunicipal	Erdgas Südwest (EnBWt 79 % & OEW Energie-Beteiligungs GmbH 21 %)
153	Gas and electricity grid	Germany	Ascheberg, Billerbeck, Havixbeck, Lüdinghausen, Nordkirchen, Nottuln, Olfen, Rosendahl, Senden	N/A		2012	Municipalisation	N/A	Intermunicipal	N/A
154	Electricity grid	Germany	Bad Sassendorf	11,650	2012	2011	Municipalisation	N/A	Municipal	RWE
155	Gas grid	Germany	Bad Schlema	4,866		2012	Remunicipalisation	E	Intermunicipal	Eins energie in Sachsen GmbH & Co. KG
156	Electricity grid	Germany	Baiersbronn (Teilort: Obertal)	N/A		2012	Remunicipalisation	E	Municipal	Elektro Trück
157	Gas and electricity supply	Germany	Bamberg + 31 weitere Gemeinden	N/A		2012	Municipalisation	N/A	State/ province/ regional	N/A
158	Electricity grid	Germany	Bebra (11 Ortsteile)	N/A		2012	Remunicipalisation	E	Municipal	E.ON
159	Electricity grid	Germany	Blumenau	241,987		2012	Remunicipalisation	E	Municipal	MITNETZ STROM (Mitteldeutsche Netzgesellschaft Strom mbH) -> enviaM: 41.43% ostdeutsche Kommunen & 58,57% Innogy SE -> Tochter RWE
160	Gas and electricity supply	Germany	Bobingen	16,688	2012	2013	Municipalisation	N/A	Municipal	Lechwerke AG (LEW) -> innogy SE -> RWE
161	Gas and electricity grid	Germany	Böblingen	46,714		2012	Municipalisation	N/A	Intermunicipal	EnBW

N°	Specific service	Country	City/Region	Population	Year of decision	Year of implementation	Kind of de-privatisation	How de-privatisation happened	Level of taking back control	Private company
162	Gas and electricity supply	Germany	Darmstadt & weitere	N/A	2012	2012	Remunicipalisation	S	Intermunicipal	N/A
163	Electricity grid	Germany	Dorndorf	2,687	2012	2012	Remunicipalisation	E	Intermunicipal	Thüringer Energie AG (vorm. E.ON Thüringer Energie AG)
164	Electricity grid	Germany	Drahnsdorf (+Luckau)	N/A	2012	2013	Remunicipalisation	E	Intermunicipal	Mitnetz Strom (Envia)
165	Electricity grid	Germany	Edlingen-Neckarhausen	N/A	2012	2014	Municipalisation	N/A	Municipal	Netze BW & MVV Energie
166	Electricity supply	Germany	Freudenberg (Baden)	3,768		2012	Municipalisation	N/A	Municipal	N/A
167	Electricity grid	Germany	Haan	30,166	2012	2014	Remunicipalisation	E	Municipal	RWE
168	Electricity grid	Germany	Halberstadt (2 Ortsteile: Klein Quenstedt und Emersleben)	N/A		2012	Remunicipalisation	E	Municipal	E.ON Avacon
169	Electricity grid	Germany	Helmarshausen	1,478	2012	2013	Remunicipalisation	E	State/ province/ regional	E.ON-Mitte
170	Electricity grid	Germany	Herzebrock-Clarholz	15,965	2012	2013	Municipalisation	N/A	Intermunicipal	RWE
171	Electricity grid	Germany	Hirschberg	2,183	2012	2015	Remunicipalisation	E	Intermunicipal	N/A
172	Electricity grid	Germany	Ispringen	6,062		2012	Remunicipalisation	E	Intermunicipal	EnBW
173	Electricity grid	Germany	Kappelrodeck	5,887		2012/2013	Remunicipalisation	E	State/ province/ regional	Ziegler GmbH & Co. KG
174	Electricity grid	Germany	Kaufungen	12,445	2012	2015	Municipalisation	N/A	Intermunicipal	EAM
175	Electricity grid	Germany	Kernen, Remshalden, Urbach, Winterbach	N/A	2012	2017	Municipalisation	N/A	Intermunicipal	EnBW
176	Electricity grid	Germany	Kyritz	9,140	2012	2014	Remunicipalisation	E	Intermunicipal	E.ON Edis
177	Gas and electricity grid	Germany	Lohmar	29,820	2012	2013	Remunicipalisation	E	Municipal	Rhenag
178	Electricity grid	Germany	Lindenau & Wildbach (Ortsteile von Schneeberg) + Gemeinde Bad Schlema	N/A		2012	Remunicipalisation	E	Intermunicipal	Envia M
179	Electricity grid	Germany	Michelfeld	3,659	2012	2016	Municipalisation	N/A	Municipal	EnBW
180	Electricity grid	Germany	Müllheim, Staufen	N/A		2012	Remunicipalisation	E	Intermunicipal	Energiedienst Netze

N°	Specific service	Country	City/Region	Population	Year of decision	Year of implementation	Kind of de-privatisation	How de-privatisation happened	Level of taking back control	Private company
181	Gas and electricity grid	Germany	Norden	24,895	2012	2013	Remunicipalisation	E	Municipal	N/A
182	Electricity grid	Germany	Neuenkirchen	13,595		2012	Remunicipalisation	E	Intermunicipal	RWE
183	Electricity grid	Germany	Oberriexingen	3,284	2012	2016	Municipalisation	N/A	Intermunicipal	Netze BW
184	Gas grid	Germany	Oberriexingen	3,284	2012	2015	Municipalisation	N/A	Intermunicipal	Netze BW
185	Electricity grid	Germany	Oppenau	4,661	2012	2012	Remunicipalisation	E	Intermunicipal	Süwag
186	Electricity grid	Germany	Rheda-Wiedenbrück	47,177	2012	2013	Municipalisation	N/A	Municipal	RWE
187	Electricity grid	Germany	Riederich	4,261	2012	2013	Remunicipalisation	E	State/ province/ regional	EnBW
188	Gas and electricity grid	Germany	Schwentinental	13,588		2012	Municipalisation	N/A	Municipal	
189	Gas and electricity grid	Germany	Solingen	158,726	2012	2012	Remunicipalisation	E	Municipal	Stadt Solingen / MVV-Energie
190	Gas and electricity supply	Germany	Solingen	158,726	2012	2012	Remunicipalisation	S	Municipal	Stadt Solingen / MVV-Energie
191	Electricity grid	Germany	Sondershausen (12 Ortsteile)	N/A	2012	2013	Remunicipalisation	E	Municipal	E.ON Thüringen
192	Electricity grid	Germany	Süßen	9,798		2012	Municipalisation	N/A	Municipal	EnBW
193	Electricity grid	Germany	Titisee-Neustadt	11,819		2012	Municipalisation	N/A	Municipal	EnBW
194	Electricity supply	Germany	Titisee-Neustadt	11,819		2012	Municipalisation	N/A	Municipal	N/A
195	Electricity grid	Germany	Trendelburg	5,302	2012	2013	Remunicipalisation	E	State/ province/ regional	E.ON-Mitte
196	Electricity grid	Germany	Wackerow	1,420	2012	2013	Remunicipalisation	E	Intermunicipal	N/A
197	Electricity grid	Germany	Wahlsburg	2,088	2012	2013	Remunicipalisation	E	State/ province/ regional	E.ON-Mitte
198	Electricity grid	Germany	Weiden	96	2012	2012	Municipalisation	N/A	Municipal	E.ON
199	Gas grid	Germany	Weimar (8 Ortsteile)	N/A		2012/2013	Remunicipalisation	E	Municipal	E.ON
200	Electricity grid	Germany	Adelberg, Birenbach, Börtlingen, Rechberghausen, Wäschenbeuren	N/A	2013		Municipalisation	N/A	Intermunicipal	EnBW

N°	Specific service	Country	City/Region	Population	Year of decision	Year of implementation	Kind of deprivatisation	How deprivatisation happened	Level of taking back control	Private company
201	Gas and electricity supply	Germany	Ahaus, Coesfeld, Dülmen, Stadtlohn, Südlohn, Vreden	N/A		2013	Municipalisation	N/A	Intermunicipal	N/A
202	Electricity grid	Germany	Backnang	35,496	2013	2017	Remunicipalisation	D	Intermunicipal	Syna GmbH / Süwag Energie AG / RWE
203	Gas and electricity grid	Germany	Bad Neuenahr-Ahrweiler, Schwäbisch Hall	N/A	2013	2013	Remunicipalisation	E	Intermunicipal	RWE
204	Electricity grid	Germany	Bad Schlema	5,229		2013	Remunicipalisation	E	Intermunicipal	N/A
205	Electricity supply	Germany	Berlin	3,437,916	2013	2014	Municipalisation	N/A	Municipal	N/A
206	Electricity grid	Germany	Biebertal (+ Lahnau & Stadt Lollar)	N/A		2013	Remunicipalisation	E	Intermunicipal	E.ON Mitte
207	Gas and electricity grid	Germany	Bovenden	13,529	2013	2016	Remunicipalisation	E	Municipal	E.ON-Mitte
208	Electricity grid	Germany	Büchenbach	5,225	2013	2014	Remunicipalisation	E	Intermunicipal	N-ERGIE Netz GmbH
209	Electricity grid	Germany	Donzdorf, Eislingen, Ottenbach	N/A	2013	2013	Remunicipalisation	E	Intermunicipal	EnBW
210	Electricity grid	Germany	Eislingen	19,840	2013	2013	Municipalisation	N/A	State/ province/ regional	EnBW
211	Gas and electricity grid	Germany	Gauting, Krailing, Planegg	N/A		2013	Remunicipalisation	E	Intermunicipal	E.ON
212	Electricity grid	Germany	Goch	33,401	2013	2015	Municipalisation	N/A	Municipal	RWE
213	Gas and electricity grid	Germany	Göttingen + 111 weitere	N/A		2013	Remunicipalisation	E	State/ province/ regional	E.ON SE
214	Gas and electricity supply	Germany	Göttingen + 111 weitere	N/A		2013	Remunicipalisation	S	State/ province/ regional	E.ON SE
215	Electricity grid	Germany	Gräfelfing	13,269		2013	Municipalisation	N/A	Municipal	E.ON
216	Electricity grid	Germany	Grefrath	15,564		2013	Remunicipalisation	E	Municipal	RWE
217	Gas and electricity grid	Germany	Grimma	28,411	2013	2014	Municipalisation	N/A	Municipal	Enviam Mitteldeutsche Energie (RWE)
218	Electricity grid	Germany	Hamburg	1,803,752	2013	2015	Remunicipalisation	E	Municipal	Vattenfall
219	Gas and electricity grid	Germany	Hildesheim	99,979		2013	Municipalisation	N/A	Municipal	N/A
220	Electricity grid	Germany	Hofheim	38,598	2013	2014	Municipalisation	N/A	Intermunicipal	Süwag

N°	Specific service	Country	City/Region	Population	Year of decision	Year of implementation	Kind of deprivatisation	How deprivatisation happened	Level of taking back control	Private company
221	Electricity grid	Germany	Lahnau (+ Biebertal & Stadt Lollar)	N/A		2013	Remunicipalisation	E	Intermunicipal	E.ON Mitte
222	Electricity grid	Germany	Langenfeld	57,083	2013	2014	Remunicipalisation	E	Citizen and/ or workers	RWE
223	Electricity supply	Germany	Lauchringen, Wutöschingen	N/A		2013	Municipalisation	N/A	Intermunicipal	N/A
224	Electricity grid	Germany	Leinfelden-Echterdingen	N/A		2013	Municipalisation	N/A	Municipal	EnBW
225	Gas grid	Germany	Lindenau & Wildbach (Ortsteile von Schneeberg) + Gemeinde Bad Schlema	N/A		2013	Remunicipalisation	E	Intermunicipal	Envia M
226	Electricity grid	Germany	Lollar (+ Municipalities: Biebertal & Lahnaur)	N/A		2013	Remunicipalisation	E	Intermunicipal	E.ON Mitte
227	Gas and electricity grid	Germany	Lüdinghausen	23,921	2013	2014	Remunicipalisation	E	State/ province/ regional	RWE
228	Gas and electricity grid	Germany	Paderborn + 43 weitere Gemeinden	N/A		2013	Remunicipalisation	E	State/ province/ regional	E.ON
229	Gas and electricity grid	Germany	Pfaffenhofen	23,971	2013	2016	Municipalisation	N/A	Municipal	N/A
230	Electricity grid	Germany	Porta Westfalica	35,208		2013	Remunicipalisation	E	Intermunicipal	E.ON
231	Electricity grid	Germany	Recklinghausen	114,147	2013	2019	Municipalisation	N/A	Municipal	RWE
232	Electricity grid	Germany	Remseck am Neckar	24,512	2013	2014	Municipalisation	N/A	Intermunicipal	EnBW & Syna
233	Gas grid	Germany	Remseck am Neckar	24,512	2013	2014	Municipalisation	N/A	Intermunicipal	EnBW & Syna
234	Electricity grid	Germany	Simmerath	15,094		2013	Remunicipalisation	E	Intermunicipal	RWE
235	Gas and electricity grid	Germany	Steinheim	12,757		2013	Municipalisation	N/A	Intermunicipal	N/A
236	Gas and electricity grid	Germany	Sulzbach-Rosenberg	N/A		2015	Remunicipalisation	E	State/ province/	Bayern werk AG
237	Electricity grid	Germany	Waltrop	28,971		2013	Municipalisation	N/A	Municipal	RWE
238	Electricity grid	Germany	Warendorf	36,972	2013	2014	Remunicipalisation	E	Municipal	RWE
239	Electricity grid	Germany	Weinstadt	26,177		2013	Municipalisation	N/A	Municipal	N/A
240	Gas and electricity grid	Germany	Bad Bentheim	15,104	2014	2015	Municipalisation	N/A	Intermunicipal	RWE

N°	Specific service	Country	City/Region	Population	Year of decision	Year of implemen-tation	Kind of de-privatisation	How de-privatisation happened	Level of taking back control	Private company
315	Electricity supply	United Kingdom	Nottingham	318,900		2015	Municipalisation	N/A	Municipal	
316	Electricity supply	United Kingdom	Leeds	443,247		2016	Municipalisation	N/A	Municipal	
317	Electric utility	United States	Hermiton, Oregon	17,137	2001		Remunicipalisation	T	Municipal	
318	Electricity supply	United States	Kaua'i island, Hawaii	65,689	2002	2002	Workers and/or citizens	S	Citizen and/or workers	
319	Electric utility	United States	Winter Park, Florida	29,442	2003	2005	Remunicipalisation	E	Municipal	
320	Electric utility	United States	Boulder	97,385	2011	2017	Municipalisation	N/A	Municipal	
321	Electric utility	United States	Minnesota	43,000	2015		Workers and/or citizens	T	Citizen and/or workers	
322	Electricity provision	United States	Apple Valley, California	72,174	2016	2017	Municipalisation	N/A	Municipal	

HEALTH CARE & SOCIAL WORK

N°	Specific service	Country	City/Region	Population	Year of decision	Year of implemen-tation	Kind of de-privatisation	How de-privatisation happened	Level of taking back control	Private company
323	Nursing home	Denmark	Syddjurs	41,652	2015	2015	Remunicipalisation	W	Municipal	Forenede Care
324	Ambulance	Denmark	Region of Southern Denmark	120,2000	2016	2016	Remunicipalisation	W	State/ province/ regional	BIOS Denmark, owned by the Dutch company BIOS-Groep
325	Regional hospital complex	Finland	Helsinki and Uusimaa	1,600,000		2000	Municipalisation	N/A	State/ province/ regional	Attendo
326	Community clinics	India	Delhi	18,980,000	2016	2016	Municipalisation	N/A	Municipal	N/A
327	Hospital	Montenegro	Herceg Novi	19,536	2015	2016	Remunicipalisation	T	Municipal	Atlas Group
328	Nursing home	Norway	Trondheim	187,000	2004	2005	Remunicipalisation	E	Municipal	Norlandia Health Care
329	Nursing home	Norway	Trondheim	187,000	2004	2005	Remunicipalisation	E	Municipal	Norlandia Health Care
330	Nursing home	Norway	Moss	32,000	2004	2004	Remunicipalisation	E	Municipal	Nordlandia
331	Nursing home	Norway	Klæbu	5,800	2010	2011	Remunicipalisation	T	Municipal	Adecco
332	Nursing home	Norway	Oppegård	27,000	2010	2011	Remunicipalisation	T	Municipal	Adecco
333	Nursing home	Norway	Bærum	122,000	2010	2010	Remunicipalisation	E	Municipal	Attendo Care A/S
334	Child welfare	Norway	Sandnes	75,000	2010	2011	Municipalisation	N/A	Municipal	N/A
335	Staffing agency	Norway	Bergen	350,000	2015	2016	Remunicipalisation	E	Municipal	N/A

N°	Specific service	Country	City/Region	Population	Year of decision	Year of implemen-tation	Kind of de-privatisation	How de-privatisation happened	Level of taking back control	Private company
336	Staffing agency	Norway	5 municipalities in central part of Norway	200,000	2015	2016	Remunicipalisation	E	Intermunicipal	N/A
337	Nursing home	Norway	Oslo	600,000	2016	2016	Remunicipalisation	E	Municipal	Norlandia Health Care
338	Elderly care center	Norway	Bergen	278,000	2016	2016	Remunicipalisation	E	Municipal	Aleris omsorg
339	Elderly care center	Norway	Bergen	278,000	2016	2016	Remunicipalisation	E	Municipal	Aleris omsorg
340	Elderly care center	Norway	Middle region of Norway	1,000,000	2016	2016	Remunicipalisation	E	State/ province/ regional	N/A
341	Staffing agency	Norway	Northern region of Norway	500,000	2016	2016	Remunicipalisation	E	State/ province/ regional	N/A
342	Staffing agency	Norway	South Eastern region of Norway	2,000,000	2016	2016	Remunicipalisation	E	State/ province/ regional	N/A
343	Staffing agency	Norway	Oslo	520,000	2016	2016	Remunicipalisation	E	Municipal	N/A
344	Services for people with disabilities	Spain	Albolote, region of Granada	18,497	2015	2017	Remunicipalisation	D	Municipal	N/A
345	Women attention	Spain	Barcelona	1,600,000	2016	2016	Remunicipalisation	E	Municipal	N/A
346	Nursing home	Spain	Gijón	277,733	2016		Remunicipalisation	N/A	Municipal	N/A
347	Nursing home	Spain	Pamplona	195,650	2016		Remunicipalisation	T	Municipal	Public entity ASIMEC and private Sarquavita
348	Elderly home	Sweden	Gotland	57,265	2013		Remunicipalisation	E	Municipal	Attendo Care
349	Care home	Sweden	Stockholm	935,619	2014		Remunicipalisation	E	Municipal	Vardaga AB
350	Retirement home	Sweden	Stockholm	935,619	2014		Remunicipalisation	E	Municipal	Vardaga AB
351	Elderly home	Sweden	Umeå	75,645	2014		Remunicipalisation	E	Municipal	Carema
352	Nursing and special care	Sweden	Helsingborgs	91,457	2015		Remunicipalisation	E	Municipal	Vardaga AB, Attendo
353	Home and elderly care	Sweden	Laholm	6,527	2015	2016	Remunicipalisation	E	Municipal	Humana

付録 163

N°	Specific service	Country	City/Region	Population	Year of decision	Year of implemen-tation	Kind of de-privatisation	How de-privatisation happened	Level of taking back control	Private company
354	Retirment home	Sweden	Vaxjo	65,345	2016		Remunicipalisation	E	Municipal	Attendo Care
355	Hospital	United Kingdom	Darlington	105,564	2009	2011	Remunicipalisation	T	Municipal	Norwich Union PPP Fund, now Aviva
356	Hospital	United Kingdom	Northumberland	315,300		2014	Remunicipalisation	T	State/ province/ regional	Lend Lease Infrastructure Fund and Uberior (Aberdeen Asset Management)
357	Hospital catering and cleaning	United Kingdom	Brighton and Hove	273,400	2015		Remunicipalisation	E	Municipal	Sodexo
358	District hospital	United Kingdom	Hinching-Brooke	19,830		2015	Remunicipalisation	W	Municipal	Circle Holdings
359	Patient transport	United Kingdom	Sussex	1,609,500	2016	2016	Remunicipalisation	T	Municipal	Coperforma

LOCAL GOVERNMENT

N°	Specific service	Country	City/Region	Population	Year of decision	Year of implemen-tation	Kind of de-privatisation	How de-privatisation happened	Level of taking back control	Private company
360	Parking	Armenia	Yerevan	1,060,138	2016	N/A	Municipalisation	S	Municipal	City Parking Service
361	Cinema	Austria	Vienna	1,867,960	2002	2002	Workers and/or citizens	S	Other/ combined	City Cinemas
362	Cinema	Austria	Vienna	1,867,960	2002	2002	Workers and/or citizens	S	Other/ combined	City Cinemas
363	Museum	Austria	Vienna	1,867,960	2005	2005	Municipalisation	N/A	Municipal	Viennaer Städtische Versicherung, Donau Versicherung
364	Museum	Austria	Vienna	1,867,960	2007	2007	Municipalisation	N/A	Municipal	Bawag Leasing, Hundertwasser Stiftung
365	Theater	Austria	Vienna	1,867,960		2007	Municipalisation	N/A	Municipal	N/A
366	Parking	Austria	Vienna	1,867,960	2009	2009	Municipalisation	N/A	Municipal	Immoeast AG
367	Funeral	Austria	Vienna	1,867,960	2009	2009	Municipalisation	N/A	Municipal	Pax Bestattungs- und Grabstättenfachbetrieb GmbH
368	Funeral	Austria	Vienna	1,867,960	2010	2010	Municipalisation	N/A	Municipal	Perikles Bestattung GmbH
369	Youth centres (cultural)	Austria	Innsbruck	130,894	2012	2013	Municipalisation	N/A	Municipal	Verein Jugendhilfe Innsbruck
370	Theater	Austria	Vienna	1,867,960		2013	Municipalisation	N/A	Municipal	N/A

N°	Specific service	Country	City/Region	Population	Year of decision	Year of implemen-tation	Kind of de-privatisation	How de-privatisation happened	Level of taking back control	Private company
371	Aerial lift (construction)	Austria	Innsbruck	130,894	2014	2014	Remunicipalisation	S	Municipal	Peter Schröcksnadel
372	Housing	Austria	Vienna	1,867,960	2015	2015	Municipalisation	N/A	Municipal	N/A
373	Security	Austria	Vienna	1,867,960	2016	2017	Municipalisation	N/A	Municipal	Securitas
374	Sports and recreation	Canada	Ottawa	933,596	2007		Remunicipalisation	T	Municipal	PPP with Serco
375	City hall cafeteria (food catering)	Canada	New Westminster	70,996	2011		Remunicipalisation	E	Municipal	N/A
376	Sidewalk construction and repair	Canada	Cotes-des-Neiges-Notre Dame-de-Grace (Montreal, Quebec)	165,031	2013		Remunicipalisation	E	Municipal	PPP
377	Sidewalk construction and repair	Canada	Rosemont-La Petite-Patrie (Montreal, Quebec)	134,038	2013		Remunicipalisation	E	Municipal	PPP
378	Sidewalk construction and repair	Canada	Villerai-Saint-Michel-Extension(Montreal, Quebec)	142,222	2013		Remunicipalisation	E	Municipal	PPP
379	Police station construction	Canada	Winnipeg	650,000	2013		Remunicipalisation	N/A	Municipal	N/A
380	Snow removal (public space)	Canada	Port Hawkesbury	3,500	2014	2014	Remunicipalisation	E	Municipal	PPP
381	Fire station construction	Canada	Winnipeg	650,000	2014		Remunicipalisation	T	Municipal	Shindoco Realty
382	Parking (public space)	Canada	Calgary	1,237,656	2015	2015	Remunicipalisation	E or T	Municipal	PPP
383	Hospital cleaning	Denmark	The Capital Region of Denmark	1,811,809	2015		Remunicipalisation	T	State/ province/ regional	ISS Denmark
384	Building cleaning	Denmark	Bornholm	39,684		2017	Remunicipalisation	D	Municipal	Elite Miljø
385	HR-recruitment	Finland	Helsinki, Espoo and Vantaa	60,000 employees in 3 cities	2005	2005	Municipalisation	N/A	Intermunicipal	N/A
386	School cleaning	Finland	Janakkala	16,862	2013	2014	Remunicipalisation	E	Municipal	ISS Palvelut Oy

N°	Specific service	Country	City/Region	Population	Year of decision	Year of implemen-tation	Kind of de-privatisation	How de-privatisation happened	Level of taking back control	Private company
387	School and day care catering	Finland	Hamina	20,800	2013	2015	Remunicipalisation	E	Municipal	Fazer Food Services
388	School catering	France	Langouët	600	2004		Remunicipalisation	N/A	Municipal	N/A
389	School catering	France	Plouër sur Rance	3,500	2006		Remunicipalisation	E	Municipal	N/A
390	School catering	France	Nice	1,004,826	2008	2011	Remunicipalisation	E	Municipal	Sodexo
391	Cleaning	France	Lodeve	7,345	2009	2010	Remunicipalisation	E	Municipal	Groupe Nicollin
392	School catering	France	Mouans-Sartoux	9,500	2010		Municipalisation	N/A	Municipal	N/A
393	School catering	France	Langonnet	1,900	2010		Remunicipalisation	N/A	Municipal	N/A
394	School catering	France	Arles	56,000	2011	2012	Remunicipalisation	E	Municipal	Sodexo
395	School catering	France	Valence Romans agglomération	212,600	2011		Remunicipalisation	E	Intermunicipal	N/A
396	Parking (public space)	France	Blois	46,000	2012		Remunicipalisation	T	Municipal	Vinci (Indigo)
397	School catering	France	Fondettes	10,400	2012		Remunicipalisation	N/A	municipal	N/A
398	School catering	France	Libourne	24,500	2012		Remunicipalisation	E	Municipal	Avenance
399	School catering	France	Rouen	111,000	2012		Remunicipalisation	E	Intermunicipal	Avenance
400	School catering	France	Amiens	132,479		2013	Remunicipalisation	E	Municipal	Sogeres
401	School catering	France	Tulle	14,300	2013	2014	Remunicipalisation	E	Municipal	Elior
402	School catering	France	Avignon	92,200	2014	2015	Remunicipalisation	E	Municipal	Scolarest
403	School catering	France	Bergerac	28,000	2014	2015	Remunicipalisation	E	Municipal	Scolarest-Compass
404	Swimming pool and skating rink	France	Briançon	12,200		2016	Remunicipalisation	E	Intermunicipal	N/A
405	School catering	France	Bonifacio	3,000	2016		Remunicipalisation	W	Municipal	N/A
406	Parking (public space)	France	Bourg-en-Bresse	41,000	2016		Remunicipalisation	E	Municipal	SAGS
407	Parking (public space)	France	Clermont-Ferrand	140,000	2016	2017	Remunicipalisation	E	Municipal	Vinci (Indigo)
408	Parking (public space)	France	Nice	1,004,826	2016		Remunicipalisation	N/A	Intermunicipal	N/A
409	Building cleaning	Germany	Dortmund	586,181	2003		Remunicipalisation	E	Municipal	N/A

N°	Specific service	Country	City/Region	Population	Year of decision	Year of implemen-tation	Kind of de-privatisation	How de-privatisation happened	Level of taking back control	Private company
410	Building cleaning	Germany	Freiburg/Breisgau	226,393	2003	2005	Remunicipalisation	E	Municipal	N/A
411	Swimming hall	Germany	Dorsten	75,431	2004	2004	Remunicipalisation	T	Municipal	Atlantis Freizeit GmbH
412	Green area maintenance (public space)	Germany	Nürnberg	509,975	2007	2007	Remunicipalisation	W	Municipal	N/A
413	Rescue service (security emergency)	Germany	Steinburg (Landkreis)	131,457		2007	Remunicipalisation	E	State/ province/ regional	Different private companies
414	Structural analyses of buildings (building cleaning)	Germany	Hannover	532,163	2008	2008	Remunicipalisation	T	Municipal	N/A
415	Swimming pool	Germany	Schwerin	96,800	2008	2009	Remunicipalisation	S	Municipal	FIT GmbH
416	Conference center (cultural)	Germany	Bonn	318,809	2010	2010	Remunicipalisation	T	Municipal	SMI Hyundai
417	Rescue service (security emergency)	Germany	Havelland (Landkreis)	N/A	2010	2011	Remunicipalisation	E	State/ province/ regional	ASB
418	Rescue service (security emergency)	Germany	Mansfeld-Südharz (Landkreis)	141,408	2010	2011	Remunicipalisation	E	State/ province/ regional	Johanniter, ASB
419	Rescue service (security emergency)	Germany	Oder-Spree (Landkreis)	182,397	2010	2011	Remunicipalisation	E	State/ province/ regional	Deutsches Rotes Kreuz, Johanniter
420	Rescue service (security emergency)	Germany	Uckermark (Landkreis)	121,014	2010		Remunicipalisation	E	State/ province/ regional	Deutsches Rotes Kreuz
421	Rescue service (security emergency)	Germany	Bad Oeynhausen	48,990	2011	2012	Remunicipalisation	E	State/ province/ regional	Johanniter
422	Street lightening (public space)	Germany	Düren	90,244	2011	2012	Remunicipalisation	S	Municipal	Stadtwerke Düren (Stadt Düren / RWE)
423	Swimming pool	Germany	Düren	90,244	2011	2012	Remunicipalisation	S	Municipal	Stadtwerke Düren (Stadt Düren / RWE)

付録　165

N°	Specific service	Country	City/Region	Population	Year of decision	Year of implemen-tation	Kind of de-privatisation	How de-privatisation happened	Level of taking back control	Private company
424	Rescue service (security emergency)	Germany	Heinsberg (Landkreis)	41,538	2011	2012	Remunicipalisation	E regional	State/ province/ regional	Malteser, Johanniter
425	Rescue service (security emergency)	Germany	Märkisch-Oderland (Landkreis)	190,714	2011	2012	Remunicipalisation	E	State/ province/ regional	Deutsches Rotes Kreuz, Johanniter
426	Rescue service (security emergency)	Germany	Oberberg (Landkreis)	273,452		2011	Remunicipalisation	E	State/ province/ regional	3 clinics, Rotes Kreuz, Johanniter
427	Swimming pool	Germany	Siegburg	41,015	2012	2013	Remunicipalisation	T	Municipal	s.a.b. Gesundheits- und Erlebnispark
428	Building cleaning	Germany	Wilhelmshaven	75,995	2012		Remunicipalisation	E	Municipal	7 private companies
429	Rescue service (security emergency)	Germany	Teltow-Fläming (Landkreis)	163,553	2012	2013	Remunicipalisation	E	State/ province/ regional	Different private compa-nies
430	Building cleaning	Germany	Bochum	364,742	2013 (second phase)		Remunicipalisation	E	Municipal	N/A
431	Swimming pool	Germany	Winterberg	12,798	2013	2013	Remunicipalisation	T	Municipal	aquasphere Winterberg GmbH
432	Rescue service emergency)	Germany	Pewsum	3,228	2014		Remunicipalisation	E	State/ province/ regional	RKSH and others (security
433	Building cleaning	Germany	Grevenbroich	63,051	2016		Remunicipalisation	E	Municipal	N/A
434	Local food supplier (other)	Germany	Ofterschwang	2,028	2016	2016	Remunicipalisation	S	Municipal	Familie Juppa
435	Catering	India	Tamil Nadu State	72,147,030	2013		Municipalisation	N/A	State/ province/ regional	N/A
436	Swimming pool	Netherlands	Maastricht	277,721		2013	Municipalisation	N/A	Municipal	Naamloze Vennootschap De Dousberg
437	Swimming pool	Netherlands	Oldenzaal	32,198		2016	Remunicipalisation	T	Municipal	Cone Group
438	Cleaning	Norway	Bodø	53,000	2015		Remunicipalisation	D	Municipal	Eiedomsdrift Nord A/S
439	Security	Norway	Fredrikstad	79,000	2015	2015	Remunicipalisation	T	Municipal	N/A
440	Cleaning	Norway	Tromsø	73,000	2015	2015	Remunicipalisation	T	Municipal	ISS Facility Services A/S

N°	Specific service	Country	City/Region	Population	Year of decision	Year of implemen-tation	Kind of de-privatisation	How de-privatisation happened	Level of taking back control	Private company
441	Cleaning	Norway	Stord	19,000	2016	2016	Remunicipalisation	E	Municipal	ISS Facility Services A/S
442	Bikerental	Spain	Rivas Vaciamadrid	460 workers	2001		Remunicipalisation	N/A	Municipal	N/A
443	Maintenance of fountains (public space)	Spain	Rivas Vaciamadrid	460 workers	2001		Remunicipalisation	N/A	Municipal	N/A
444	Renting of public housing	Spain	Rivas Vaciamadrid	460 workers	2001		Municipalisation	N/A	Municipal	Habyco XXI
445	Parks and gardens	Spain	Cabrils	7,197	2014		Remunicipalisation	T	Municipal	concessions with a private actor
446	Cleaning	Spain	Cabrils	7,197	2014		Remunicipalisation	T	Municipal	concessions with a private actor
447	Local television (cultural)	Spain	Ciudad Real	200 workers	2015	2016	Remunicipalisation	E	Municipal	Concession with private actor
448	Parks and gardens	Spain	Ciudad Real	80 workers	2015	current contract expires April 2017	Remunicipalisation	D	Municipal	Concession with private actor
449	School cleaning	Spain	Ciudad Real	200 workers	2015	2016	Remunicipalisation	D	Municipal	Concession with private actor
450	Household services	Spain	Ciudad Real	74,921	2015	2016	Remunicipalisation	D	Municipal	Concession with private actor
451	Funeral services	Spain	Madrid	6,240,000	2015	2016 (contract automatically set to expire)	Remunicipalisation	E	Municipal	mixed ownership (ppp), 49% Funespaña, now con-trolled by Mapfre known as the Sociedad Mixta de Servicios Funerarios
452	Funeral services	Spain	Barcelona	1,600,000	2016	2019	Municipalisation	N/A	Municipal	N/A
453	Building cleaning	Spain	Cadiz	71 workers	2016		Remunicipalisation	D	Municipal	Concession with private actor
454	Beach rescue and maintenance (security emergency)	Spain	Cadiz	180 workers	2016		Remunicipalisation	D	Municipal	Concession with private actor

N°	Specific service	Country	City/Region	Population	Year of decision	Year of implemen-tation	Kind of de-privatisation	How de-privatisation happened	Level of taking back control	Private company
455	Cleaning and waste collection	Spain	Castelldefels	63,255	2016		Remunicipalisation	N/A	Municipal	N/A
456	Household services (housing)	Spain	Chiclana	80 workers	2016	2016	Remunicipalisation	E	Municipal	concessions with a private actor
457	Building cleaning	Spain	Chiclana	80 workers	2016	2016	Remunicipalisation	E	Municipal	concessions with a private actor
458	Parks and gardens	Spain	Chiclana	20 workers	2016	2016	Remunicipalisation	E	Municipal	N/A
459	Muncipal Crane (construction)	Spain	Sabadell	207,444	2016		Remunicipalisation	E	Municipal	N/A
460	Parking meters/ Municipal Crane (public space)	Spain	Santiago de Compostela	95,671	2016		Remunicipalisation	T	Municipal	Setex Aparki
461	Parks and gardens	Spain	Zaragoza	220 workers	2016	2018	Remunicipalisation	E	Municipal	Concession with private partner, FCC
462	Parking meters	Spain	Sabadell	207,444	2017		Remunicipalisation	E	Municipal	N/A
463	Housing benefits	United Kingdom	Lambeth Council	324,400	2000		Remunicipalisation	T	State/ province/ regional	PPP with Capita
464	Sport and leisure	United Kingdom	Cheltenham Council, Eastern	116,800	2003		Remunicipalisation	T	State/ province/ regional	PPP with Leisure Connection
465	School catering	United Kingdom	Newcastle Council, North East, United Kingdom	150,000	2007		Remunicipalisation	E	Municipal	N/A
466	Contact centre	United Kingdom	Redcar and Cleveland, North East	135,300	2007		Remunicipalisation	E	State/ province/ regional	N/A
467	Cleaning	United Kingdom	Scotland	5,404,700	2008		Remunicipalisation	E	State/ province/ regional	N/A
468	Cleaning	United Kingdom	Wales	3,063,456	2008		Remunicipalisation	E	State/ province/ regional	N/A
469	Housing advisory services	United Kingdom	Cotswold District Council, South East, United Kingdom	85,000	2009		Remunicipalisation	E	State/ province/ regional	N/A
470	HR and payroll	United Kingdom	Cumbria County Council, North West, United Kingdom	496,000	2009		Remunicipalisation	E	State/ province/ regional	N/A

N°	Specific service	Country	City/Region	Population	Year of decision	Year of implemen-tation	Kind of de-privatisation	How de-privatisation happened	Level of taking back control	Private company
471	IT	United Kingdom	Essex County Council, Eastern, United Kingdom	1,396,600	2009		Remunicipalisation	E	State/ province/ regional	N/A
472	Homelessness and housing advice	United Kingdom	West Lindsey Council, East Midlands, United Kingdom	92,000	2009		Remunicipalisation	E	State/ province/ regional	N/A
473	IT	United Kingdom	Wiltshire Council, South West, United Kingdom	684,000	2009		Remunicipalisation	E	State/ province/ regional	N/A
474	IT	United Kingdom	Broadland Council, Eastern, United Kingdom	130,000	2010		Remunicipalisation	E	State/ province/ regional	N/A
475	Housing advice and homelessness agency	United Kingdom	East Dorset Council, South West, United Kingdom	88,000	2010		Remunicipalisation	E	State/ province/ regional	N/A
476	Building cleaning	United Kingdom	East Riding Council, Yorkshire & Humberside, United Kingdom	337,000	2010		Remunicipalisation	E	State/ province/ regional	N/A
477	Housing	United Kingdom	Hillingdon Council, London, United Kingdom	300,000	2010		Remunicipalisation	E	Municipal	ALMO
478	Building cleaning	United Kingdom	London Borough of Islington	210,000	2010		Remunicipalisation	E	Municipal	PPP
479	Hospital cleaning	United Kingdom	Northern Ireland	1,870,451	2010		Remunicipalisation	E	State/ province/ regional	N/A
480	Ground and land-scape maintenance (public space)	United Kingdom	Rotherham Council, Yorkshire and Humberside	260,000	2010		Remunicipalisation	E	State/ province/ regional	N/A
481	Housing management	United Kingdom	Slough Council, South East, United Kingdom	120,000	2010		Remunicipalisation	E	Municipal	ALMO
482	Building cleaning	United Kingdom	Surrey Council, South East, United Kingdom	1,100,000	2010		Remunicipalisation	E	State/ province/ regional	N/A
483	Housing management	United Kingdom	Basildon Council,Eastern, United Kingdom	172,000	2011		Remunicipalisation	E	State/ province/ regional	N/A
484	Emergency call (emergency)	United Kingdom	Blaenau Gwent Council, Wales. United Kingdom	70,000	2011		Remunicipalisation	E	State/ province/ regional	Worcester Telecare
485	IT	United Kingdom	Coventry City Council, West Midlands, United Kingdom	340,000	2011		Remunicipalisation	E	Municipal	N/A

N°	Specific service	Country	City/Region	Population	Year of decision	Year of implemen-tation	Kind of de-privatisation	How de-privatisation happened	Level of taking back control	Private company
486	Road work	United Kingdom	Cumbria County	498,000	2011		Remunicipalisation	E	State/ province/ regional	Capita
487	Housing	United Kingdom	Ealing Council, London United Kingdom	342,000	2011		Remunicipalisation	E	Municipal	Ealing Homes, an Arms Length Management Organization (ALMO)
488	Housing	United Kingdom	Hammersmith and Fulham Council, London, United Kingdom	182,000	2011		Remunicipalisation	E	Municipal	ALMO
489	Housing repairs	United Kingdom	Hinckley and Bosworth Council, East Midlands	108,800	2011		Remunicipalisation	E	State/ province/ regional	Willmott Dixon
490	Housing	United Kingdom	London Borough of Islington	210,000	2011		Remunicipalisation	E	Municipal	ALMO Homes for Islington
491	Housing management	United Kingdom	Newham Council, London, United Kingdom	320,000	2011		Remunicipalisation	E	Municipal	ALMO: Newham Homes
492	Building cleaning	United Kingdom	Perth & Kinross Council, Scotland, United Kingdom	150,000	2011		Remunicipalisation	E	Municipal	N/A
493	Housing	United Kingdom	Sheffield	640,720	2011		Remunicipalisation	E	Municipal	ALMO Sheffield Homes
494	Revenues and benefits (others)	United Kingdom	Southwark Council, London, United Kingdom	308,900	2011		Remunicipalisation	E	Municipal	N/A
495	Human resources	United Kingdom	East Riding Council, Yorkshire & Humberside	595,700	2012		Remunicipalisation	T	State/ province/ regional	PPP with Avarto
496	Parking (public space)	United Kingdom	Worthing Council, South East	104,600	2013		Remunicipalisation	E	State/ province/ regional	PPP with NCP
497	Social housing	United Kingdom	Lambeth Council	324,400	2014		Remunicipalisation	E	State/ province/ regional	Lambeth Living
498	Support services	United Kingdom	Bedfordshire Council	655,000	2015		Remunicipalisation	T	Municipal	N/A
499	HR and IT etc.	United Kingdom	Somerset County	200,000	2015		Remunicipalisation	T	State/ province/ regional	Southwest One, IBM

N°	Specific service	Country	City/Region	Population	Year of decision	Year of implemen-tation	Kind of de-privatisation	How de-privatisation happened	Level of taking back control	Private company
TRANSPORT										
500	Bus line	Austria	Vienna	1,867,960	2007	2014	Remunicipalisation	E	Municipal	N/A
501	Mountain railway	Austria	Mitterbach	506	2011	2011	Remunicipalisation	S	State/ province/ regional	Helmut Meder, Peter Schakmann
502	Railway infra-structure maintenance	Austria	Niederösterreich	1,653,419	2016	2017	Remunicipalisation	T	State/ province/ regional	ARGE Bahnbau Austria (R&Z Bau GmbH, Leonhard Weiss GmbH & Co KG)
503	Local transit system	Canada	Fort McMurray	65,565	2015		Remunicipalisation	T	Municipal	Tok Transit Ltd.
504	Cable railways	Czech Republic	Krupka	13,260	2009		Remunicipalisation	N/A	Municipal	Dragon Trade
505	Transport	France	Cholet	104,000	2001	2003	Remunicipalisation	E	Intermunicipal	Veolia
506	Local public transport	France	Toulouse	730,000	2005	2006	Remunicipalisation	T	Intermunicipal	Tisséo
507	Local public transport system	France	Belfort	144,000		2007	Remunicipalisation	N/A	Intermunicipal	Keolis
508	Local public transport	France	Forbach	79,500	2009	2010	Remunicipalisation	E	Intermunicipal	N/A
509	Transport	France	Saumur	65,000	2010	2011	Remunicipalisation	N/A	Intermunicipal	Veolia
510	Transport	France	Clermont-Ferrand	469,000	2012		Remunicipalisation	E	N/A	N/A
511	Transport	France	Maubeuge	127,000	2012		Remunicipalisation	E	Intermunicipal	N/A
512	Transport	France	Nice	536,000	2012	2013	Remunicipalisation	E	Intermunicipal	Veolia Transdev
513	Transport	France	Saint-Nazaire	68,616	2012	2013	Remunicipalisation	E	Intermunicipal	N/A
514	Local public transport system	France	Périgueux	60,000	2012		Remunicipalisation	E	Intermunicipal	N/A
515	Local public transport	France	Saint-Brieuc	46,173		2013	Remunicipalisation	E	Intermunicipal	Veolia Transdev
516	Local public transport	France	Cannes	72,607		2013	Remunicipalisation	E	Intermunicipal	Veolia Transdev
517	Transport	France	Aurillac	56,000	2013	2014	Remunicipalisation	E	Intermunicipal	Veolia Transdev
518	Transport	France	Thionville	180,000	2013	2014	Remunicipalisation	E	Intermunicipal	Veolia Transdev

N°	Specific service	Country	City/Region	Population	Year of decision	Year of implemen-tation	Kind of de-privatisation	How de-privatisation happened	Level of taking back control	Private company
519	Local public transport	France	Chartres	125,500		2015	Remunicipalisation	E	Intermunicipal	Veolia Transdev
520	Local public transport system	France	Abbeville	31,500	2015	2016	Remunicipalisation	E	Intermunicipal	Keolis
521	Local public transport system	France	Annecy	225,000	2016		Remunicipalisation	T	intermunicipal	N/A
522	Local public transport system	France	Ajaccio	80,750	2016		Remunicipalisation	E	Intermunicipal	Veolia Transdev
523	Transport	France	Pau	240,000	2016	2017	Remunicipalisation	E	Intermunicipal	N/A
524	Airport	France	Rouen	111,805	2016		Remunicipalisation	E	Intermunicipal	SNC-Lavalin
525	Transport services	Germany	Kiel	243,148	2009		Remunicipalisation	S	Municipal	Landeshauptstadt Kiel (51%), Norddeutsche Busbeteiligungsgesell-schaft (49%)
526	Transport services	Germany	Solingen	158,726	2012	2012	Remunicipalisation	S	Municipal	Stadt Solingen (50,1%), MVV Energie AG (49,9%)
527	Airport Metro	India	New Delhi	21,750,000	2013	2013	Remunicipalisation	T	Municipal	Reliance Infrastructure - Delhi Airport Express Private Limited
528	Metro and busses	Portugal	Lisbon	2,900,000	2016		Remunicipalisation	T	Municipal	Grupo Autobuses de Oriente (ADO), Avanza
529	Bus network	Portugal	Porto	N/A	2016		Remunicipalisation	D	Municipal	STCP
530	Local bus transportation	Turkey	Denizli	1,000,000		2014	Remunicipalisation	E	Municipal	Turex Turizm
531	Underground railroad services	United Kingdom	London	8,674,000	2008		Remunicipalisation	T	Municipal	Metronet SSL
532	Underground railroad services	United Kingdom	London	8,674,000	2008		Remunicipalisation	T	Municipal	Metronet BCV
533	Underground railroad services	United Kingdom	London	8,674,000	2010		Remunicipalisation	T	Municipal	Tubelines
534	Highway maintenance	United Kingdom	Ealing Council, London	342,000	2011		Remunicipalisation	E	Municipal	N/A

N°	Specific service	Country	City/Region	Population	Year of decision	Year of implemen-tation	Kind of de-privatisation	How de-privatisation happened	Level of taking back control	Private company
535	Highway maintenance	United Kingdom	Rotherham, Yorkshire & Humberside	260,000	2011		Remunicipalisation	E	Municipal	N/A
536	Highway maintenance	United Kingdom	Thurrock	143,128	2013		Remunicipalisation	T	State/ province/ regional	Serco
537	Metro	United Kingdom	Tyne and Wear	1,075,938		2017	Remunicipalisation	E	State/ province/ regional	Arriva, Deutsche Bahn subsidiary

WASTE

N°	Specific service	Country	City/Region	Population	Year of decision	Year of implemen-tation	Kind of de-privatisation	How de-privatisation happened	Level of taking back control	Private company
538	Solid waste collection	Canada	Port Moody	34,000	2009		Remunicipalisation	E	Municipal	PPP
539	Solid waste collection	Canada	Conception Bay South, Newfoundland and Labrador	25,000	2011	2012	Remunicipalisation	T or E	Municipal	PPP
540	Garbage waste collection	Canada	Paradise	18,000	2011		Remunicipalisation	E	Municipal	PPP
541	Solid waste collection	Canada	Saint John	70,000	2011		Remunicipalisation	E	Municipal	PPP
542	Solid waste collection	Canada	Sherbrooke	150,000	2011		Remunicipalisation	E	Municipal	PPP
543	Waste collection and recycling	France	Briançon	20,800	2013		Remunicipalisation	E	Intermunicipal	Veolia
544	Waste collection	France	Cahors	41,300	2015		Remunicipalisation	E	Intermunicipal	Prévost environnement et Sictom
545	Waste repurposing	France	Arcachon	11,454	2016		Remunicipalisation	E	Intermunicipal	Suez (Sita)
546	Street cleaning	Germany	Bergkamen	50,896	2002	2002	Remunicipalisation	E	Municipal	Remondis AG & Co. KG
547	Waste management	Germany	Böblingen (Landkreis)	370,392	2003/2008	2004/2009	Remunicipalisation	E	State/ province/ regional	N/A
548	Waste water	Germany	Fürstenwalde	32,867	2004	2004	Remunicipalisation	E	Municipal	N/A
549	Waste management	Germany	Rhein-Hunsrück-Kreis	101,854	2004	2006	Remunicipalisation	E	State/ province/ regional	N/A
550	Waste management	Germany	Bergkamen	50,896	2005	2006	Remunicipalisation	E	Municipal	Remondis AG & Co. KG

N°	Specific service	Country	City/Region	Population	Year of decision	Year of implemen-tation	Kind of de-privatisation	How de-privatisation happened	Level of taking back control	Private company
551	Waste management	Germany	Uckermark (Landkreis)	122,484	2005	2006	Remunicipalisation	E	State/ province/ regional	N/A
552	Waste management	Germany	Aachen (Landkreis) - 8 municipalities	N/A	2005/2008	2006/2009	Municipalisation	N/A	State/ province/ regional	N/A
553	Waste management	Germany	Düren (Landkreis) - 4 municipalities	N/A	2005/2008	2006/2009	Municipalisation	N/A	State/ province/ regional	N/A
554	Waste disposal	Germany	Lüneburg (Landkreis)	174,257	2007		Remunicipalisation	E	State/ province/ regional	N/A
555	Waste management	Germany	Kiel	243,148	2011	2012	Remunicipalisation	E	Municipal	N/A
556	Waste management	Germany	Wickede an der Ruhr	12,233	2011	2012	Remunicipalisation	E	Intermunicipal	N/A
557	Waste management	Germany	Passau, LK Deggendorf, Freyung-Grafenau, Passau, Regen	N/A	2014	2016	Remunicipalisation	E	State/ province/ regional	Different private companies
558	Waste water	Germany	Wedemark	28,957	2015	2016	Remunicipalisation	E	Municipal	KED Kommunale Entsor-gungsdienste GmbH & Co. KG
559	Waste disposal	Norway	Oslo	650,000	2017	2017	Remunicipalisation	T	Municipal	Veireno
560	Waste collection and cleaning	Spain	León	129,551	2013		Remunicipalisation	E	Municipal	Urbaser
561	Waste collection and recycling	Spain	Mislata	43,281	2015	N/A	Remunicipalisation	T	Municipal	Sociedad Agricultores de l a Vega
562	Waste treatment	United Kingdom	Neath Port Talbot	227,079	N/A	2005	Remunicipalisation	T	Municipal	HLC Environmental Projects
563	Waste disposal and recycling	United Kingdom	North Tyneside	200,000	2008	2009	Remunicipalisation	E	Municipal	External contractor
564	Waste recycling	United Kingdom	Banbridge District Council, Northern Ireland, United Kingdom	46,400	2011	2012	Remunicipalisation	E	Municipal	Bryson Recycling
565	Waste recycling	United Kingdom	Lewes District Council, South East, United Kingdom	92,177	2011	N/A	Remunicipalisation	E	Municipal	N/A

N°	Specific service	Country	City/Region	Population	Year of decision	Year of implemen-tation	Kind of de-privatisation	How de-privatisation happened	Level of taking back control	Private company
566	Waste and streat cleaning	United Kingdom	Northumberland Council, North East, United Kingdom	307,190	2011	N/A	Remunicipalisation	E	State/ province/ regional	N/A
567	Waste collection, recycling and street cleaning	United Kingdom	London Borough of Islington	210,000	2012	N/A	Remunicipalisation	E	Municipal	Enterprise
568	Waste recycling	United Kingdom (Scotland)	Falkirk	35,000	2016	N/A	Remunicipalisation	E	Municipal	N/A

WATER

N°	Specific service	Country	City/Region	Population	Year of decision	Year of implemen-tation	Kind of de-privatisation	How de-privatisation happened	Level of taking back control	Private company
569	Wastewater treatment	Belgium	Flanders region	3,800,000	2006		Remunicipalisation	ST	State/ province/ regional	Severn Trent
570	Water	Canada	Hamilton	49,000	2004		Remunicipalisation	E	Municipal	American Water
571	District water and wastewater management	Canada	Port Hardy	4,008	2013		Remunicipalisation	T	Municipal	EPCOR
572	Wastewater management	Canada	Banff, Alberta	7,584	2014		Remunicipalisation	E	Municipal	PPPs with EPCOR Utilities, Inc.
573	Wastewater treatment	Canada	Sooke	12,000	2016		Remunicipalisation	E	Municipal	PPP with EPCOR
574	Water and sanitation	France	SYDEC Landes	87,000	2000-2014		Remunicipalisation	E	Intermunicipal	Veolia, Suez, SAUR
	Extension of the régies to new cities for water (+87000) and sanitation (+50000).									
575	Water	France	Briancon	12,000	2000		Remunicipalisation	E	Intermunicipal	SAUR
576	Water	France	Grenoble (city)	160,000	2,001		Remunicipalisation	T	Municipal	Suez
577	Water	France	Grenoble Metropole Alpes	320,000	2001		Remunicipalisation	T	Intermunicipal	Suez
	48 cities excluding Grenoble.									
578	Water	France	Neufchâteau	7,000	2001		Remunicipalisation	T	Municipal	Veolia
579	Water and sanitation	France	Pays Châtelleraudais (communauté d'agglomération)	55,000	2001		Remunicipalisation	E	Intermunicipal	Veolia
	13 cities including Châtellerault and Naintré for sanitation.									

N°	Specific service	Country	City/Region	Population	Year of decision	Year of implemen-tation	Kind of de-privatisation	How de-privatisation happened	Level of taking back control	Private company
580	Water	France	Venelles	8,500	2002		Remunicipalisation	E	Municipal	SAUR
581	Water	France	Communauté de communes des Albères et de la Côte Vermeille	24,000	2002/2010		Remunicipalisation	E	Intermunicipal	N/A
	12 cities which remunicipalised at expiry.									
582	Water	France	Castres	43,000	2003		Remunicipalisation	T	Municipal	Suez
583	Water	France	Fraisses	4,000	2003		Remunicipalisation	N/A	Municipal	Veolia
584	Water	France	Varages	1,100	2004		Remunicipalisation	E	Municipal	Suez
585	Water	France	Cherbourg (communauté urbaine)	46,000	2005		Remunicipalisation	E	Intermunicipal	Veolia
	5 cities									
586	Water	France	Lanvollon-Plouha	16,500	2005		Remunicipalisation	E	Municipal	Veolia/Suez
587	Water	France	Embrun	6,500	2006		Remunicipalisation	E	Municipal	Veolia
588	Water	France	Corte	7,000	2007		Remunicipalisation	E	Municipal	OEHC
589	Water	France	Cournon d'Auvergne	19,000	2007		Remunicipalisation	N/A	Municipal	N/A
590	Water	France	Le Minervois (communauté de communes)	6,300	2007		Remunicipalisation	E	Intermunicipal	N/A
	15 cities									
591	Water and sanitation	France	Saint-Paul (La Réunion)	100,000	2007		Remunicipalisation	T	Municipal	Veolia
	Sanitation remunicipalised in 2007, water remunicipalised in 2010.									
592	Water	France	Châtellerault/ Naintré	38,000	2007		Remunicipalisation	E	Intermunicipal	Veolia
593	Water	France	Tournon-sur-Rhône	11,000	2007		Remunicipalisation	E	Municipal	SAUR
594	Water and sanitation	France	Angers Loire Métropole	7,000	2008		Remunicipalisation	E	Intermunicipal	SAUR
	Extension of the régie to new cities for water and sanitation.									
595	Water	France	Hauteville-Lompnes	4,000	2008		Remunicipalisation	N/A	Municipal	N/A
596	Water	France	La Fillière (SIE de La Fillière)	14,000	2008		Remunicipalisation	E	Municipal	Suez
597	Water supply	France	Brignoles	15,912	2008	2011	Remunicipalisation	E	Municipal	Veolia
598	Water	France	Belley	9,000	2009		Remunicipalisation	E	Municipal	Alteau

N°	Specific service	Country	City/Region	Population	Year of decision	Year of implemen-tation	Kind of de-privatisation	How de-privatisation happened	Level of taking back control	Private company
599	Sanitation	France	Benfeld et environs	17,500	2009		Remunicipalisation	E	Intermunicipal	Suez
	Sanitation, joined regional water syndicate SDEA Alsace-Moselle.									
600	Water	France	Digne-les-Bains	18,500	2009		Remunicipalisation	E	Municipal	Suez
601	Water	France	La Grand'Combe (S.I.D.E DE L'AGGLOMÉRATION GRAND'COMBIENNE)	12,000	2009		Remunicipalisation	E	Intermunicipal	Ruas
602	Water	France	Mouthe	1,000	2009		Remunicipalisation	E	Municipal	Suez
603	Water	France	Greater Rouen (Métropole Rouen Normandie)	145,000	2009/2014		Remunicipalisation	E	Intermunicipal	Veolia, Suez
	Progressive extension of the régie to new cities.									
604	Water	France	Syndicat d'Eau du Roumois et du Plateau du Neubourg (SERPN)	65,000	2009		Remunicipalisation	E	Intermunicipal	Veolia
	108 cities									
605	Water	France	Saint-André, Falicon et la Trinité	17,000	2009		Remunicipalisation	E	Intermunicipal	Veolia/Ruas
	Now part of Métropole Nice Côte d'Azur.									
606	Water and sanitation	France	Ungersheim	2,000	2009/2011		Remunicipalisation	N/A	Municipal	N/A
607	Sanitation	France	Greater Albi (communauté d'agglomération de l'Albigeois)	84,000	2010		Remunicipalisation	E	Intermunicipal	Suez
	Sanitation only remunicipalised (water always remained public).									
608	Water	France	Annonay	17,000	2010		Remunicipalisation	E	Municipal	SAUR
609	Water	France	Bonneville	12,000	2010		Remunicipalisation	E	Municipal	Veolia
610	Water	France	Lucé (communauté de communes de Lucé)	15,000	2010		Remunicipalisation	E	Intermunicipal	Veolia
	14 cities									
611	Water	France	Paris	2,200,000	2010		Remunicipalisation	E	Municipal	Veolia/Suez
612	Water	France	Saint-Jean-de-Braye	19,000	2010		Remunicipalisation	E	Municipal	SAUR
613	Water	France	Bordeaux	740,000	2011	2018	Remunicipalisation	D	Municipal	Suez
	This remunicipalisation is still debated and there are signs that the newly elected local authorities might reconsider their decision.									
614	Water	France	Brignole	18,000	2011		Remunicipalisation	E	Municipal	Veolia

付録　171

N°	Specific service	Country	City/Region	Population	Year of decision	Year of implementation	Kind of de-privatisation	How de-privatisation happened	Level of taking back control	Private company
615	Water	France	Causse Noir (SIAEP)	25,000	2011		Remunicipalisation	E	Intermunicipal	Veolia
	10 cities									
616	Water	France	Gueugnon	9,000	2011		Remunicipalisation	E	Municipal	Suez
	Sanitation was also remunicipalised in 2015.									
617	Water	France	Lacs de l'Essonne	32,000	2011		Remunicipalisation	E	Intermunicipal	Veolia/Suez
618	Water	France	Le Gouray	1,100	2011		Remunicipalisation	E	Municipal	Veolia
619	Water	France	Greater Nantes	N/A	2011		Remunicipalisation	E	Intermunicipal	Veolia/Suez
620	Water	France	Ploubezre	3,000	2011		Remunicipalisation	E	Municipal	Veolia
621	Water	France	Saint Brieuc Agglomération	52,000	2011/2018		Remunicipalisation	D	Intermunicipal	Veolia
622	Water	France	Syndicat de la Baie	5,000	2011		Remunicipalisation	E	Intermunicipal	Veolia
623	Water	France	Tarnos, Ondres, Boucau and St-Martin-de-Seignaux	29,000	2011		Remunicipalisation	E	Intermunicipal	Suez
624	Water	France	Vierzon	28,000	2011		Remunicipalisation	E	Municipal	Veolia
625	Water	France	Brest Métropole	213,000	2012		Remunicipalisation	E	Intermunicipal	Veolia
626	Water	France	Chenal du Four (Syndicat du Chenal du Four)	6,000	2012		Remunicipalisation	E	Intermunicipal	Veolia
627	Water	France	Gâtine (Syndicat Mixte des Eaux de la Gâtine)	56,000	2012		Remunicipalisation	E	Intermunicipal	Suez
628	Water	France	Landerneau (SIDEP de Landerneau)	20,000	2012		Remunicipalisation	E	Intermunicipal	Veolia
629	Water	France	Muret	24,000	2012		Remunicipalisation	E	Municipal	Veolia
	Part of the service is still outsourced.									
630	Water	France	Saint-Malo	48,000	2012		Remunicipalisation	E	Municipal	Veolia
631	Sanitation	France	Schweighouse (SIVOM)	12,000	2012		Remunicipalisation	E	Intermunicipal	Suez
	Sanitation, joined regional water syndicate SDEA Alsace-Moselle.									
632	Sanitation	France	Sélestat	60,000	2012		Remunicipalisation	E	Intermunicipal	Veolia
	Sanitation									
633	Water	France	Argenton-sur-Creuse	5,000	2013		Remunicipalisation	E	Municipal	Veolia
634	Water	France	Basse Vallée de l'Adour (syndicat intercommunal)	31,000	2013		Remunicipalisation	E	Intermunicipal	Suez
	25 cities									

N°	Specific service	Country	City/Region	Population	Year of decision	Year of implementation	Kind of de-privatisation	How de-privatisation happened	Level of taking back control	Private company
635	Water	France	Beaurepaire et Saint-Barthélémy	6,000	2013		Remunicipalisation	N/A	Intermunicipal	N/A
636	Water	France	Capbreton	8,000	2013		Remunicipalisation	E	Municipal	Suez
637	Water	France	Évry Centre Essonne	116,000	2013		Remunicipalisation	E	Municipal	Suez
638	Water	France	Gannat	6,000	2013		Remunicipalisation	E	Intermunicipal	Veolia
	Joined SIVOM Sioule et Bouble.									
639	Water	France	Kermorvan-Kersauzon (syndicat des eaux)	19,000	2013		Remunicipalisation	N/A	Intermunicipal	Veolia
640	Sanitation	France	Lamentin, Saint-Joseph and Schoelcher (Martinique)	77,000	2013		Remunicipalisation	E	Intermunicipal	Suez/Veolia
	Sanitation, joined the communité d'agglomération CACEM's régie.									
641	Water	France	Péronne	9,000	2013		Remunicipalisation	E	Municipal	N/A
642	Sanitation	France	Saint-Pierre des Corps	15,000	2013		Remunicipalisation	E	Intermunicipal	Veolia
	Water service is still partly outsourced to Veolia (installations and meters). Sanitation was remunicipalised in 2012.									
643	Water	France	Valence-Moissace-Puymirol (syndicat des eaux)	5,000	2013		Remunicipalisation	E	Intermunicipal	SAUR
644	Water	France	Aubagne	46,000	2014		Remunicipalisation	E	Municipal	Veolia
	Joined SPL Eau des Collines for water.									
645	Water	France	Barousse Comminges Save	58,000	2014		Remunicipalisation	T	Intermunicipal	SEM Pyrénées
646	Water	France	Beaulieu, Cap d'Ail, Eze et Villefranche-sur-Mer	17,000	2014		Remunicipalisation	E	Intermunicipal	Veolia
	Now part of métropole Nice Côte d'Azur.									
647	Water	France	Blois	48,000	2014	2016	Remunicipalisation	E	Municipal	Veolia
648	Water	France	Capesterre-Belle-Eau (Guadeloupe)	20,000	2014		Remunicipalisation	E	Municipal	Veolia
	Taking effect 2016.									
649	Water	France	Castelsarrasin	13,000	2014		Remunicipalisation	E	Municipal	SAUR
650	Water	France	Courgent	400	2014		Remunicipalisation	T	Municipal	Suez
651	Water supply	France	Fécamp	19,381	2014	2015	Remunicipalisation	E	Municipal	Suez
652	Water	France	Montpellier Méditerranée Métropole	350,000	2014	2016	Remunicipalisation	E	Intermunicipal	Veolia
	Taking effect 2016.									

N°	Specific service	Country	City/Region	Population	Year of decision	Year of implemen-tation	Kind of de-privatisation	How de-privatisation happened	Level of taking back control	Private company
653	Sanitation	France	Pays d'Aubagne et de l'Étoile	105,000	2014		Remunicipalisation	E	Intermunicipal	Veolia
	12 cities, including Aubagne and La Penne-sur-Huveaune, joined SPL Eau des Collines for sanitation.									
654	Water	France	La Penne-sur-Huveaune	6,000	2014		Remunicipalisation	E	Municipal	Veolia
	Joined SPL Eau des Collines for Water.									
655	Water supply (production only)	France	Lille	1,130,000	2014		Remunicipalisation	N/A	Intermunicipal	Suez (partially)
656	Sanitation	France	Mommenheim (SICTEU)	6,000	2014		Remunicipalisation	E	Intermunicipal	Suez
	Sanitation, joined regional water syndicate SDEA Alsace-Moselle.									
657	Water	France	Portes de l'Eure (com-munauté d'agglomération)	20,000	2014·		Remunicipalisation	D	Intermunicipal	Veolia/SAUR
	39 cities will be added over time as contracts expire.									
658	Water	France	Terre de Bas (Iles des Saintes, Guadeloupe)	1,000	2014		Remunicipalisation	E	Municipal	Veolia
	Remunicipalised together with Capesterre Belle Eau.									
659	Water	France	Terre de Haut (Iles des Saintes, Guadeloupe)	2,000	2014		Remunicipalisation	E	Municipal	Veolia
	TRemunicipalised together with Capesterre Belle Eau.									
660	Water	France	Bastia (communauté d'agglomération)	58,000	2015		Remunicipalisation	E	Intermunicipal	OEHC
661	Water	France	Brugheas	1,500	2015		Remunicipalisation	E	Municipal	Veolia
	Joined SIVOM Sioule et Bouble.									
662	Water	France	Fleury les Aubrais	21,000	2015		Remunicipalisation	E	Municipal	SAUR
	TService is still partly outsourced.									
663	Water and sanitation	France	Lamentin / Saint-Joseph (Martinique)	57,000	2015		Remunicipalisation	E	Intermunicipal	Suez/Veolia
	Sanitation was remunicipalised in 2013 - both through joining the CACEM regie.									
664	Water	France	Montigny-lès-Metz	22,000	2015	2018	Remunicipalisation	E	Municipal	SAUR
665	Water	France	Nice (city)	348,000	2015		Remunicipalisation	E	Municipal	Veolia
	Now part of Métropole Nice Côte d'Azur.									
666	Water	France	Pays de Bitche	25,000	2015		Remunicipalisation	E	Intermunicipal	Veolia
	Joined SDEA Alsace-Moselle.									
667	Water supply	France	Pays de Gex	86,000	2015	2018	Remunicipalisation	E	Intermunicipal	Suez

N°	Specific service	Country	City/Region	Population	Year of decision	Year of implemen-tation	Kind of de-privatisation	How de-privatisation happened	Level of taking back control	Private company
668	Water	France	Pays de Nay (SEPA du Pays de Nay)	25,000	2015		Remunicipalisation	E	Intermunicipal	SAUR
669	Water	France	Quimperlé	12,000	2015		Remunicipalisation	E	Municipal	Veolia
670	Water	France	Rennes (Eau du Bassin rennais)	480,000	2015		Remunicipalisation	E	Intermunicipal	Veolia
	56 cities. Production was remunicipalised over the whole area (480000), distirbution over Rennes city only (230000).									
671	Water	France	SIAEAG (Guadeloupe)	100,000	2015		Remunicipalisation	E	Intermunicipal	Veolia
672	Water	France	Troyes	60,000	2015		Remunicipalisation	E	Municipal	Veolia
673	Water	France	Valence	65,000	2015		Remunicipalisation	E	Municipal	Veolia
674	Water supply	France	Villar-Saint-Pancrace	1400	2015		Remunicipalisation	E	Intermunicipal	Suez
675	Water supply	France	Auch-Nord	N/A	2016		Remunicipalisation	E	Intermunicipal	Veolia
676	Water supply and sanitation	France	Cap Excellence (Guadeloupe)	100,000	2016	2017	Remunicipalisation	N/A	Intermunicipal	Veolia
677	Water supply	France	Cœur d'Essonne Agglomération	193,000	2016	2017	Remunicipalisation	E	Intermunicipal	Suez/Veolia
678	Water	France	Lesparre	5,600	2016		Remunicipalisation	E	Municipal	Suez
679	Water supply and sanitation	France	Nord Grande-Terre (Guadeloupe)	59,000	2016	2017	Remunicipalisation	E	Intermunicipal	Veolia
680	Water supply	Germany	Bochum, Dortmund	364,742	2003	2003	Remunicipalisation	S	Intermunicipal	E.ON
681	Water	Germany	Krefeld	222,058	2005		Remunicipalisation	T	Municipal	RWE
682	Water	Germany	Bergkamen	110,000	2008		Remunicipalisation	T	Municipal	Gelsenwasser
683	Water supply	Germany	Frankfurt, Hannover, Nürnberg + 54 weitere	N/A	2009	2009	Remunicipalisation	S	Other/ combined	E.ON
684	Water supply	Germany	Baden-Württemberg (region)	10,879,618	2010	2010	Remunicipalisation	S	State/ province/ regional	EdF (France, state-owned), OEW, each ca. 45%
685	Water	Germany	Stuttgart	613,392	2010		Remunicipalisation	D	Municipal	EnBW
686	Water supply	Germany	Wetzlar	51,649	2010	2011	Remunicipalisation	S	Municipal	Enwag GmbH (Stadt Wetzlar, Thüga AG)
687	Water supply	Germany	Wiesbaden	276,218	2011	2012	Remunicipalisation	S	Municipal	ESWE (Thüga AG, WVV Wiesbaden Holding)
688	Water	Germany	Solingen	155,768	2012		Remunicipalisation	T	Municipal	MVV Energie AG

付録　173

N°	Specific service	Country	City/Region	Population	Year of decision	Year of implemen-tation	Kind of de-privatisation	How de-privatisation happened	Level of taking back control	Private company
689	Water	Germany	Bielefeld	328,864	2012		Remunicipalisation	T	Municipal	Stadtwerke Bremen/ Essent
690	Water supply	Germany	Darmstadt & weitere	155,353	2012	2012	Remunicipalisation	S	Intermunicipal	Stadt Darmstadt
691	Water	Germany	Oranienburg	42,000	2012		Remunicipalisation	T	Municipal	Gelsenwasser
692	Water	Germany	Berlin	3,501,870	2013		Remunicipalisation	T	Municipal	Veolia/RWE
693	Water supply	Germany	Wuppertal	608,000	2013	2013	Remunicipalisation	S	Municipal	Wuppertaler Stadtwerke, GDF Suez
694	Water	Germany	Burg (Sachsen-Anhalt)	22,000	2014		Remunicipalisation	E	Municipal	Veolia
695	Water supply	Germany	Erbach	13,401	2014	2015	Remunicipalisation	W	Municipal	Heag-Südhessische Energie AG (HSE)
696	Water	Germany	Rostock	200,000	2014		Remunicipalisation	D	Municipal	Remondis
697	Water	Italy	Imperia	220,000	2012		Remunicipalisation	D	Intermunicipal	IREN
698	Water	Italy	Province of Varese	889,000	2013		Remunicipalisation	D	Intermunicipal	A2A
699	Water	Italy	Termoli	33,000	2015		Remunicipalisation	D	Municipal	Acea
700	Water	Portugal	Mafra	76,685	2016		Remunicipalisation	T	Municipal	Génerale des Eaux & Be Water
701	Water	Russia	Arzamas	120,000	2014		Remunicipalisation	W	Municipal	Remondis
702	Water	Spain	Medina Sidonia	11,794	2003		Remunicipalisation	T	Municipal	Aqualia
703	Water	Spain	Sevilla province	126,845	2007		Remunicipalisation	T	State/ province/ regional	ACS Actividades de Construc-ción y Servicios
			Alanís de la Sierra, Alcolea del Río, Almadén de la Plata, Brenes, Las Cabezas, Cantillana, Carmona, Cañada Rosal, Constantina, El Coronil, El Cuervo, El Madroño, Los Molares, Lebrija, Los Palacios y Vfca., El Pedroso, El Real de la Jara, Tocina, Vva. Del Río y Minas, El Viso del Alcor, San Nicolás del Puerto, Utrera.							
704	Water supply	Spain	Figaró-Montmany (Catalonia)	1,110	2009	2010	Remunicipalisation	E	Municipal	CASSA
705	Water supply	Spain	Arenys de Munt (Catalonia)	8,588	2010	2011	Remunicipalisation	E	Municipal	Agbar - SUEZ Environment
706	Water	Spain	Arteixo	31,005	2013	2013	Remunicipalisation	T	Municipal	Aqualia (FCC)
707	Water supply	Spain	La Granada (Catalonia)	2,055	2013	2014	Remunicipalisation	E	Municipal	Cassa - AGBAR - Suez
708	Water	Spain	La Línea de la Concepción	62,697	2013		Remunicipalisation	T	Municipal	Aqualia (FCC)
709	Water	Spain	Manacor	41,049	2013		Remunicipalisation	N/A	Municipal	Agua Manacor S.A.
710	Water supply	Spain	Lucena (Andalusia)	45,000	2013		Remunicipalisation	E	Municipal	Agber

N°	Specific service	Country	City/Region	Population	Year of decision	Year of implemen-tation	Kind of de-privatisation	How de-privatisation happened	Level of taking back control	Private company
711	Water supply	Spain	Alfés (Catalonia)	319	2014		Remunicipalisation	T	Municipal	Aigües de Catalunya
712	Water supply	Spain	Daltmar Olèrdola (Catalonia)	3,626	2014	2016	Remunicipalisation	E	Municipal	AGBAR - Suez
713	Water supply	Spain	Vilalba Sasserra (Catalonia)	699	2014		Remunicipalisation	E	Municipal	SOREA - AGBAR - SUEZ
714	Water	Spain	Ermua (Basque Country)	10,109	2014	2015	Remunicipalisation	T	Intermunicipal	Aquarbe - Suez
715	Water	Spain	Estella del Marqués	1,486	2014		Remunicipalisation	T	Municipal	Aqualia
716	Water supply	Spain	Foixà (Catalonia)	317	2014		Remunicipalisation	E	Municipal	N/A
717	Water	Spain	Guadalcacín	5,233	2014	2015	Remunicipalisation	T	Municipal	Aqualia
718	Water supply	Spain	Montornès del Vallès (Catalonia)	16,150	2014	2014	Remunicipalisation	E	Municipal	CADAC
719	Water	Spain	Rascafría	2,000	2014		Remunicipalisation	T	Municipal	Canal Gestión SA
720	Water supply	Spain	Santa Maria de Palautordera (Catalonia)	9,195	2014	2014	Remunicipalisation	W	Municipal	Comunitat d'Aigües S.L.
721	Water	Spain	Torrecera	1,254	2014	2015	Remunicipalisation	T	Municipal	Aqualia
722	Water supply	Spain	Massanes	723	2015	2017	Remunicipalisation	E	Municipal	Abastaments d'Aigües de la Tordera
723	Water supply	Spain	Puigverd d'Agramunt (Catalonia)	269	2015		Remunicipalisation	E	Municipal	SOREA
724	Water supply	Spain	Teo (Galicia)	18,266	2015	2015	Remunicipalisation	T	Municipal	Agbar - SUEZ Environment
725	Water supply	Spain	Collbató (Catalonia)	4,336	2016	2016	Remunicipalisation	E	Municipal	Agbar - SUEZ Environment
726	Water supply	Spain	Terrassa	215,517	2016	2017	Remunicipalisation	D	Municipal	Mina (Agbar - SUEZ)
727	Water supply	Spain	Valladolid (Castile and León)	306,803	2016	Expected in July 2017	Remunicipalisation	D	Municipal	Agbar - SUEZ Environment
728	Water supply	Spain	Vilagrassa (Catalonia)	513	2016		Remunicipalisation	E	Municipal	SOREA (Agbar, SUEZ environment)
729	Water	Sweden	Norrköping	87,247	2005		Remunicipalisation	S	Municipal	EON
730	Water	United States	Atlanta, GA	1,200,000	2003		Remunicipalisation	T	Municipal	Suez
731	Water	United States	Angleton, TX	18,862	2004		Remunicipalisation	T	Municipal	Veolia
732	Water	United States	Plainfield, IN	27,631	2004		Remunicipalisation	T	Municipal	United Water
733	Water	United States	Laredo, TX	236,191	2005		Remunicipalisation	T	Municipal	United Water (Suez)
734	Water	United States	Coxsackie, NY	8,918	2005		Remunicipalisation	T	Municipal	Veolia

N°	Specific service	Country	City/Region	Population	Year of decision	Year of implemen-tation	Kind of de-privatisation	How de-privatisation happened	Level of taking back control	Private company
735	Water	United States	Jackson, AL	5,228	2005		Remunicipalisation	N/A	Municipal	Veolia
736	Water	United States	Pekin, IL	34,094	2005		Remunicipalisation	E	Municipal	United Water
737	Water	United States	East Aurora, NY	6,236	2005		Remunicipalisation	E	Municipal	Veolia
738	Water	United States	Conroe, TX	61,533	2005		Remunicipalisation	T	Municipal	Veolia
739	Water	United States	Demopolis, AL	7,483	2006		Remunicipalisation	E	Municipal	Veolia
740	Water	United States	Five Star Water Supply District, AL	100	2006		Remunicipalisation	T	Municipal	Veolia
741	Water	United States	Southern Water & Sewer District, KY	23,524	2006		Remunicipalisation	T	Municipal	Veolia
742	Water	United States	North Brunswick, NJ	40,742	2006		Remunicipalisation	T	Municipal	United Water
743	Water	United States	Logan, WV	11,000	2006		Remunicipalisation	E	Municipal	Veolia
744	Water	United States	Petaluma (wastewater treatment), CA	58,142	2007		Remunicipalisation	E	Municipal	Veolia
745	Water	United States	Karnes City, TX	3,042	2007		Remunicipalisation	E	Municipal	Veolia
746	Water	United States	Winchester, NH	4,341	2008		Remunicipalisation	T	Municipal	United Water
747	Water	United States	Stockton, CA	300,899	2008		Remunicipalisation	T	Municipal	OMI-Thames Water
748	Water	United States	Fairfield-Suisun (wastewater treatment) CA	135,296	2008		Remunicipalisation	T	Municipal	United Water (Suez)
749	Water	United States	Central Elmore Water & Sewer Authority, AL	50,000	2008		Remunicipalisation	N/A	Municipal	Veolia
750	Water	United States	Cave Creek, AZ	9,000	2008		Remunicipalisation	E	Municipal	American Water
751	Water	United States	Horn Lake, MS	15,545	2008		Remunicipalisation	T	Municipal	Southwest Water
752	Water	United States	Odem, TX	2,499	2008		Remunicipalisation	T	Municipal	Veolia
753	Water	United States	Hayden, ID	13,294	2009		Remunicipalisation	T	Municipal	Veolia
754	Water	United States	Durham County, NC	8,000	2009		Remunicipalisation	T	Municipal	United Water
755	Water	United States	Burley (wastewater treatment), ID	9,578	2009		Remunicipalisation	T	Municipal	Veolia
756	Water	United States	Surprise, AZ	27,116	2009		Remunicipalisation	E	Municipal	American Water
757	Water	United States	Biddeford, ME	21,383	2009		Remunicipalisation	E	Municipal	CH2M Hill OMI
758	Water	United States	O'Fallon, MO	25,002	2009		Remunicipalisation	E	Municipal	Alliance Water Resources

N°	Specific service	Country	City/Region	Population	Year of decision	Year of implemen-tation	Kind of de-privatisation	How de-privatisation happened	Level of taking back control	Private company
759	Water	United States	Kline, PA	1,591	2009		Remunicipalisation	W	Municipal	United Water
760	Water	United States	North Adams, MA	13,708	2010		Remunicipalisation	T	Municipal	United Water
761	Water	United States	Overton, TX	2,554	2010		Remunicipalisation	T	Municipal	Veolia
762	Water	United States	Freeport, IL	25,638	2010		Remunicipalisation	E	Municipal	United Water
763	Water	United States	Evansville, IN	117,429	2010		Remunicipalisation	E	Municipal	American Water
764	Water	United States	Gary, IN	180,000	2010		Remunicipalisation	T*	Municipal	United Water
	City voted to terminate but then negotiated a "transition agreement" with the company to avoid paying $450,000 in termination fees. So United Water could say the deal was not officially 'terminated'.									
765	Water	United States	Liberty, MO	30,000	2010		Remunicipalisation	T	Municipal	CH2M Hill OMI
766	Water	United States	Webb City, MO	10,996	2010		Remunicipalisation	E	Municipal	CH2M Hill OMI
767	Water	United States	Skaneateles, NY	5,116	2010		Remunicipalisation	T	Municipal	Severn Trent
768	Water	United States	Lampasas, TX	7,868	2010		Remunicipalisation	T	Municipal	CH2M Hill OMI
769	Water	United States	Leander, TX	25,740	2010		Remunicipalisation	N/A	Municipal	Southwest Water
770	Water	United States	Whitesburg (water and wastewater),KY	2,139	2011		Remunicipalisation	T	Municipal	Veolia
771	Water	United States	Brunswick -Glynn County, GA	79,626	2011		Remunicipalisation	T	Municipal	United Water
772	Water	United States	Tama, IA	2,877	2011		Remunicipalisation	T	Municipal	Veolia
773	Water	United States	Schenectady (wastewater treatment), NY	66,135	2011		Remunicipalisation	T	Municipal	Veolia
774	Water	United States	Plymouth (water and wastewater), NC	3,878	2011		Remunicipalisation	E	Municipal	Veolia
775	Water	United States	Manchester Township, NJ	35,976	2011		Remunicipalisation	N/A	Municipal	United Water
776	Water	United States	Summit City, NJ	21,457	2011		Remunicipalisation	T	Municipal	United Water
777	Water	United States	New Albany (wastewater treatment), IN	36,372	2012		Remunicipalisation	E	Municipal	American Water
778	Water	United States	Gladewater, TX	6,275	2012		Remunicipalisation	T	Municipal	Veolia
779	Water	United States	Lanett AL	6,468	2012		Remunicipalisation	N/A	Municipal	Veolia
780	Water	United States	Barstow, CA	22,639	2012		Remunicipalisation	E	Municipal	United Water
781	Water	United States	Coeburn, VA	2,139	2013		Remunicipalisation	T	Municipal	Veolia
782	Water	United States	Cameron, TX	5,770	2013		Remunicipalisation	T	Municipal	Severn Trent

N°	Specific service	Country	City/Region	Population	Year of decision	Year of implemen-tation	Kind of de-privatisation	How de-privatisation happened	Level of taking back control	Private company
783	Water supply	United States	Florida	22,270	2013	2013	Remunicipalisation	S	State/ province/ regional	Aqua America
784	Water	United States	Storm Lake, IA	10,600	2013		Remunicipalisation	T	Municipal	Veolia
785	Water supply	United States	Missoula,Montana	70,000	2014/2016		Remunicipalisation	D	Municipal	Mountain Water Co. (owned by Carlyle group. And it was sold to Canada-based Liberty Utility-the same comapny in Apple Vally)
786	Water	United States	Reidsville, NC	14,520	2014		Remunicipalisation	T	Municipal	United Water
787	Water	United States	Oakland County, MI	59,515	2014		Remunicipalisation	T	Municipal	United Water
788	Water supply	United States	Apple Valley	71,000	2015		Remunicipalisation	D	Municipal	Liberty Utilities (Apple Valley Ranchos Water) Corp.
789	Water supply	United States	New Brunswick, New Jersey Approximately	60,000	2015		Remunicipalisation	E	Municipal	New Jersey American Water
790	Waste water treatment	United States	New York	8,550,400	2016		Remunicipalisation	E	Municipal	Veolia
791	Water	Albania	Elbasan	100,000	2007		Remunicipalisation	T	Municipal	Berlinwasser International
792	Water	Argentina	Buenos Aires Province (74 cities)	2,500,000	2002		Remunicipalisation	W	State/ province/ regional	Enron
793	Water	Argentina	Buenos Aires	9,000,000	2006		Remunicipalisation	T	Municipal	Suez
794	Water	Argentina	Buenos Aires Province (Gran, 6th subregion)	1,700,000	2006		Remunicipalisation	T	State/ province/ regional	Impregilo
795	Water	Argentina	Santa Fe and Rosario	2,000,000	2006		Remunicipalisation	T	State/ province/ regional	Suez
796	Water	Argentina	Catamarca	200,000	2008		Remunicipalisation	T	Municipal	Proactiva
797	Water	Argentina	Salta	1,100,000	2009		Remunicipalisation	T	Municipal	Latinaguas
798	Water	Argentina	La Rioja	200,000	2010		Remunicipalisation	T	Municipal	Latin Aguas
799	Water	Argentina	Mendoza	1,100,000	2010		Remunicipalisation	T	Municipal	Saur
800	Water	Bolivia	Cochabamba	900,000	2000		Remunicipalisation	T	Municipal	Bechtel
801	Water	Bolivia	La Paz/El Alto	1,600,000	2007		Remunicipalisation	T	Municipal	Suez

N°	Specific service	Country	City/Region	Population	Year of decision	Year of implemen-tation	Kind of de-privatisation	How de-privatisation happened	Level of taking back control	Private company
802	Water	Central African Republic	Bangui	80,000	2003		Remunicipalisation	WS	Municipal	SAUR
803	Water treatment	Colombia	Bogota	1,500,000	2004		Remunicipalisation	T	Municipal	Suez
804	Water supply	Colombia	Bogota	7,000,000	2013		Remunicipalisation	E	Municipal	Acea, Proactiva
805	Water	Ecuador	Machala	240,000	2012		Remunicipalisation	T	Municipal	Oriolsa
806	Water	Guinea	Conakry and 16 other smaller urban centres	1,824,000	2003		Remunicipalisation	W	Municipal	SAUR/Veolia
807	Water	Hungary	Kaposvar	64,872	2009		Remunicipalisation	E	Municipal	Suez
808	Water	Hungary	Pecs	150,000			Remunicipalisation	T	Municipal	Suez
809	Water	Hungary	Borsodviz	190,000	2010		Remunicipalisation	T	Municipal	Gelsenwasser
810	Water	Hungary	Budapest	1,740,000	2012		Remunicipalisation	T	Municipal	Suez, RWE
811	Water	India	Latur	390,000	2012		Remunicipalisation	T	Municipal	SPML (Shubash Projects and Marketing Ltd)
812	Water supply	India	Mysore	920,000	2014	2015	Remunicipalisation	E	Municipal	Jawaharlal Nehru National Urban Renewal Mission (JNNURM)
	The Central Jakarta District Court on 24 March 2015 annulled the privatised water contracts signed with Suez (Palyja) and Aetra and ordered the water services to be brought back to the state-owned water company.									
813	Water	Indonesia	Badung Bali	543,332	2013		Remunicipalisation	E	Municipal	Mahasara Buana, Intan Dyandra Mulya, Dewata Artha Kharisma
814	Water	Indonesia	Jakarta	4,950,000	2015		Remunicipalisation	D	Municipal	Suez
815	Water	Kazakhstan	Ust-Kamenogorsk	303,720	2007		Remunicipalisation	T	Municipal	IR-Group
816	Water	Kazakhstan	Almaty	1,600,000	2005		Remunicipalisation	T	Municipal	Veolia
817	Water (bulk) supply	Kazakhstan	Astana	639,311	2003		Remunicipalisation	W	Municipal	Veolia
818	Water	Lebanon	Tripoli	400,000	2007		Remunicipalisation	E	Municipal	Suez
819	Water	Malaysia	Kuala Lumpur (Selangor state)	5,411,324	2014		Remunicipalisation	D	State/ province/ regional	Syabas, PNSB, SPLASH, ABASS
820	Water	Mexico	Ramos Arizpe	48,228	2,014		Remunicipalisation	T	Municipal	N/A

N°	Specific service	Country	City/Region	Population	Year of decision	Year of implementation	Kind of de-privatisation	How de-privatisation happened	Level of taking back control	Private company
821	Water	Mozambique	Beira, Nampula, Quelimane and Pemba (and Chokwé, Inhambane, Maxixe and Xai-Xai)	242,143	2008		Remunicipalisation	E	State/ province/ regional	Aguas de Mozambique (SAUR and Aguas de Portugal)
822	Water	Mozambique	Maputo	1,766,184	2010		Remunicipalisation	T	Municipal	Aguas de Portugal
823	Water	South Africa	Amahthali (Stutterheim)	200,000	2005		Remunicipalisation	E	Municipal	Suez
824	Water	South Africa	Johannesburg	500,000	2006		Remunicipalisation	E	Municipal	Suez
825	Water	South Africa	Nkonkobe (Fort Beaufort)	130,000	2002		Remunicipalisation	T	Municipal	Suez
826	Water	Tanzania	Dar es Salaam	750,000	2005		Remunicipalisation	T	Municipal	Biwater
827	Water	Turkey	Antalya	2,158,000	2002		Remunicipalisation	T	Municipal	Suez
828	Water	Turkey	Izmit	1,600,000	2014		Remunicipalisation	T	Municipal	Thames Water
829	Water	Uganda	Kampala	1,720,000	2004		Remunicipalisation	E	Municipal	ONDEO
830	Water	Ukraine	Lugansk	424,113	2014		Remunicipalisation	T	Municipal	Rosvodokoanal
831	Water	Ukraine	Kirovograd	293,444	2008		Remunicipalisation	T	Municipal	Water Services, LLC
832	Water	Uzbekistan	Bukhara	247,000	2007		Remunicipalisation	T	Municipal	Veolia, then Amiwater
	A second contract with Amiwater was also terminated in 2007.									
833	Water	Uzbekistan	Samarkand	412,000	2007		Remunicipalisation	T	Municipal	Veolia, then Amiwater
	A second contract with Amiwater was also terminated in 2007.									
834	Water	Venezuela	Monagas State	552,000	2001		Remunicipalisation	E	State/ province/ regional	FCC
835	Water	Venezuela	Lara State	1,100,000	2002		Remunicipalisation	T	State/ province/ regional	Aguas de Valencia

付録2
(再)国有化リスト

D 再公営化をする決議 決定　E 民間契約の満了(再更新なし)　T 民間契約を破棄　S 民間会社による株の売却　W 民間会社の撤退

N°	Specific service	Country	Population	Year of decision	Year of implementation	Kind of de-privatisation	How de-privatisation happened	Private company

ENERGY

N°	Specific service	Country	Population	Year of decision	Year of implementation	Kind of de-privatisation	How de-privatisation happened	Private company
1	Electricity distrbitution	Albania	2,876,591	2013		Renationalisation	T	ČEZ Group
2	Oil and gas	Argentina	43,417,000	2004	2004	Nationalisation		N/A
3	Oil	Argentina	43,417,000	2012		Renationalisation	T	Repsol
4	Electricity distribution	Belize	468,310	2009	2015	Renationalisation	T	Fortis Energy
5	Hydrocarbon	Bolivia	11,410,651	2006		Renationalisation	T	Repsol YPF
6	Electricity	Bolivia	11,410,651	2010	2011	Renationalisation	T	Rurelec PLC
7	Electricity generation and distribution	Bolivia	11,410,651	2010	2011	Renationalisation	T	Ecoenergy Internacional, Electricidad Corani (subsidiaries of GDF), Electricidad Valle Hermoso and Guaracachi
8	Electricity	Bolivia	11,410,651	2012	2015	Renationalisation	T	Iberdrola Paz Holdings Ltd.
9	Electricity transmission	Bolivia	11,410,651	2012		Renationalisation	T	Red Eléctrica Internacional S.A.U.
10	Transmission grid	Finland	5,488,543	2011		Renationalisation	S	N/A
11	Power station	Hungary	9,830,485	2011		Renationalisation	N/A	Bakonyi Erőmű
12	Oil and gas company	Hungary	9,830,485	2011		Renationalisation	N/A	Surgutneftegas (owned 21.2% of shares)
13	Energy gas reservoires	Hungary	9,830,485	2013		Renationalisation	N/A	E.ON Storage
14	Gas trading supply	Hungary	9,830,485	2013		Renationalisation	N/A	E.ON Földáztrade Kft.
15	Energy gas reservoires	Hungary	9,830,485	2013/2014		Renationalisation	N/A	Kft., MMBF Zrt
16	Gas	Hungary	9,830,485	2014		Renationalisation	N/A	FŐGÁZ Zrt.
17	Gas trading supply	Hungary	9,830,485	2013/2015		Renationalisation	N/A	PANRUSGAS Gázkereskedelmi Zrt.
18	Power station	Hungary	9,830,485	N/A		Renationalisation	N/A	Székesfehérvári Fútőerőmű

N°	Specific service	Country	Population	Year of decision	Year of implementation	Kind of de-privatisation	How de-privatisation happened	Private company
19	Gas distribution grid	Lithuania	2,827,947	2014		Renationalisation	S	Gazprom, E.ON Ruhrgas
20	Electricity purchase	Tanzania	51,820,000	2008/2016		Renationalisation	T	Richmond Development Corporation (2008), Symbion Power Tanzania Ltd. (2016)
21	Biofuels	Uruguay	3,427,000	2006		Nationalisation	N/A	N
22	Electricity generation, transmission, distribution and commercialisation	Venezuela	31,775,371	2007	2011	Renationalisation	S	AES, Electricidad de Caracas, Compañía Anónima Luz y Fuerza Eléctrica de Puerto Cabello, Electricidad de Valencia, Electricidad de Ciudad Bolívar, Compañía Anónima Luz Eléctrica de Yaracuy, Sistema Eléctrico del estado Nueva Esparta

FINANCE

N°	Specific service	Country	Population	Year of decision	Year of implementation	Kind of de-privatisation	How de-privatisation happened	Private company
23	Pensions	Argentina	43,417,000	2008		Nationalisation	T	AFJP
24	Pensions	Bolivia	11,410,651	2006	2010	Renationalisation	T	BBVA, Zurich Financial Services
25	Pensions	Ecuador	16,144,000	2014	2015	Renationalisation	T	N/A
26	Bank	Iceland	332,529	2008		Nationalisation	T	Landsbanki
27	Bank	Venezuela	31,775,371	2008	2009	Renationalisation	S	Grupo Santander

HEALTH CARE AND SOCIAL WORK

N°	Specific service	Country	Population	Year of decision	Year of implementation	Kind of de-privatisation	How de-privatisation happened	Private company
28	Stem cell donation	Austria	8,725,931	2015	2016	Nationalisation	S	Österreichische Knochenmarkspendezentrale (association)

POSTAL SERVICES

N°	Specific service	Country	Population	Year of decision	Year of implementation	Kind of de-privatisation	How de-privatisation happened	Private company
29	Postal services	Argentina	43,417,000	2003		Renationalisation	T	Grupo Macri

N°	Specific service	Country	Population	Year of decision	Year of implemen-tation	Kind of de-privatisation	How de-privatisation happened	Private company
TELECOMMUNICATION								
30	Broadcasting infrastruc-ture/ Electromagnetic Spectrum	Argentina	43,417,000	2004		Renationalisation	T	N/A
31	Public television and radio	Argentina	43,417,000	2009	2009	Nationalisation	N/A	N/A
32	Telephone	Belize	468,310	2009	2015	Renationalisation	T	Lord Michael Ashcroft, Belize Central Bank Ltd.
33	Landline, mobile, internet, TV	Bolivia	11,410,651	2008	2011	Renationalisation	T	Euro Telecom International, subsidiary of Italiana Telecom
34	Landline, mobile, internet, TV	Venezuela	31,775,371	2007		Renationalisation	S	Verizon (28.5% of shares)
TRANSPORT								
35	Airlines	Argentina	43,417,000	2008		Renationalisation	T	Grupo Marsans
36	Railways	Argentina	43,417,000	2013		Renationalisation	T	Corredores Ferroviarios Sociedad Anónima (Grupo Roggio)
37	Infrastructure: airports	Bolivia	11,410,651	2013		Renationalisation	T	Abertis-AEN/A
38	Railways	Estonia	1,315,635		2007	Renationalisation	T	Railroad Development Corporation
39	Railways	Guatemala	16,176,133	2003	2007/2013	Renationalisation	T	Railroad Development Corporation
40	Railroad operations	New Zealand	4,792,340	2008		Nationalisation	T	Toll New Zealand
41	Railways	United Kingdom	65,110,000	2001		Renationalisation	E	Railtrack (RT) for infrastructure and 106 other companies for the operative side
WASTE								
42	Waste management	Hungary		2011		Renationalisation	N/A	Depónia Kft.
43	Waste management	Hungary		2014		Renationalisation	N/A	AVE Magyarország Hulladékgazdálkodási Kft.

N°	Specific service	Country	Population	Year of decision	Year of implemen-tation	Kind of de-privatisation	How de-privatisation happened	Private company
WATER								
44	Water	Cape Verde	525,000	2005		Renationalisation	TS	Aguas de Portugal
45	Water	Ghana	27,043,093	2011		Renationalisation	E	Vitens, Rand Water
46	Water	Guyana	735,909	2007		Renationalisation	T	Severn Trent
47	Water	Malaysia	31,536,000	2001		Renationalisation	S	Prime Utilities
48	Water	Mali	14,517,176	2005		Renationalisation	T	SAUR
OTHER								
49	Print	Germany	82,175,700	2008	2009	Renationalisation	S	Clifford Chance

付録　179

付録3
調査方法と参加型調査

　本書のためのデータは、2015年半ばから2016年末の18ヶ月をかけて収集された。その情報は後述の調査に基づくものであり、調査参加者が自身の管轄地で2000年から2016年末の間に起きた（再）公営化・（再）国有化の事例を報告する形で得られたものである。複数の組織・団体1が協同して調査にあたり、研究者13人によるデスクリサーチに加えて、公共サービスの分野で活動している市民団体、及び労働組合がそれぞれのネットワークに調査票を送付した。時間や資金の制約により調査票の送付先は（対象セクター、地理的範囲の両面で）網羅的とは到底言えないものであり、特にアジア、アフリカ、オーストラリアからの情報は乏しい。しかしながら、本調査の結果は、ヨーロッパや他の地域で幅広い公共サービスにおいて再公営化が強いトレンドとなっていることを示している。そして、未だ見出されていない事例が数多くあることは間違いない。

　本調査では必要不可欠なサービスに焦点を当て、水道、エネルギー、交通、ゴミ収集処理、健康・福祉サービス、教育を対象とした。また、施設、清掃、防犯、緊急対応、公園（緑地）管理、住宅、学校給食、スポーツ・文化施設、葬儀サービス、建築・補修、人材サービス、IT、「その他（例えば、レンタサイクル、地域の食料供給）」を含む地方自治体の提供するサービスについては包括的カテゴリーとして「地方自治体サービス」を設けた。

　回答者には対象サービスが（再）公営化または（再）国有化された原因の詳細と、現在公的管理下にある理由の説明を求めた。報告された事例の種別は以下の通りである。

- 民営または民営化されていた事業が公的管理下の運営に取り戻された再公営化事例。公公連携（典型的には市自治体間協力）を含む地域レベルの行動を含む。

- 公的機関と市民／労働者協同組合（地域レベルで非営利的に運営されているもの）のパートナシップによる再公営化事例。

- 労働者および／または市民主導の協同組合 (地域レベルで非営利的に運営されているもの) が利益追求型の商業サービス提供者に取って代わった事例。

- 新たな公営事業体 (典型的には市所有の会社) が設立された公営化事例。

　いずれの場合も、回答者には公共サービスが明確な公的目的に基づき、利用者によるある程度の民主的コントロールの下に提供されている事例を選ぶことを求めた。該当する公的価値・目的とは、高い透明性、公平性、万人へのサービス提供 (ユニバーサル・アクセス)、すべての世帯が支払い可能な適正な料金設定、環境に関する持続可能性、良質なサービスの提供、地域の経済・資源のコントロールと貢献、労働者への公正な労働環境、賃金が挙げられる。民主的コントロールとは選出された地方議員および利用者への説明責任、これらのアクターの参加を伴う仕組みを指す。

1　　トランスナショナル研究所 (TNI)、マルティナショナル・オブザーバトリー、オーストリア連邦労働会議所 (AK)、ヨーロッパ公務労連 (EPSU)、国境なき技術者団カタルーニャ (ISF)、国際公務労連 (PSI)、国際公務労連リサーチユニット (PSIRU)、We Own It キャンペーン、ノルウェー地方公務員・一般職員労働組合 (Fagforbundet)、カナダ公務労働組合 (CUPE)、自治体サービスプロジェクト (MSP-Canada)

参加型調査

アンケートは英語、フランス語、ドイツ語、スペイン語の4ヶ国語で提供された。以下に、参加者に送付された導入文と共に英語版（和訳版）を提示する。

はじめに

再国有化・再公営化に関する本調査にご参加いただきありがとうございます。情報をご提供いただくことで、再国有化・再公営化という世界中で起きている重要なトレンドの理解が深まります。本調査の目的は、2000年から2016年末の期間に世界各地で起きた再国有化・再公営化の事例について情報収集することです。

再国有化とは、一度民営化または民間契約（例えば、官民連携）された公共サービスが国家政府の管理下に戻されることです。再公営化とは、一度民営化または民間契約（例えば、官民連携）された公共サービスが市・州・県などの自治体の管理下に戻されることです。

以下の質問にお答えください。本調査の結果は2017年に本として公表されます。また、その際にはご協力いただいた旨を明記させていただきます。

氏名

_____

団体／組織名

_____

国

_____

メールアドレス

_____

各再公営化・再国有化事例について全ての質問にお答えください。

事例1

問1

再公営・再国有化が起きたのは、以下のどのセクターのサービスですか。

□水道エネルギー

□交通

□ゴミ処理（およびリサイクル）

□保健医療・社会福祉

□教育

□地方政府サービス

□郵便

□通信

□その他（　　　　　　）

問2

再公営化・再国有化はどこ（都市／地域／国）で起きましたか。

問3

再公営化・再国有化された公益事業の現在の名称を記入してください。

問 4

この公共サービスの再公営化・再国有化はどのようにしておきましたか。

□再公営化・再国有化は決定したが、実行されていない
□満期を迎えた契約を更新せずに再公営化・再国有化された
□民間事業者が株式を売却し、契約事業が再公営化・再国有化された
□契約が打ち切られ再公営化・再国有化された
□民間事業者が (事業運営から) 撤退し、契約事業が
　再公営化・再国有化された

問 5

民営化または外部委託された公共サービスの再公営化・再国有化以前の所有者を記入してくだい。(親会社名または地方・地域・国の政府機関名を記入してください)

問 6 (任意)

この事例の詳細 (民営化の問題点、重要関係者、市民や労働者の運動、課題や障害、再公営化・再国有化の結果など) を説明してください。

問 7

現地語の記事などの情報源があればウェブサイトのアドレスを提供してください。

問8

再公営化・再国有化はすべての労働組合に支持されましたか。支持しなかった組合があった場合、その名称を記入してください。

問9

再公営化・再国有化の結果、労働者の賃金や労働条件は変わりましたか。変化があった場合は、主な変化について簡潔に説明してください。

問10

再公営化・再国有化の結果、公共サービス事業の被雇用者数は変わりましたか。変化があった場合は、臨時やパートタイムに関する変化も含めて詳細を記入してください。

問11

あなたの地域では、過去に起きたまたは現在進行中の再公営・再国有化事例が他にもありますか?

本書に共同で取り組んだ団体・組織

Transnational Institute (TNI)
Contact: Lavinia Steinfort, l.steinfort@tni.org
www.tni.org/reclaiming-public-services

Multinationals Observatory
Contact: Olivier Petitjean, opetitjean@multinationales.org
www.multinationales.org

Austrian Federal Chamber of Labour (AK)
https://wien.arbeiterkammer.at/index.html

European Federation of Public Service Unions (EPSU)
http://www.epsu.org/

Ingeniería Sin Fronteras Cataluña (ISF)
https://esf-cat.org/

Public Services International (PSI)
http://www.world-psi.org/

Public Services International Research Unit (PSIRU)
http://www.psiru.org/

We Own It
https://weownit.org.uk/

Norwegian Union for Municipal and General Employees (Fagforbundet)
http://www.fagforbundet.no/

Municipal Services Project (MSP)
http://www.municipalservicesproject.org/

Canadian Union of Public Employees (CUPE)
https://cupe.ca/

脱民営化運動への参加の仕方

本書に共同で取り組んだ団体は、再公営化トレンドがより広く認知される
ために、より広い参加を歓迎します。民営化を退けて、すべての人々が享
受できる公共サービスを確保することに取り組み始めた都市、州、国の事
例が本書で報告されていますが、（再）公営化のリストはまだまだ不完全で
す。私たちは、これからも共に学ぶ機会を作り続け、新たな事例を記録し
続けていきます。日本からの事例を教えてください！
▶ 連絡先：岸本聡子　satoko@tni.org

国際公務労連（PSI）と他の多くのパートナー団体が新たな取り組み「利益よ
りも人々を一People over Profit」を開始しました。新設されるPeople
over Profitのウェブサイトを通して、水道、保健医療、教育、エネル
ギー、ゴミ処理、公共インフラなどの公共サービスの民営化や官民連携
（PPP）に抵抗する労働組合、組織やキャンペーンの協力体制づくりの強化を
目指します。https://peopleoverprof.it/をご覧ください。
▶ 連絡先：campaigns@world-psi.org

水道再公営化トラッカーWater Remunicipalisation Trackerウェブサイト
は水道再公営化の事例を共有する場のひとつです。再公営化や水と正義運
動の活動家、公共水道事業者、労働組合などの協力を得て、随時新たな事
例が追加され、既存の事例の情報も更新されています。
▶ 管理者　岸本聡子　www.remunicipalisation.org

The Reclaiming Public Water（RPW）ネットワークは、水に対する人権を誰
もが日常的に享受できるよう人々のニーズを優先する民主的な公的管理を
推進しています。RPWは、世界中の市民社会活動家、労働組合、研究
者、コミュニティ水道、公営水道事業者をつなげる開かれたゆるやかにつ
ながるネットワークです。
▶ 連絡先：岸本聡子 satoko@tni.org

自治体サービスプロジェクト (MSP) は保健医療、水道、衛生、電力セクター
の民営化に対する代替策を模索している学際的プロジェクトです。ウェブ
サイトでは世界中の研究者や他の参加者が議論できる参加型の場を提供し
ています。

▶ www.municipalservicesproject.org

イギリスでは公共サービスの公的所有の問題が政治的議論の中心的課題と
なっています。全国的キャンペーン We Own It は人々がより大きな声を上
げて行くための情報を提供しています。公共サービスは人々のものです。
人々が料金を払い利用している暮らしの一部です。民間企業の利益よりも
人々の命と生活が重要です。一緒に活動しましょう！

▶ https://weownit.org.uk/people-not-profit

再公営化という選択
──世界の民営化の失敗から学ぶ

https://www.tni.org/RPS_JP
https://www.taro-yamamoto.jp/

英語オリジナル版：2017年6月発行
　　　トランスナショナル研究所 (TNI) ／マルティナショナル・オブザー
　　　バトリー、オーストリア連邦労働会議所 (AK) ／ヨーロッパ公務労連
　　　(EPSU) ／国境なき技術者団カタルーニャ (ISF) ／国際公務労連 (PSI)
　　　／国際公務労連リサーチユニット (PSIRU) ／We Own It キャンペー
　　　ン／ノルウェー地方公務員・一般職員労働組合(Fagforbundet) ／自
　　　治体サービスプロジェクト (MSP) ／カナダ公務労働組合 (CUPE) に
　　　よる共同出版

編集：岸本聡子／オリビエ・プティジャン
リサーチコーディネート：トランスナショナル研究所
　　　　　　　　　　　　　　（岸本聡子／ラビニア・ステインフォート）
デザイン：カレン・パールマン
日本語有償版　造本設計：大崎善治 (SakiSaki)

日本語版：2019年1月発行
日本語有償版：2019年5月30日　第1刷発行
翻訳：宇野真介／市村慶
監修：岸本聡子

発行：山本太郎／トランスナショナル研究所
発売：株式会社堀之内出版
　　　〒192-0355　東京都八王子市堀之内 310-12　フォーリア23　206
　　　TEL　042-682-4350

この出版物は非商業的クリエイティブコモンズ3.0ラインセンス下にあり、商業目的ではな
い教育的、公共政策研究などに本の一部または全部を自由に使用できる。その場合、各章の
著者、出版元の団体、日本語版が公開されているURLを明記することを条件とする。

©2019　Printed in Japan　ISBN978-4-906708-82-6